吴晗经典
作品集

吴晗 著

历史的镜子

民主与建设出版社
·北京·

© 民主与建设出版社，2021

图书在版编目（CIP）数据

吴晗经典作品集 / 吴晗著 . — 北京：民主与建设出版社，2020.11
ISBN 978-7-5139-3288-2

Ⅰ . ①吴… Ⅱ . ①吴… Ⅲ . ①中国历史–明代–文集 Ⅳ . ① K248.07–53

中国版本图书馆 CIP 数据核字（2020）第 211762 号

吴晗经典作品集
WUHAN JINGDIAN ZUOPINJI

著　　者	吴　晗
责任编辑	刘树民
封面设计	煊坤博文
出版发行	民主与建设出版社有限责任公司
电　　话	（010）59417747　59419778
社　　址	北京市海淀区西三环中路 10 号望海楼 E 座 7 层
邮　　编	100142
印　　刷	三河市华晨印务有限公司
版　　次	2021 年 2 月第 1 版
印　　次	2021 年 2 月第 1 次印刷
开　　本	690mm×960mm　1/16
印　　张	80.5
字　　数	1072 千字
书　　号	ISBN 978-7-5139-3288-2
定　　价	198.00 元（全五册）

注：如有印、装质量问题，请与出版社联系。

前言

吴晗，原名吴春晗，字辰伯，出生于1909年，是浙江义乌吴店苦竹塘村人。吴晗的父亲吴瑸珏是清末的秀才，也曾在新式学堂里上过几年学，毕业后当过公务员。吴晗的母亲蒋山荫出身贫农家庭，没有上过学，不识字。

吴晗的父母亲对待孩子十分严厉，加上吴晗又是家中四个孩子中的老大，要起带头作用，因此父母经常采用打骂的方式管教吴晗，这导致他在青少年时期与父母，尤其是父亲的关系比较紧张。也许是出于这个原因，吴晗上中学的时候是个名副其实的"坏学生"，拿他自己的话说："同班年岁大的学生教我吸烟、打麻将，被学校发现了，记了很多次过。"不过吴晗自有别人不及之处——他从小就非常喜欢读书，尤其爱读历史著作，加上他天资聪慧，记忆力也非常好，让他的国文和历史成绩非常优秀，因此"才没有被开除"。

中学毕业后，吴家家境不复往日的殷实，无力承担他继续深造的费用，他只好在家乡谋得一份小学教员的工作来糊口。不过是金子总会发光，沉寂不久，他便通过自己的努力以及朋友的帮助，先后得到胡适、顾颉刚等学者的赏识，最终来到清华大学学习历史，专攻明史，他的治学之路也就此展开。

天才加上勤奋，使吴晗的治学之路走得很顺畅，他最终成为著名的历史学家，尤其在明史研究方面取得了丰硕的成果，是中国近现代明史研究的开拓者和奠基者之一。早在求学期间，他便发表了令当时史学界颇为青睐的《胡应麟年谱》《胡惟庸党案考》《〈金瓶梅〉的著作时代及其社会背景》《明代之农民》等著述。而倾尽他几十年心血、数易其稿的《朱元璋传》更是研究明史的专家、学者，乃至历史爱好者必读的著作，这本书更是与梁启超的《李鸿章传》、林语堂的《苏东坡传》和朱东润的《张居正大传》一起，被称为20世纪华语世界传记文学的四大巅峰之作。

除了在历史研究的本职工作上取得了辉煌的成就之外，吴晗在杂文的写作上也成绩斐然。吴晗的杂文语言博雅，文字质朴，题材广泛，有的直指时弊，有的授人以渔，还有的谈古论今……这其中的多数作品虽是针砭彼时之弊端，就当时之事而论，但今天读来仍能读出一位大学问家那至真至纯、忧国恤民的胸怀。

斯人已逝，在缅怀故去之人的同时，我们还可以继承和发扬他的精神，学习他的智慧。为此，我们选取吴晗先生最具代表性的历史著述和杂文，汇集成《吴晗经典作品集》，读者若能以此窥得吴晗先生学问及精神之一隅，便是对吴晗先生最大的怀念。

目录

论社会风气 _ 001

论贪污 _ 005

贪污史的一章 _ 010

生活与思想 _ 016

文字与形式 _ 019

治人与法治 _ 022

历史上的君权的限制 _ 027

历史上的政治的向心力和离心力 _ 032

说士 _ 037

宋代两次均产运动——人民的历史之一章 _ 041

明代的锦衣卫和东西厂 _ 045

明代的奴隶和奴变 _ 056

三百年前的历史教训 _ 062

论晚明"流寇" _ 065

论五四 _ 070

论图籍之厄 _ 074

关于魏忠贤 _ 078

爱国的历史家谈迁 _ 085

谈文成公主 _ 090

闻一多的"手工业" _ 092

明代民族英雄于谦 _ 096

谈武则天 _ 107

海瑞 _ 113

爱国学者顾炎武 _ 121

戚继光练兵 _ 128

献身于祖国地理调查研究工作的徐霞客 _ 130

赵括和马谡 _ 135

文天祥的骨气 _ 138

谈曹操 _ 141

论赤壁之战里的鲁肃 _ 151

论赤壁之战里的周瑜、诸葛亮、张昭 _ 155

论戊戌变法 _ 159

阵图和宋辽战争 _ 166

论夷陵之战 _ 174

明朝历史的基本情况 _ 178

几个问题 _ 234

论社会风气

宋人张端义在他所著的《贵耳集》中有一段话：

> 古今治天下多有所尚，唐虞尚德，夏尚功，商尚老，周尚亲，秦尚刑法，汉尚材谋，东汉尚节义，魏尚辞章，晋尚清谈，周隋尚族望，唐尚制度文华，本朝尚法令议论。

把每一个时代的特征指出。"尚"从纵的方面，可以说是时代精神，从横的方面，可以说是社会风气。

一时代有它的特殊时代精神，社会风气，也就是有所"尚"，这是合乎历史事实的。成问题的是所尚的"主流"，是发端于"治天下者"？是被治的下层民众？是中间阶层的士大夫集团？

就历代所"尚"而说，三代渺远，我们姑且搁开不说，秦以下的刑法、材谋、节义、辞章、清谈、族望、制度文华、法令议论，大体上似乎都和小百姓无干，治天下者的作用也只是推波助澜，主流实实在在发于中层的士大夫集团，加以上层的提倡，下层的随和，才会蔚为风气，滂薄一世。不管历史对所"尚"的评价如何，就主流的发动而论，转变社会风气，也就是所谓移风易俗，只有中层的士大夫集团才能负起责任。

就上述的所"尚"而论，有所"尚"同时也有所弊。社会风气的正常或健全与否，决定这一社会人群的历史命运，往古如此，即在今日也还是如此。例如秦尚刑法，其弊流为诽谤之诛，参族之刑，残虐天下，卒以自灭。东汉尚节义，固然收效于国家艰危之际，可是也造成了处士盗虚声，矫名饰行，欺世害俗的伪孝廉、伪君子。晋尚清谈，生活的趣味是够条件了，其弊流为只顾耳目口腹的享受，忘掉国家民族的安危。王夷甫一流人的死是不足塞责的。周隋尚族望（唐也还未能免此），流品是"清"了，黄散令仆子弟的入仕，都有一定的出身。谱牒之学也盛极一时，可是用人唯论门第，不责才力，庸劣居上位，才俊沉下品，政治的效率和纲纪也就谈不到了。高门子弟坐致三公，尽忠于所事的道德也当然说不上了。

宋尚法令议论，史实告诉我们，宋代的敕令格式，一司一局的海行往往一来就是几百千卷，结果是文吏疲于翻检，夤缘为奸。议论更是不得了，当靖康艰危之际，敌人长驱深入，政府群公还在议战议和议守议逃，议论未决，和战未定，敌人已经不费一兵一卒渡过了黄河进围开封了。饶是兵临城下，还是在议论和战，和战始终不决，战也不能战，和也和不了，终于亡国。

史实明明白白地告诉我们，社会风气所尚的正面，给一群特殊人物以方便，尚族望的给高门子弟以仕进的优先权，尚法令议论的给文墨之士以纵横反覆的际会。反面呢，寒士拮据一生，终被摈斥于台阁之外，国民杀敌破家，不能于国事置喙一字，他们的血是无代价地被这群人所牺牲了。

从历史上的社会风气的正反面，来衡量近三十年来的变局，也许可以给我们以一个反省的机会。

最近三十年间的变革，不能不归功于致力新文化运动的先辈，他们负起了转移社会风气的责任。举具体的例子来说，他们把人从旧礼教旧家庭之下解放出来，他们打倒了父母之命媒妁之言的买卖式婚姻，妇女再嫁和离婚已不再成为社会的话柄。受之父母的头发给剪掉了，缠足解放了。诘屈难解的文言代替以明白易懂的白话，对于旧的传说和史实重新予以科学的评价，传统的经典也从语言学比较文字学各方面予以新的意义。他们也介绍了西洋的新思想，民主与科学，奠定了新时代的学术风气，综合地说明这时期的社会风气，可以说是所尚在"革"。

反面呢？破坏了旧的以后，新的一套还不曾完备地建设起来，小犊偾辕，前进的青年凭着热情、毅力，百折不回地着手建设所憧憬的乐园，他们不顾险阻，不辞劳瘁，继续前进，要完成新文化运动所启示的后果，结局是遇到障碍，时代落在他们的后面。他们的血汇合起来成为一条大河，滋润后一代人的心灵，给史家以凭吊的资料。

这一转变正在继续迈进中，光明已经在望了，突然爆发了不甘奴役的抗战，前后经过了七年的艰苦挣扎，创造了新的时代精神，前一时期的思想的解放，于此转变为整个民族的解放了。

七年来的抗战，完成了民族统一的伟业，提高了国际地位，就对外的同仇敌忾这一点来说，我们做到了史无前例，全国人民一心一德的地步。可是就对内方面说，似乎过度动荡紧张的情绪，使整个社会失去了常态，"人"重新归纳在民族抗战的前提之下，前一时期所破坏的对象，又以另一姿态出见，另一名词出见了。近几年来随着不正常的物价狂跌，安居乐业的悠闲趣味已被生存问题所威胁，随之社会风气也起了重大的空前的变化，这变化根本变化了个人的思想信仰，被变化了的人所作的不正常的活动，也根本促进社会风气的再变化，循环激荡，互相因果，变化的痕迹有线索可寻，病象也极明白，举目前能够看出来而又可说的大概有几方面：

第一是过去造成社会风气的主流，所谓中层集团的渐趋消灭。这集团包括曾受教育的智识分子和小有产者。在历史上这个集团的政治意识是最保守的，下层民众的叛乱，多由这个集团负责任压制和敉平，元末豪族之抵抗香军，清代后期曾、胡、左、李诸人之对抗太平天国即是著例。这七八年来，这集团的人一小部分离开原来的岗位，长袖善舞，扶摇直上，爬到上层去了。大部分人则被自然所淘汰，固定的收入减为战前的百分之四，终日工作所得不及一引车卖浆者流，失去产业，失去过去可以自慰的优越感，鸠形鹄面，捉襟露肘，儿女啼饥号寒，甚至倒毙路旁，冤死床第，被推落在下层。中间阶层将被肃清了。以后会只剩了上层和下层，一富一贫，形成鲜明的对比。

第二是道德观念的改变。前一时代的社会舆论，所称扬的是有才有能的人（这类人虽然事实上并不很多），并不一定以财富为标准，著名的贪官污吏，军阀劣绅，虽然满足于个人生活的享受，却也还知道清议可畏，不敢用圣经贤传的话来强自粉饰。现在则正好相反，能弄钱和赚钱最多的是合乎生存条件的优胜者，社会并不追问他的钱是由于贪污，由于走私，由于囤积，只要腰缠万贯，即使是过去不齿于乡党的败类，也可遨游都市，号为名流，经商入仕，亦商亦官，无不如意。至于遵守法纪，忠心职业的人，不是被排挤，就是困死病死，即使不死，也永远无声无臭，得不到社会的尊敬，更得不到朋友的同情，乡党的称誉。道德的观念，因社会的变革而需要重新估价了。

第三是职业的混淆与贪污。就几年来的见闻，靠固定收入来维持生活的人，逼于环境，非兼差或兼业不能生存，有人甚至于同时兼任三四个机关有给的职务，或者兼管有倍蓰利润的商业，不但学商不分。工商不分，连官商也不分了。东边画卯，西边报到，日夜奔波，以正业为副业，敷衍了事，以兼业为本分，全神贯注，习与性成，以为天经地义，无可非议。不但作事效率无从谈起，单就各行各业各机关的人事异动来说，人人都存三日京兆之心，随时都准备作乔迁之计，人不安业，业也不能择人，社会的国家的损失，在这种职业的混淆和流动之下，简直是不可以数字来计算。更进一步，若干败类藉口于收入不足以赡家养身，公开收受贿赂，营私舞弊，破法坏法，贪污成为风气，置国法清议于不顾，大官小官，都成利薮，大事小事，尽是财源，上行下效，惘然不知廉耻之为何物，这种不正常的现象如不纠正，未来的建国大业，恐怕会有无从下手的困难。

就以上所指出的几方面，综合起来，就历史系统而强为归纳，这时期所尚的恐怕是"利"！美名之为拜金主义。这是一个可怕的病态，比敌人的侵略更可怕的病症。目前如不努力设法转变，用社会的力量来移风易俗，则抗战虽然胜利，恐怕我们的损失将会比失败更为可怕。

论贪污

古语说："无敌国外患者国恒亡。"这是历代相传的名言，颠扑不破的真理。其实，征之于过去的史实，这句话还可引申为："内政修明而有敌国外患者国必不亡！""内政不修而无敌国外患者国恒亡"。

内政不修的涵义极广，举实例说明之，如政出多门，机构庞冗，横征暴敛，法令滋彰，宠佞用事，民困无告，货币紊乱，盗贼横行，水旱为灾等等都是，而最普遍最传统的一个现象是贪污。这现象是"一以贯之"，上述种种实例都和她有母子关系，也可以说贪污是因，这些实例是果。有了这些现象才会有敌国外患，反之如政治修明，则虽有敌国外患也不足为患。

贪污这一现象，假如我们肯细心翻读过去每一朝代的历史，不禁令人很痛心地发现"无代无之"，竟是与史实同寿！我们这时代，不应该再讳疾忌医了，更不应该蒙在鼓里夜郎自大了。翻翻陈账，看看历代覆亡之原，再针对现状，求出对症的药石，也许可以对抗建大业有些小补。

一部二十四史充满了贪污的故事，我们只能拣最脍炙人口的大人物举几个例，开一笔账，"豺狼当道，安问狐狸！"下僚小吏，姑且放开不谈。

过去历史上皇帝是国家元首，皇帝的宫廷财政和国家财政向来分开，但是有时候皇帝昏乱浪费，公私不分，以国产为私产，恣意挥霍，闹得民穷财尽，这种情形，史不绝书。最奇的是皇帝也有贪污的，用不正当的方法收受贿赂，例如汉灵帝和明神宗。汉灵帝为侯时常苦贫，及即位后，每叹桓帝不能作家居，曾无私钱，故卖官聚钱，以为私藏。光和元年（公元178）初开西邸卖官，二千石二千万，四百石四百万，公千万，郎五百万，富者先入钱，贫者到官然后倍输。崔烈入钱五百万拜司徒，拜日天子临轩，百僚毕会。灵帝忽然懊悔，和左右说，这官卖得上当，那时只要稍为捱住一下，他会出一千万的。大将如段颎、张温虽然有功，也还是用钱买，才能作三公。又收天下之珍货，每郡国贡献，先输内廷，名为导引费。又税天下田亩什钱修宫室，内外官迁除都先到西园讲价钱，大郡至二三千万，付了钱才能上任，关内侯值钱五百万。他把国库的金钱缯帛取归内府，造万金堂贮之，藏不下的寄存在小黄门常侍家。黄巾乱起，卒亡汉社。无独有偶，一千四百年后的明神宗也是爱钱胜过爱民的皇帝，他要增殖私产，到处派太监榷税采矿，大珰小监，纵横绎骚，吸髓饮血，以供进奉，有的称奉密旨搜金宝，募人告密，有的发掘历代陵寝，豪夺民产，所至肆虐，民不聊生，大小臣工上疏谏止的一概不理，税监有所纠劾的却朝上夕报，立得重谴。结果内库虽然金银山积，民间却被逼叛乱四起，所遣税监高淮激变于辽东，梁永激变于陕西，陈奉激变于江夏，李奉激变于新会，孙隆激变于苏州，杨荣激变于云南，刘成激变于常镇，潘相激变于江西，瓦解土崩，民流政散，甚至遣使到菲律宾采金，引起误会，侨民被杀的至二万五千人，国库被挪用空乏，到了外患内乱迭起，无可应付时，请发内库存金，却靳靳不肯，再三催讨，才勉强发出一点敷衍面子。他死后，不过二十多年，明朝就亡国了，推原根本，亡国的责任应该由他的贪污行为负责。

皇后贪污亡国的，著名的例子有五代唐庄宗的刘后。刘后出身寒微，既贵，专务蓄财，薪蔬果茹，都贩鬻充私房，到了作皇后时四方贡献，分作两份，一上天子，一上中宫，又广收货赂，营私乱政，宫中宝货山积，皇后的教和皇帝的制敕并行，藩镇奉之如一。邺都变起后，仓储不足，军士有流言，政府请发内库金帛给军，庄宗要答应，她却说自有天命，不必理会。大臣再三申论，她拿出妆具和三个银盆，又叫三个皇子出去说，人家说宫中蓄积多，不知都已赏赐完了，止留下这些，请连皇子卖了给军士罢。到庄宗被弑后,她却打叠珍宝驮在马鞍上,首先逃命。余下带不走的都被乱军所得。

大臣贪污乱国的更是指不胜屈,著例如唐代的杨国忠、元载,宋代的秦桧、贾似道,明代的严嵩,清代的和珅。史书记元载籍没时单胡椒一项就有八百斛,钟乳五百两。严嵩的家产可支军饷数年,籍没时有黄金三万余两白金二百余万两,其他珍宝不可胜计。隐没未抄的不可计数。和珅的家产可以供给全国经费二十年,以半数就够付清庚子赔款。

太监得君主信任的,财产的数目也多得惊人。例如明代的王振,籍没时有金银六十余库,玉盘百,珊瑚高六七尺者二十余株。刘瑾擅权不过六七年,籍没时有大玉带八十束,黄金二百五十万两,银五千万余两,其他珍宝无算。

一般官僚的贪污情形,以元朝末年作例。当时上下交征,问人讨钱,各有名目,所属始参曰拜见钱,无事白要曰撒花钱,逢节曰追节钱,生辰曰生日钱,管事而索曰常例钱,送迎曰人情钱,勾追曰赍发钱,论诉曰公事钱。觅得钱多曰得手,除得州美曰好地,补得职近曰好窠。遇事要钱,成为风气,种下了亡国的祸根。

武人的贪污在历史上也不能例外,有个著名的故事说,五代时有一个军阀被召入朝,百姓喜欢极了,说是从今拔去眼中钉了,不料这人在朝廷打点花了大钱,又回旧任,下马后即刻征收"拔钉钱"。又有一军阀也被召入朝,年老的百姓都摸摸胡子,会心微笑,这人回任后,也向百姓要"摸胡子钱"。

上下几千年,细读历史,政简刑清,官吏廉洁,生民乐业的时代简直是黄钟大吕之音,少得可怜。史家遇见这样稀觏的时代,往往一唱三叹,低徊景仰而不能自已。

历朝的政治家用尽了心力,想法子肃清贪污,树立廉洁的吏治,不外两种办法,第一种是厚禄,他们以为官吏之所以不顾廉耻,倒行逆施,主要原因是禄不足以养廉,如国家所给俸禄足够生活,则一般中人之资,受过教育的应该知道自爱。如再违法受贿,便是自暴自弃,可以重法绳之。第二种是严刑,国家制定法令,犯法的立置刑章,和全国共弃之。前者例如宋,后者例如明初。

宋代官俸最厚,京朝官有月俸,有春冬服(绫绢绵),有禄粟,有职钱,有元随傔人衣粮傔人餐钱。此外又有茶酒厨料之给,薪蒿炭盐诸物之给,饲马刍粟之给,米面羊口之给。外官则别有公用钱,有职田。小官无职田者别有茶汤钱,给赐优裕,入仕的人都可得到生活的保障,不必顾念身家,一心一意替国家作事。一面严刑重法,凡犯赃的官吏都杀无赦,太祖时代执法最严,中外官犯赃的一定弃市。太宗时代也还能维持这法令,真宗时从轻改为杖流海岛。仁宗以后,姑息成风,吏治也日渐腐败,和初期的循良治行不可同日而语了。明代和宋代恰好相反,明太祖有惩于元代的覆败,用重刑治乱国,凡贪官污吏重则处死,轻也充军或罚作苦工,甚至立剥皮之刑,一时中外官吏无不重足屏息,奉公畏法,仁宣两代继以宽仁之治,一张一弛,倒也建设了几十年的清明政治。正统以后,情形便大不相同了,原因是明代官俸本来不厚,洪武年代还可全支,后来便采用折色的办法,以俸米折钞,又以布折俸米,朝官每月实得米不过一二石,外官厚者不过三石,薄的一石二石,其余都折钞布,钞价贬值到千分之二三,折算实收一个正七品的知县不过得钱一二百文。仰无以事父母,俯无以蓄妻子,除了贪污,更无别的法子可想。这情形政府当局未尝不了解,却始终因循敷衍,不从根本解决,上下相蒙,贪污成为正常风气,时事也就不可问了。

由于上述两个例子,宋代厚禄,明初严刑,暂时都有相当效果,却都不能维持久远。(但是比较的说,宋代一般的吏治情形要比明代好一点。)原因是这两个办法只能治标,对贪污的根本原因不能发生作用。治本的唯一办法,应该从整个历史和社会组织去理解。

一直到今天为止，我们的政治，我们的社会组织，我们的文化都是以家族为本位的。在农村里聚族而居，父子兄弟共同劳作，在社会上工商也世承其业，治国平天下的道理也从修身齐家出发。孝友睦姻是公认的美德，几代同居的大家族更可以夸耀乡党。作官三辈爷，不但诰封父母，荫及妻子，连亲戚乡党也鸡犬同升。平居父诏其子，兄诏其弟以作官发财，亲朋也以此相勉，社会也以此相钦羡，"个人"在这环境下不复存在，一旦青云得路，父族妻族儿女姻戚和故旧乡里都一拥而来，禄薄固不能支给，即禄厚又何尝能够全部应付，更何况上官要承迎，要人要敷衍，送往迎来，在在需钱！如不贪污非饿死冻死不可！固然过去也有清官，清到儿女啼饥号寒，死后连棺材也买不起的。也有作官一辈子，告休后连住屋也没有一间的。可是这类人并不多，一部正史的循吏传也不过寥寥十数人而已。而且打开天窗说亮话，这些人之所以作清官，只是用礼法勉强约束自己，有一个故事说某一清官对人说钱多自然我也喜欢，只是名节可畏，正是一个好例。

根据这个理解，贪污的根绝，治本的办法应该是把"人"从家族的桎梏下解放出来。个人生活的独立，每一个人都为工作而生存，人与人之间无倚赖心。从家族本位的社会组织改变为个人本位的社会组织，自然，上层的政治思想文化也都随而改变。"人"能够独立存在以后，工作的收入足够生活，法律的制裁使他不愿犯禁，厚禄严刑，交互为用，社会上有公开的舆论指导监督，政府中有有力的监察机关举劾纠弹，"衣食足而后知荣辱"，贪污的肃清当然可操左券。

贪污史的一章

吏治的贪污在我国整个历史上，是一个最严重最值得研究的问题。

两个月前作者曾略举历史的例证，撰《论贪污》一文，发表于《云南日报》。在这短文中曾指出："贪污这一现象，假如我们肯细心翻读过去每一朝代的历史，不禁令人很痛心地发现'无代无之'，竟是和史实同寿！我们这时代，不应该再讳疾忌医了，更不应该蒙在鼓里自欺欺人了，翻翻陈账，看看历代覆亡之原，再针对现状，求出对症的药石，也许可以对抗建大业有些小补。"结论是，治本的办法应该是把"人"从家族的桎梏下解放出来，个人生活的独立，每一个人都为工作而生存，人与人之间无倚赖心。从家族本位的社会组织改变为个人本位的社会组织，自然，上层的政治思想文化也都随而改变。"人"能够独立存在以后，工作的收入足够生活，厚禄严刑，交互为用，社会有公开的舆论指导监督，政府中有有力的监察机关举劾纠弹，"衣食足而后知荣辱"，贪污的肃清当然可操左券；所说多属通论，意有未尽，现在专就一个时代研究贪污的现象和背景，作为贪污史的一章。

我所挑选的一个代表时代是明朝，因为这时代离我们近，史料也较多，《明史·循吏传序》说："明太祖下逮宣仁，抚循休息，民人安乐，吏治澄清者百余年。英武之际，内外多故，而民心无土崩瓦解之虞者，亦由吏鲜贪残，故祸乱易弭也。嘉隆以后，资格既重……庙堂考课，一切以虚文从事，不复加意循良之选，吏治既已日偷，民生由之益蹙。"陈邦彦在他的《中兴政要》书中也说："嘉隆以前，士大夫敦尚名节，游宦来归，客或询其囊橐，必嗤斥之。今天下自大吏于百僚，商较有无，公然形之齿颊，受铨天曹，得瘠地则更相庆，得瘠地则更相吊。宦成之日，或垂囊而返，则群相讥笑，以为无能。士当齿学之初，问以读书何为，皆以为博科第，肥妻子而已。一行作吏，所以受知于上者非贿赂不为功，而相与文之以美名曰礼。"检《明史·循吏传》所纪循吏一百二十五人，从开国到正德（公元1368到1521）一百五十三年中有一百二十人，从嘉靖到明亡（公元1521到1644）一百二十四年只有五人！清儒赵翼赞叹明代前期的吏治说："崇尚循良，小廉大法，几有两汉之遗风。"

其实这只是一种比较的说法，事实上嘉隆以前的贪污现象并未绝迹。举著例如洪武时代的勾捕逃军案，兵部侍郎王志受赃二十二万，盗粮案户部侍郎郭桓侵没至千万，诸司官吏系狱至数万人。成祖朝纪纲之作恶，方宾之贪赃，宣宗朝刘观之黩货，英宗朝王振之赂贿竞集，逮杲门达之勒贿乱政，宪宗朝汪直尚铭，武宗朝刘瑾、江彬、焦芳、韩福、张綵之权震天下，公然纳贿，几乎没有一个时代是不闹得乌烟瘴气的。和嘉靖以来的严嵩、魏忠贤两个时代比较，只是程度上的差异而已。假如像《循吏传》所说，前后两时期真有划然不同之点，那就是陈邦彦所指出的，前一时期，社会尚指斥贪污为不道德，一般士大夫还知道守身自爱，后一时期则贪污成为社会风气，清廉自矢的且被斥为无能。这一风气的变化是值得今日士大夫思之重思之的。

明代吏治的贪污如上举诸例，都已为学人所谂知，不必赘及，现在要说明的是一般的情形。前期如宣德朝可说这朝代的全盛时期，吏治最修明的一阶段了。宣德三年（公元1428）敕谕说："比者所司每缘公务，急于科差，贫富困于买办，丁中之民服役连年，公家所用十不二三，民间耗费，常数十倍。加以郡邑宦鲜得人，吏肆为奸，征收不时，科敛无度，假公营私，弊不胜纪，以致吾民衣食不足，转徙逃亡，凡百应输，年年逋欠，国家仓廪，月计不足。"十年后，英宗初政，三杨当国，有人上书政府叙述地方吏治情形说："今之守令，冒牧民之美名，乏循良之善政，往往贪泉一酌而邪念顿兴，非深文以逞，即钩距之求，或假公营私，或诛求百计，经年置人于犴狱，滥刑恒及于无辜，甚至不任法律而颠倒是非，高下其手者有之，刻薄相尚而避己小嫌入人大辟者有之，不贪则酷，不怠则奸，或通吏胥以贾祸，或纵主案以肥家，殃民蠹政，莫敢谁何。"到七年后王振用事，公开的纳贿，公开的勒索，连政府仅存的一点纪纲都扫地而尽了。

到后期上下贪污相蒙，互相援引，辇毂赂遗，往来如织，民苦贪残者宦称卓异，不但不为察典所黜，而且连连升擢。地方官司捕者以捕为外府，收粮者以粮为外府，清军者以军为外府，长吏则有科罚，有羡余，刑驱势逼，虽绿林之豪，无以复加。搜括聚敛，号为常例，公开声说这钱为朝觐为考课之用，上言之而不讳，下闻之而不惊，驯至国家颁一法令，地方兴建事业，都成为官吏的利薮。以搜括所得经营升调，"以官爵为性命，以钻刺为风俗，以贿赂为交际，以嘱托为当然，以循情为盛德，以请教为谦厚"。萧然而来，捆载而去。即使被铨司察黜，最多也不过罢官，即使被抚按弹劾，最多也不过为民，反正良田大宅，歌儿舞女，不但自己受用，连子孙的基业也已打好，区区一官，倒也无足留恋了。

入仕必由科第，科场的关节，用钱买题目的技术也发见了。做官要作宰相，行贿入阁也成公开的秘密了。科名和辅相都可用金钱取得，其他的情形当然类推可知。

纳贿的技术也随时代而进步，前期孝宗时太监李广惧罪自杀，他家的账簿登载文武大臣纳贿数目的被查出，明载某人送黄米若干石，某人白米若干石，孝宗一看吓呆了说，李广能吃多少？后来才知道黄米代表金，白米代表银。后期改以雅称，号为书帕。外官和京官交际，公开有科（给事中）三道（御史）四的比例。开头还假托小书名色，列柬投递标书十册二十册，袖手授受，不让人见，有点忌讳。后来渐渐公开，由白银而黄金而珠玉，数目也逐渐增多。外官和京官出使回来的都以书帕为人情，免不得买一些新书，刻几种新书来陪奉金银珠宝。明代后期刻书之多之滥，就是这个道理。

滔滔者举世皆是也！如饮狂泉，如膺痼疾，上下男女老幼都孜孜矻矻惟利是图，惟钱是贵，不但国家民族的利益谈不到，即是家人父子夫妇兄弟朋友的感情，也以钱来决定其是否持续。

这种风气是怎样造成的？我们最好用当时人的话来说明。

第一是社会教育。读书受苦是为得科名，辛苦得科名是为做官，做官的目的是发财。由读书到发财成为一连串的人生哲学。黄省曾在《吴风录》中说："吴人好游托权要之家，家无担石者入仕二三年即成巨富。由是无不以士为贵。而求人学庠者肯捐百金图之，以大利在后也。"谢肇淛《五杂俎》更说得明白："今之人教子读书，不过取科第耳，其于立身行己不问也。故子弟往往有登阬仕而贪虐恣睢者，彼其心以为幼之受苦，政为今日耳。志得意满，不快其欲不止也。"刘宗周也说："士习之坏也。自科举之学兴而士习日坏。明经取金紫，读易规利禄，自古而然矣。父兄之教，子弟之学，非是不出焉。士童而习之，几与性成，未能操觚，先熟钻刺，一入学校，闯行公庭。等而上之，势分虽殊，行迳一辙。以嘱托为通津，以官府为奴隶，伤风败俗，寡廉鲜耻，即乡里且为厉焉，何论出门而往？尚望其居官尽节，临难忘身，一效之君父乎？此盖已非一朝一夕之故矣。"

贪污在这种社会风气之下，习与性成，诚然，非一朝一夕之故矣！

第二是社会环境。一般读书人在得科名的一天，也就是开始负债的一天。吴应箕在他的《拟进策》里说："士始一窭人子耳。一列贤书，即有报赏宴饮之费，衣宴舆马之需，于是不得不假贷戚友，干谒有司，假贷则期报以异日，谒见则先丧其在我。黠者因之，而交通之径熟，圆巧之习成。拙者债日益重，气日益衰，盖未仕而所根抵于仕者已如此矣。及登甲榜，费且数倍，债亦如之。彼仕者即无言营立家私，但以前此之属债给于民，能堪之乎？"甚至一人仕途，债家即随之赴任，京债之累，使官吏非贪污不可。陶奭龄说："今寒士一旦登第，诸凡舆马仆从饮食衣服之类，即欲与膏粱华腴之家争为盛丽，秋毫皆出债家。谒选之后，债家即随之而至，非盗窃帑藏，朘削闾阎，何以偿之？"周顺昌在作官后，被债主所逼，向他的亲戚诉苦说："诸亲友之索债者填门盈户，甚至有怒面相詈者。做秀才时艰苦备历，反能以馆谷怡二人，当大事。今以滥叨之故，做一不干净人，五年宦游，不能还诸债主，官之累人也多矣。"这是一个不合时代的书呆子，难怪他日后死于魏忠贤之手。

第三是政治环境。皇帝要进献，得宠的内官要贿赂，内阁要，吏部也要，有关的京官也要，上层的抚按要，知府更非多送不可，层层贿赂，层层剥削，钱一本说："以远臣为近臣府库，以远远之臣为内阁府库。"刘宗周说："一令耳，上官之诛求，自府而道，自道而司，自司而抚而按，而过客，而乡绅，而在京之权要，递而进焉，肆应不给……"举实例如刘瑾用事时，凡入觐出使官，皆有厚献。给事中周钥勘事归，以无金自杀，令天下巡抚入京受敕，输瑾赂，延绥巡抚刘宇不至，逮下狱。宣府巡抚陆完后至，几得罪，既赂乃令试职视事。上下左右都是贪污的环境，如不照样行贿，不但作不成官，反要得罪，教人如何能不贪污！

第四是政治制度。明代官俸之薄，是有史以来所少见的。宣德时朝臣月薪止给米一石，外官不过三石，原来的俸钞，因为贬值，每贯止实值二三钱。举例说正一品官月俸米八十七石，七品官米七石五斗。洪武时代官俸全给米，有时以钱钞折支，照物价钞一贯钱一千抵米一石，到后钞价日落，才增定每石米折钞十贯。正统时又规定五品以上，米二钞八，六品以下，米三钞七。后又改在外官月支本色米二石，其余俱支折色。照比例推算，正一品月俸得米十七石四斗，余折钞五百九十六贯，以贯值三钱计，合钱一千七百八十八文。外任正七品官知县实得米二石，得钞五十五贯，合钱一百六十五文。结果内外官都无以为生，朝官至于放遣皂隶，责以薪炭。正统元年（公元1436）副都御史吴讷要求增俸，举出一实例说：

"洪武年间京官俸全支,后因营造减省,遂为例,近小官多不能赡。如广西道御史刘准,由进士授官,月支俸米一石五斗,不能养其母妻子女,贷同官俸米三十余石,去年病死,竟负无还。"六年巡按山西监察御史曹春也上奏说:"今在内诸司文臣,去家远任,妻子随行,然禄厚者月给米不过三石,禄薄者不过一石二石而已,其所折钞,急不得济,九载之间,仰事俯蓄之具,道路往来之费,亲故问遗之需,满罢闲居之用,其禄不赡,则不免移其所守,此所以陷于罪者多也。"他要求廷臣会议,酌量加俸,使其足够养廉。俸额提高以后,如仍有贪污冒法者,立置重典。可是户部以为定制难改,竟不理会。此后几十年,改折的办法虽然稍有调整,但是离生活水准还是很远,中叶以后钞已成废纸,不值一钱,政府收入的款项改为银子,但官员的薪俸折色,却还是照定制发钞,一直未改。除去上述一切情形,单就官俸说,明代的官吏贪污也是实逼使然,是环境造成的。

生活与思想

大概上了所谓"中年"年纪的人，在饭后，在深宵，有一点可以给自己利用的时间的时候，想想过去，想想现在，终会喟然长叹，感觉到有点，甚至于很不同，困恼，彷徨，但愿时光倒流。至于明天，那简直不敢想起，一想起明天，烦躁，恐慌，算了罢，但愿永远不会有明天。明天是一把利刃，对着你的胸膛，使你戒惧，不敢接近。

过去的怀恋，现实的不安，未来的恐惧，成为一般有家庭之累的，有生活负担的中年人的普遍的感觉。当然，这里所谓中年人应该除开少数的权贵和大大小小的战时暴发户。也除开有信仰有魄力肯做傻事，希望能够以牺牲自己的微少代价，来换取光明的未来的那些"傻子"们。我不说青年，因为青年还在学校，即使已经走进了社会，也还不到对社会负责任的时候，自然，有些有了中年气味的青年人，也可包括在我所指的事实上的中年人之内。

这种普遍的感觉形成一种世纪末的人生观。最好的说明是曹孟德的话："对酒当歌，人生几何！"苟安甚至麻醉于目前的现实的生活的痛苦，对于未来不敢有计划，有希望，更谈不到理想。这和前一时代相比，和这批中年人的青年时代相比，他们曾幻想明天如何如何，个人如何如何，尽管幼稚，尽管荒唐，却表明他们对前途有信心，有把握，这信心造成了民族的动力，推动时代前进。这信心使他们出汗流血，前仆后继蹈着前人的骷髅向前。然而，现在呢？信心是丧失了，勇气被生活所消沉了，一部分人学得糊涂，也乐得糊涂，"各人自扫门前雪，莫管他家瓦上霜。"发发牢骚，哭哭穷苦，横直无办法，而且假使有办法，自己也得救了，不会比别人吃亏。没办法呢？你一个人又济得甚事。一部分人变得聪明了，他们继承而且体会了"明哲保身"的古训，是非只为多开口，既然不应该说话那最好是不说，不该想的最好也不想。做傻事的有的是，办妥了自然不会单撇开我，而且我也是人才，毕竟也撇不开我，弄不好他倒他的霉，也沾不着我。还有一部分呢？会说也会想。他会告诉人这个不好，那个要不得，批评很中肯，有时也还扼要。可是他只是说说，背着人说说，到末了也还是说说而已，以后有好处，他会说这是我说过的，我出过力气，没好处他也不负责任。这三种人处世的方法不同，看法却是一样的，他们以为"国家兴亡，匹夫有责"是书呆子的想头，在民主的国家不是已经有人民的公仆在负责了吗？军队有指挥官，各级政府有长官，付托得人，要你来操这闲心则甚？最要紧的最要操心的还是自己的生活，开门七件事，柴米油盐酱醋茶，还得加上房租小菜灯水四样，添衣服，买袜子，孩子教育和医药费用固然谈不上，这九件事却缺一不可，你这个月的收入只够五天便完了，其余的二十五天是准备吃风还是吃空气？假如你嫌风嫌空气不大饱肚子，那得赶紧张罗，衣服卖完了，书籍吃完了，告贷的门路都堵住了，那你得另生法门，第一是兼差，第二是兼业，兼差兼政府机关职员，公司商店职员，什么都可以，只要有全份米贴。兼业更无所谓，教书，做官，开铺子，跑街，做点肥皂牙粉什么的，甚至种菜种花，养猪养牛都行，不是说国民应该增加生产吗，这正是替国家增产呀！另外有点什么权带上个把什么长之类的，薪水连米贴合起不过六七千元，雇的女帮月薪便是两千三千，每天开销几千元满不在乎。他自己原谅，他不如此干就得饿死，社会也同情他，作官不赚个十万百万，那成个什么官，而且他是人，他有家眷，他总得吃饭呀？人人抱着吃饭第一，弄钱第一，生活至上现实至上的宗旨，自然，对于国家，对于民族，对于社会，这些空洞的观念只好姑且置之高阁了。

而且最不好的，还是明天。几年来的经验使他深切了解乌龟和兔子赛跑的故事。这故事已经改编了，主要的一点是兔子不但不肯睡一会而且会驾飞机。他已经断了心，放弃了赶上去的幻梦。现实还是现实，第一要明白的是你今天必须要活着，而且有活的权利。对于明天以至遥远的后天或下一个月，你不能有什么打算，即使你要打算，时间可不能对你负责任，三个月前的米价是多少，今天是多少，你过去曾打算到没有？如此这般你本能地明白这个道理，你现在有多少钱，最好即时换成实物，保险你最近不会饿死，票子在市场周流不息地转着，各种货物被大量地小量地囤积着，票子转得愈快，物价就愈高，票子也跟着愈快，循环到了一个限度以后，公的私的出入将都以实物来代替票子，人不但对事失去信心，对未来和对自己本身也失去信心，一切都改变了，头昏眼花，精疲力竭，只好守住今天，对现实作最后的挣扎，明天的且到明天再说了。

生活的改变，改变了一般人的人生观，把握现实，苟延残喘，对前途无信心，对未来无理想，对以后不存希望，这是现在最严重的中年人的痼疾，民族的惰性的蔓延，也是国家的隐忧。

生活改变了思想，转移了社会风气，我们假如还要有明天的话，唯一的办法是想法请兔子先生下来步行，替乌龟先生预备一辆自行车，让一般替国家社会服务的中年人安心于工作，保证他们明天后天还能和今天一样地生活，而且惟有给他们以明天，才是他们唯一的出路。

文字与形式

八股文废止于1902年，到今天已经四十三年了。四十三年在中国人的生命历程来说，是一辈子的大半，时间不可说不久。就形式说，八股文死了几十年，应该早已和草木同腐了。然而，在事实上，它不但未死，它的精神仍然滂薄于新时代新社会，充塞澎沛，表现于每一政令上，每一事务上。形式也依然存在，不过换了新名目，例如四维八德，什么生活，动什么员之类。

六百年的八股文教育，八股文生活，单凭了政治的表面改革，先是由皇帝下一道诏谕，后来又粉刷门面，换上中华民国四个大字，结果当然是形去实存，灵魂不灭。几十年来的政治的社会的经济的思想的一切一切的改革，只是表现在文字上形式上，本体上不但是依然故我，而且变本加厉，就历史的线索来说明，可以说是应有的现象，应有的结果。因为时代的形式虽变，它的精神——八股精神却并未为时代所转变。

抽象地说，八股文之所以为八股文，是因为它专讲求形式，文字只是表达这一机械形式的符号。形式的一定公式是承起转合，例如起句必用"今夫"，承句用"是故"，转句用"然而"，合句用"所以"。无论什么理论或批评或建议，或游记或书后，都可套上这公式：一共四大段，每段又双股对称，说了大半天，尽可毫无意思，等于白说，尤其妙的是最好的文章也就是白说最道地的文章。写的人看的人都彼此心照，明知是如此。相传有一名人作一破题，题目是"鞟"，破题是"鞟，皮去毛者也。"这一点也不错，犹之于说"建设健全的政治必自去贪吏始"一样的合理。但是下文呢，没有了，于是只是一张光皮，一个吏治贪污成为风气的时代而已。

讲求形式的极致。进而讲求书法，墨要浓而发光，字体要方正，风檐寸晷，一刻钟要能写上多少字。主文者也是从此道出身的，只要眼睛看着顺眼，取录的把握就有了五成，形式再不错，就稳着等捷报了。至于意思，那上文已经说过，越没意思越好，实践根本说不上。假如真的有意思，独出心裁的意思，胆敢想前人所未想，说古圣先贤所未说，即是反动，是叛逆，小子鸣鼓而攻之，权威者则将你捉去坐监，杀头。

受了六百年的教育、训练，养成了光白说不做事，专讲形式，玩弄文字的国民性。我们要记住，六百年来的政治，就操在这些专说古圣先贤的话的人手里，从当国的执政到中下属干部，即使是有不从科举出身的，至少也受过八股文的训练。社会上的领袖名流，也无例外。这习性根深蒂固，蟠结在每一个人的心里，活动在每一个人的脑子里，即使是见面寒暄，也还是今天天气好那一套公式。对人无友不如己者，拣高处爬。对事见机而作，有钱落的就干，对己自然是恕道啰，有一千个理由，一千个古人的话可以辩解，自然问心无愧。把自己和自己这批人除开以后，自然更可以应用公式，把所有古圣先贤的话搬出来，一大堆道理教人应该如此，应该如彼。有关国家兴亡民族隆替的，更可以说得叫人感激流涕，忠义愤发。这些语言文字被他的门生故旧撰成志传记状以后，史书采录，自然编入名臣传或理学传，而名垂青史，成为一代完人了。

六百年来所养成的讲求文字与形式的精神，光绪帝的诏书和辛亥革命所给予的打击，只是摧毁了这精神的形式的形式而已。民国五年袁世凯死后，日本首相大隈重信在吊袁世凯一文中，感慨地说中国人的特性是专用文字来表现高超的政治见解，所实行的则正好和所说的相反。细读袁世凯的文告诏谕，假如不知他的为人和祸国殃民的经过的，一定会以为是不世出的贤臣圣主伟人。他之所以成功在此，失败亦在此。大隈的话固然中肯，但是犹去一间，因为袁氏之所以如此，正因为他是这时代的产物，他是这时代的宠儿，他因为如此，才能得光绪帝的信任，才成为西后的宠臣，因为如此，才能当内阁总理，当总统以至于皇帝，假如没有对外问题，他能得到外国援助的话，也许到今天还是中华民国的皇帝。

民国以来的文字上形式上的成绩，也许会超过世界上任何国家，即使是最先进最民主的国家。我们曾经有过多少套宪法约法，我们也有参照中西集其大成的最完美的民法刑法，我们读过无数通的纲领宣言，我们也有过多少个计划，三年或五年的，并且还有数目字和表格。然而，只是表现在文字上形式上而已。

治人与法治

历史上的政治家经常提到的一句话是："有治人，无治法。"意思是徒法不足以为治，有能运用治法的治人，其法然后足以为治。法的本身是机械的，是不能发生作用的，譬如一片沃土，辽廓广漠，虽然土壤是十分宜于种植，气候也合宜，假如不加以人力，这片地还是不能发生生产作用。假如利用这片土地的人不是一个道地有经验的农人，一个种植专家，而是一个博徒，游手好闲的纨袴子弟，一曝十寒，这片地也是不会有好收成的。反之，这块好地如能属于一个勤恳精明的老农，有人力，有计划，应天时，顺地利，耕耨以时，水旱有备，丰收自然不成问题。这句话不能说没有道理，就历史的例证看，有治人之世是太平盛世，无治人之世是衰世乱世。因之，有些人就以之为口实，主张法治不如人治。

反之，也有人主张："有治法，无治人。"法是鉴往失，顺人情，集古圣先贤遗教，全国聪明才智之士的精力，穷研极讨所制成的。法度举，纪纲立，有贤德的领袖固然可以用法而求治，相得益彰，即使中才之主，也还可以守法而无过举。法有永久性，假定是环境不变的时候，法也有伸缩性，假定环境改变了，前王后王不相因，变法以合时宜所以成后王之治，法之真精神真作用即在其能变。所谓变是因时以变，而不是因人以变，至于治人则间世不多得，有治人固然能使世治，但是治人未必能有治人相继，尧舜都是治人，其子丹朱、商均却都不肖，晋武帝、宋文帝都是中等的君主，晋惠帝却是个白痴，元凶劭则禽兽之不若。假使纯以人治，无大法可守，寄国家民族的命运于不肖子白痴低能儿枭獍之手，其危险不问可知，以此，这派人主张法治，以法纲纪国家，全国人都应该守法。君主也不能例外。

就人治论者和法治论者所持论点而论，两者都有其颠扑不破的理由，也都有其论据上的弱点。问题是人治论者的治人从何产生，在世业的社会组织下，农之子恒为农，父兄之教诲，邻里之启发。日兹月兹，习与性成，自然而然会成为一个好农人，继承父兄遗业，纵然不能光大，至少可以保持勿失。治人却不同了，子弟长于深宫，习于左右，养尊处厚，不辨菽麦，不知人生疾苦，和现实社会完全隔绝，中才以上的还肯就学，修身砥砺，有一点教养，却无缘实习政事，一旦登极执政，不知典故，不识是非，任喜怒爱憎，用左右近习，上世的治业由之而衰，幸而再传数传，一代不如一代，终致家破国灭，遗讥史册。中才以下的更不用说了，溺于邪侈，移于嬖幸，骄悍性成，暴恣自喜，肇成祸乱，身死国危，史例之多，不可胜举。治人不世出，治人之子不必贤，而治人之子却依法非治国不可，这是君主世袭制度所造成的人治论者的致命打击。法治论者的缺点和人治论者一样，以法为治固然是天经地义，问题是如何使君主守法，过去的儒家法家都曾费尽心力，用天变来警告，用人言来约束，用谏官来谏诤，用祖宗成宪来劝导。可是这些方法只能诱引中才以上的君主，使之守法，对那些庸愚刚愎的下才，就无能为力了，法无废君之条，历史上偶尔有一两个例子，如伊尹放太甲，霍光废昌邑，都是不世出的惊人举动，为后来人所不敢效法。君主必须世袭，而世袭的君主不必能守法，虽有法而不能守，有法等于无法，法治论者到此也技穷而无所措手足了。

这两派持论的弱点到这世纪算是解决了，解决的枢纽是君主世袭制度的废除。就人治论者说，只要有这片地，就可以找出一个最合于开发这片地的条件的治人，方法是选举。选出的人干了几年无成绩或成绩不好，换了再选一个。治人之后必选治人相继，选举治人的全权操在这片地的全数主人手上。法治论者的困难也解决了，由全数主人建立一个治国大法，然后再选出能守法的治人，使之依法管理，这被选人如不守法，可由全数主人的公意撤换，另选一个能守法的继任，以人治，亦以法治，治人受治于法，治法运用于治人，由治法而有治人，由治人而励行法治，人治论者和法治论者到此合流了，历史上的争辩告一解决了。

就历史而论，具有现代意义的治法的成文法，加于全国国民的有各朝的法典，法意因时代而不同，其尤著者有唐律和明律。加于治国者虽无明文规定，却有习俗相沿的两句话："国以民为本，民以食为天。"现代的宪法是被治者加于治国者的约束，这两句话也正是过去国民加于治国者的约束。用这两句话来作尺度，衡量历史上的治国者，凡是遵守约束的一定是治人，是治世，反之是敌人，是乱世。这两句话是治法，能守治法的是治人。治人以这治法为原则，一切施政，以民为本，裕民以足食为本，治民以安民为本，事业以国民的利害定取舍从违，因民之欲而欲之，因民之恶而恶之，这政府自然为人民所拥戴爱护，国运也自然炽盛隆昌。

历史上的治人试举四人作例子说明，第一个是汉文帝，第二是魏太武帝，第三是唐太宗，第四是宋太祖。

汉文帝之所以为治人，是在他能守法和爱民。薄昭是薄太后弟，文帝亲舅，封侯为将军，犯法当死，文帝绝不以至亲曲宥，流涕赐死，虽然在理论上他是有特赦权的。邓通是文帝的弄臣，极为宠幸，丞相申屠嘉以通小臣戏殿上大不敬，召通诘责，通叩头流血不解，文帝至遣使谢丞相，并不因幸臣被屈辱而有所偏护。至于对人民的爱护，更是无微不至，劝农桑，敦孝弟，恭俭节用，与民休息，达到了海内殷富、刑罚不用的境界。

魏太武帝信任古弼，古弼为人忠慎质直，有一次为了国事见太武帝面奏，太武帝正和一贵官围棋，没有理会，古弼等得不耐烦，大怒起捽贵官头，掣下床，搏其耳，殴其背，数说朝廷不治，都是你的罪过，太武帝失容赶紧说，都是我的过错，和他无干。忙谈正事，古弼请求把太宽的苑圃，分大半给贫民耕种，也满口答应。几月后太武帝出去打猎，古弼留守，奉命把肥马做猎骑，古弼给的全是瘦马，太武帝大怒说：笔头奴敢克扣我，回去先杀他（古弼头尖，太武帝形容为笔头）。古弼却对官属说，打猎不是正经事，我不能谏止，罪小。军国有危险，没有准备，罪大。敌人近在塞外，南朝的实力也很强，好马应该供军，弱马供猎，这是为国家打算，死了也值得。太武帝听了，叹息说："有臣如此，国之宝也。"过了几日，又去打猎，得了几千头麋鹿，兴高采烈，派人叫古弼征发五百乘民车来运，使人走后，太武帝想了想，吩咐左右曰，算了吧，笔公一定不肯，还是自己用马运吧。回到半路，古弼的信也来了，说正在收获，农忙，迟一天收，野兽鸟雀风雨侵耗，损失很大。太武帝说，果不出我所料，笔公真是社稷之臣。他不但为民守法，也为国执法，以为法是应该上下共守，不可变易，明于刑赏，赏不遗贱，刑不避亲。大臣犯法，无所宽假，节俭清素，不私亲戚，替国家奠定下富强的基础。

唐太宗以武勇定天下，治国却用文治。内举不避亲，外举不避雠，长孙无忌是后兄，王珪、魏徵都是仇敌，却全是人才，一例登用，无所偏徇顾忌，忧国爱民，至公守法。《唐史》记："上以选人多诈冒资荫，敕令自首，不首者死。未几有诈冒事觉者，上却杀之，大理少卿戴胄奏据法应流，上怒曰，卿欲守法而使朕失信？对曰，敕者出于一时喜怒，法者国家所以布大信于天下也。陛下忿选人之多诈，故欲杀之，而即知其不可，复断之以法，此乃忍小忿而全大信也。上曰，卿能执法，朕复何忧。"又："安州都督吴王恪数出畋猎，颇损居人，侍御史柳范奏弹之，恪坐免官，削户三百。上曰，长史权万纪事吾儿，不能匡正，罪当死，柳范曰，房玄龄事陛下，犹不能止畋猎，岂得独罪万纪。上大怒，拂衣而入。久之，独引范谓曰：何面折我！对曰，陛下仁明，臣敢不尽愚直，上悦。"前一事他能捐一时之喜怒，听法官执法。后一事爱子犯法，也依法削户免官，且能容忍侍臣的当面折辱。法平国治，贞观之盛的基础就建筑在守法这一点上。

宋太祖出身于军伍，也崇尚法治，《宋史》记："有群臣当迁官，太祖素恶其人不与，宰相赵普坚以为请，太祖怒曰，朕固不为迁官，卿若如何？普曰：刑以惩恶，赏以酬功，古今通道也。且刑赏天下之刑赏，非陛下之刑赏，岂得以喜怒专之！太祖怒甚起，普亦随之，太祖入宫，普立于宫门口，久之不去，太祖卒从之。"皇后弟杀人犯法，依法处刑，绝不宽贷，群臣犯赃，诛杀无赦。

从上引四个伟大的治人的例子，说明了治人之所以使国治，是遵绳于以民为本的治法，治法之所以为治，是在治人之尊重与力行。治人无常而治法有常。治人或不能守法，即有治法的代表者执法以使其就范，贵为帝王，亲为帝子，元舅后弟，宠幸近习，在尊严的治法之下，都必须奉法守法，行法从上始，风行草偃，在下的国民自然兢兢业业，政简刑清，移风易俗，臻于至治了。

就历史的教训以论今日，我们不但要有治法，尤其要有治人。治人在历史上固不世出，在民主政治的选择下，却可以世出继出。治人之养成，选出罢免诸权之如何运用，是求治的先决条件。使有治法而无治人，等于无法，有治人而无治法，无适应时宜的治法，也是缘木求鱼，国终不治。

治人与治法的合一，一言以蔽之，曰实行民主政治。

历史上的君权的限制

近四十年来，坊间流行的教科书和其他书籍，普遍的有一种误解，以为在民国成立以前，几千年来的政体全是君主专制的，甚至全是苛暴的，独裁的，黑暗的，这话显然有错误。在革命前后持这论调以攻击君主政体，固然是一个合宜的策略，但在现在，君主政体早已成为历史陈迹的现在，我们不应厚诬古人，应该平心静气地还原其本来的面目。

过去两千年的政体，以君主（皇帝）为领袖，用现代话说是君主政体，固然不错，说全是君主专制却不尽然。至少除开最后明清两代的六百年，以前的君主在常态上并不全是专制。苛暴的，独裁的，黑暗的时代，历史上虽不尽无，但都可说是变态的，非正常的现象。就政体来说，除开少数非常态的君主个人的行为，大体上说，一千四百年的君主政体，君权是有限制的，能受限制的君主被人民所爱戴。反之，他必然会被倾覆，破家亡国，人民也陪着遭殃。

就个人所了解的历史上的政体，至少有五点可以说明过去的君权的限制，第一是议的制度，第二是封驳制度，第三是守法的传统，第四是台谏制度，第五是敬天法祖的信仰。

国有大业，取决于群议，是几千年来一贯的制度。春秋时子产为郑国执政，办了好多事，老百姓不了解，大家在乡校里纷纷议论，有人劝子产毁乡校，子产说，不必，让他们在那里议论吧，他们的批评可以作我施政的参考。秦汉以来，议成为政府解决大事的主要方法，在国有大事的时候，君主并不先有成见，却把这事交给廷议，廷议的人员包括政府的高级当局如丞相御史大夫及公卿列侯二千石以至下级官如议郎博士以及贤良文学。谁都可以发表意见，这意见即使是恰好和政府当局相反，可以反复辩论不厌其详，即使所说的话是攻击政府当局。辩论终了时理由最充分的得了全体或大多数的赞成（甚至包括反对者），成为决议，政府照例采用作为施政的方针。例如汉武帝以来的监铁榷酤政策，政府当局如御史大夫桑弘羊及丞相等官都主张继续专卖，民间都纷纷反对，昭帝时令郡国举贤良文学之士，问以民所疾苦，教化之要。皆对曰，愿罢监铁榷酤均输官，无与天下争利。于是政府当局以桑弘羊为主和贤良文学互相诘难，词辩云涌，当局几为贤良文学所屈，于是诏罢郡国榷酤关内铁官。宣帝时桓宽推衍其议为《盐铁论》十六篇。又如汉元帝时珠崖郡数反，元帝和当局已议定，发大军征讨，待诏贾捐之上疏独以为当罢郡，不必发军。奏上后，帝以问丞相御史大夫，丞相以为当罢，御史大夫以为当击，帝卒用捐之议，罢珠崖郡。又如宋代每有大事，必令两制侍从诸臣集议，明代之内阁六部都察院通政司六科诸臣集议，清代之王大臣会议，虽然与议的人选和资格的限制，各朝不尽相同，但君主不以私见或成见独断国家大政，却是历朝一贯相承的。

封驳制度概括地说，可以分作两部分。汉武帝以前，丞相专决国事，权力极大，在丞相职权以内所应作的事，虽君主也不能任意干涉。武帝以后，丞相名存职废，光武帝委政尚书，政归台阁，魏以中书典机密，六朝则侍中掌禁令，逐渐衍变为隋唐的三省——中书、门下、尚书——制度，三省的职权是中书取旨，门下封驳，尚书施行，中书省有中书舍人掌起草命令，中书省在得到君主同意或命令，就让舍人起草，舍人在接到词头（命令大意）以后，认为不合法的便可以缴还词头，不给起草。在这局面下，君主就得改换主意。如坚持不改，也还可以第二次第三次发下，但舍人仍可第二次第三次退回，除非君主罢免他的职务，否则，还是拒绝起草。著例如宋仁宗时，富弼为中书舍人封还刘从愿妻封遂国夫人词头。门下省有给事中专掌封驳，凡百司奏钞，侍中审定，则先读而署之，以驳正违失，凡制敕宣行，大事覆奏而请施行，小事则署而颁之，其有不便者，涂窜而奏还，谓之涂归。著例是唐李藩迁给事中，制有不便，就制尾批却之，吏惊请联他纸，藩曰，联纸是牒，岂得云批敕耶。这制度规定君主所发命令，得经过两次审查，第一次是中书省专主起草的中书舍人，他认为不合的可以拒绝起草，舍人把命令草成后，必须经过门下省的审读，审读通过，由给事中签名副署，才行下到尚书省施行。如被封驳，则此事便当作为罢论。这是第二次也是最后一次的审查。如两省官都能称职，坚定地执行他们的职权，便可防止君主的过失和政治上的不合法行为。从唐到明这制度始终为政府及君主所尊重，在这个时期内君权不但有限制，而且其限制的形式，也似乎不能为现代法西斯国家所接受。

　　法有两种，一种是成文法，即历朝所制定的法典，一种是不成文法，即习惯法，普通政治上的相沿传统属之。两者都可以纲纪政事，维持国本，凡是贤明的君主必得遵守。不能以喜怒爱憎，个人的感情来破法坏法。即使有特殊情形，也必须先经法的制裁，然后利用君主的特赦权或特权来补救。著例如汉文帝的幸臣邓通，在帝旁有怠慢之礼，丞相申屠嘉因言朝廷之礼不可以不肃，罢朝坐府中檄召通到丞相府，不来且斩，通求救于帝，帝令诣嘉，免冠顿首徒跣谢，嘉谓小臣戏殿上，大不敬当斩，史今行斩之，通顿首首尽出血不解，文帝预料丞相已把他困辱够了，才遣使向丞相说情，说这是我的弄臣，请你特赦他，邓通回去见皇帝，哭着说丞相几杀臣。又如宋太祖时有群臣当迁官，太祖素恶其人不与，宰相赵普坚以为请，太祖怒曰，朕固不为迁官，卿若之何！普曰，刑以惩恶，赏以酬功，古今通道也，且刑赏天下之刑赏，非陛下之刑赏，岂得以喜怒专之。太祖怒甚起，普亦随之，太祖入宫，普立于宫门口，久久不去，太祖卒从之。又如明太祖时定制，凡私茶出境，与关隘不讥者并论死，驸马都尉欧阳伦以贩私茶依法赐死。（伦妻安庆公主为马皇后所生）。类此的传统的守法精神，因历代君主的个性和教养不同，或由于自觉，或由于被动，都认为守法是作君主的应有的德性，君主如不守法则政治即失常轨，臣下无所准绳，亡国之祸，跷足可待。

为了使君主不做错事，能够守法，历朝又有台谏制度。一是御史台，主要的职务是纠察官邪，肃正纲纪，但在有的时代，御史亦得言事。谏是谏官，有谏议大夫左右拾遗，补阙，及司谏正言等官，分属中书门下两省（元废门下，谏职并入中书，明废中书，以谏职归给事中兼领）。台谏以直陈主夫，尽言直谏为职业，批龙鳞，捋虎须，如沉默不言，便为失职，史记唐太宗爱子吴王恪好畋猎损居人田苗，侍御史柳范奏弹之，太宗因谓侍臣曰，权万纪事我儿，不能匡正，其罪合死。范进曰，房玄龄事陛下，犹不能谏正畋猎，岂可独坐万纪乎？又如魏徵事太宗，直言无所避。若谏取已受聘女，谏作层观望昭陵，谏怠于受谏，谏作飞仙宫，太宗无不曲意听从，肇成贞观之治。宋代言官气焰最盛，大至国家政事，小至君主私事无不过问。包拯论事仁宗前，说得高兴，唾沫四飞，仁宗回宫告诉妃嫔说，被包拯唾了一面。言官以进言纠箴为尽职，人君以受言改过为美德，这制度对于君主政体的贡献可说很大。

两汉以来，政治上又形成了敬天法祖的信条，敬天是适应自然界的规律，在天人合一的政治哲学观点上，敬天的所以育人治国。法祖是法祖宗成宪，大抵开国君主的施为，因时制宜，着重在安全秩序保持和平生活。后世君主，如不能有新的发展，便应该保守祖宗成业，不使失坠；这一信条，在积极方面说，固然是近千年来我民族颓弱落后的主因，但在消极方面说，过去的台谏官却利用以劝告非常态的君主，使其安分，使其不作意外的过举。因为在理论上君主是最高的主宰，只能抬出祖宗，抬出比人君更高的天来教训他，才能措议，说得动听。①此类的例子不可胜举，例如某地闹水灾或旱灾，言官便说据五行水是什么，火是什么，其灾之所以成是因为女谒太盛，或土木太侈，或奸臣害政，君主应该积极采取相对的办

---

① 此处文意费解。原文如此，姑依其旧。——编者注

法斥去女谒，罢营土木，驱诛奸臣，发赈救民。消极的应该避殿减膳停乐素服，下诏引咎求直言以应天变。好在大大小小的灾异，每年各地总有一些，言官总不愁无材料利用，来批评君主和政府，再不然便引用祖宗成宪或教训，某事非祖宗时所曾行，某事则曾行于祖宗时，要求君主之改正或奉行。君主的意志在这信条下，多多少少为天与祖宗所束缚，不敢作逆天或破坏祖宗成宪的事。两千年来只有一个王安石，他敢说"天变不足畏，祖宗不足法，人言不足恤"，除他以外，谁都不敢说这话。

就上文所说，国有大事，君主无适无莫，虚心取决于群议。其命令有中书舍人审核于前，有给事中封驳于后，如不经门下副署，便不能行下尚书省。其所施为必须合于法度，如有违失，又有台谏官以近臣之地位，从中救正，或谏止于事前，或追论于事后，人为之机构以外，又有敬天法祖之观念，天与祖宗同时为君权之约束器。在这样的君主政体下，说是专制固然不尽然，说是独裁，尤其不对，说是黑暗或苛暴，以政治史上偶然的畸形状态，加上于全部历史，尤其不应该。就个人所了解，六百年以前的君权是有限制的，至少在君主不肯受限制的时候，还有忠于这个君主的人敢提出指责，提出批评。近六百年来，时代愈进步，限制君权的办法逐渐被取消，驯至以桀纣之行，文以禹汤文武之言，诰训典谟，连篇累牍，"朕即国家"和西史暴君同符。历史的覆辙，是值得读史的人深切注意的。

历史上的政治的向心力和离心力

历史上有若干时代，军权政权法权财权一切大权，始终握于中央政府之手，各级地方政府唯唯听命，中央之于地方，犹躯干之于手足，令出必行。地方之于中央，犹众星之拱北辰，环侍唯谨。例如宋代和明代。

也有若干时代，中叶以后，大权旁落，地方政府自成单位，其强大者更是操纵中枢，形成尾大不掉之势。中枢政令只及于直属的部分，枝强干弱，失去均衡。例如汉末六朝和唐的后期，清的后期。

前者用科学的术语说，我们叫它作政治上的向心力时代，用政治上的术语说，可叫作中央集权时代。后者则是政治上的离心力时代，也可叫作地方分权时代。为避免和现代的政治术语混淆起见，我们还是用向心力和离心力这两个名词较为妥当。

要详细说明上举几个不同时代的各方面情形，简直是一部中国政治史，颇有不知从何处说起之苦，并且篇幅也不容许。我们不妨用简笔画的办法，举几个有趣的例子来说明。办法是看那个时代人愿意在中央做事，还是在地方做事，前者举宋朝作例，后者举唐朝作例。

宋承五代藩镇割据之后，由大分裂而一统。宋太祖采用谋臣赵普的主意，用种种方法收回地方的兵权、政权、法权、财权。中央直属的军队叫禁军，挑选全国最精锐的军人组成，战斗力最强，挑剩的留在地方的叫厢军，全国各地的厢军总数才和禁军的总数相等，以此在质、量两方面禁军都超过了厢军。各地方政府的长官也都直接由中央任免。地方的司法和财政也都由中央派专使，提点刑狱公事和转运使直辖。府县的长官大部分都带有在中央服务的职名，任满后仍须回中央供职，到地方作事只算是出差（差遣）。在这一个系统之下，就造成了政治上的向心力。宋代的各级官吏，都以到地方服务为回到中央供职的过程，内外虽迭用，但最后的归结还是台阁监寺以至两地。如地位已到了台阁侍从，则出任州守，便算谴谪。反之由外面内召，能到曹郎，便是美迁。"故仕人以登台阁，升禁从为显宦，而不以官之迟速为荣滞，以差遣要剧为贵途，而不以阶勋爵邑有无为轻重。"一般士大夫大多顾恋京师，轻易不肯离去阙下，叶梦得《避暑录话》下记有一则范纯仁的故事说：

> 范尧夫每仕京师，早晚二膳，自己至婢妾皆治于家，往往镌削，过为简俭，有不饱者，虽晚登政府亦然。补外则付之外厨，加料几倍，无不厌余。或问其故，曰：人进退虽在己，然亦未有不累于妻孥者。吾欲使居中则劳且不足，在外则逸而有余，故处吾左右者，朝夕所言，必以外为乐，而无顾恋京师之意，于吾亦一佐也。前辈严于出处，每致其意如此。

范尧夫是哲宗时的名臣名相，尚且以克削饮食的手段，来节制出处，可见当时一般重内轻外的情形。南渡后半壁江山，政治重心却仍因制度的关系，维护在朝廷，外官纷纷要求京职。《宋会要稿》九五《职官》六〇之二九：

> 绍兴九年（西元1139）五月二十三日，殿中侍御史周英言：士大夫无安分效职之心，奔走权势，惟恐不及，职事官半年不迁，往往有滞淹之叹。

又一〇六《职官》七九之一二：

> 庆元二年（西元1196）十月十四日，臣僚言，近日监司帅守，到任之后，甫及半考，或几一年，观风问俗，巡历未周，承流宣化，抚字未遍，即致书当路，自述劳绩，干求朝堂，经营召命。
>
> 四年八月二十四日，臣僚言，比年以来，州县官吏，奔竞躁进，相师成风，嘱托请求，恬不知耻，贿赂杂沓于往来之市，汗牍旁午于贵要之门，上下玩习，不以为怪。故作县未几，即求荐以图院辖。作

倅未几，即求荐以图作州。作州未几，即求荐以图特节。既得节矣，复图职名，得职名矣，复图召命。

以上二例，固然是政治的病态，却也可看出这时代向心力的程度。

再就唐代说，安史之乱是一个路标，乱前内重外轻，乱后内轻外重。乱前的府兵属于国家，乱后节镇兵强，中央衰弱。乱前官吏任免由朝廷，乱后地方多自辟僚属，墨版假授。乱前财政统一，乱后财赋有留州留使，仅上供是朝廷的收入。乱前中央官俸厚，地方官俸薄，乱后恰好相反。至于河北山东割据的藩镇，则索性一切自主，完全和中央无干。乱前士大夫多重内官，轻外职。此种风气，唐初已极显著，贞观十一年（西元637）马周上疏即提到这问题，他说：

> 今朝廷独重内官，刺史县令，颇轻其选。刺史多是武夫勋人，或京官不称职始外出，边远之处，用人更轻，所以百姓未安，殆由于此。①

长安四年（西元704）李峤也上疏说：

> 安人之方，须择刺史，窃见朝廷物议，莫不重内官，轻外职，每除牧伯，皆再三披诉。比来所遣外任，多是贬累之人，风俗不澄，实由于此。②

神龙元年（西元705）赵冬曦也说：

> 今京职之不称者，乃左为外任，大邑之负累者，乃降为小邑，近官之不能者，乃迁为远官。③

直至开元五年（西元721）源乾曜还说：

> 臣窃见势要之家，并求京职，俊义之士，出任外官，王道均平，不合如此。

这种畸轻畸重的形势，深为当时有识的政治家所忧虑，唐太宗以此自

---

①②③《唐会要》六十八，《刺史》上。

简刺史，令五品以上京官举县令一人。武后时以台阁近臣分典大州，中宗时特敕内外官吏更用，玄宗时源乾曜请出近臣子弟为外官，都想矫正这种弊端。不过全无用处，外官之望京职，有如登仙。《新唐书·倪若水传》：

> 开元初为中书舍人，尚书右丞，出为汴州刺史……时天下久平，朝廷尊荣，人皆重内任，虽自冗官擢方面，皆自谓下迁。班景倩自扬州采访使入为大理少卿，过州，若水饯于郊，顾左右曰：班公是行若登仙，吾恨不得为驺仆！

等到"渔阳鼙鼓动地来"，胡笳一声，立刻把这一种向心力转为相反的离心力。《新唐书·李泌传》说：

> 贞元三年（西元787）……时州刺史月俸至千缗，方镇所取无艺，而京官禄寡薄。自方镇入至八座，至谓罢权。薛邕由左丞贬歙州刺史，家人恨降之晚。崔祐甫任吏部员外，求为洪州别驾。使府宾，佐有所忤者，荐为郎官，其迁台阁者，皆以不赴取罪去。泌以为外太重，内太轻，乃请随官闲剧，倍增其俸，时以为宜。而窦参多沮其事，不能悉如所请。

元和时（西元806~820）李鄘为淮南节度使，内召作相，至祖道泣下，固辞不就。《新唐书》本传：

> 吐突承璀数称荐之，召拜门下侍郎同中书门下平章事。鄘不喜由宦幸进，及出，祖乐作，泣下谓诸将曰：吾老安外镇，宰相岂吾任乎？至京师，不肯视事，引疾固辞。

这情形恰好是乱前乱后绝妙的对照。士大夫都营求外任，不肯赴阙，人才分散在地方，政府无才可用，末期至用朱朴、郑綮作相，"履霜坚冰至"其由来也渐矣。

明代政治组织较前代进步，内阁决大政，六部主庶务，都督府司兵籍，都察院司弹劾监察，官无虚设，职与事符。并且卫军全属于国家，地方无私兵。地方政府的组织也较前代简单而严密，严格说只有府县两级，均直属中央。原来的三司（布政使司，按察使司，都指挥使司）皆带使名，以中央官外任，后来增设巡抚，也是以中央大员出巡。总督主两省以上的军务，事定即罢。士大夫以内召为宠命。诏书一下，全国上下奉行唯谨。清代因承明制，却有一部分没有学到家，总督军务成为地方常设的经制的疆吏，权限过大过重，前期国势强盛，尚可以一纸命令节制调动。中叶以后，八旗军力衰弱，代以绿营，洪杨乱起，绿营不能用，复代以练勇。事定后，各省疆吏拥兵自重，内中淮军衍变为北洋系，犹自成一系统，潜势力可以影响国政，义和团乱起，南方各省疆吏竟成联省自立的局面。中央政令不行，地方形同割据。革命起后，北洋系的军人相继当国，形成十六年割据混战的局面。在这期间内，政治上的离心力大过向心力，一般智识分子，多服务于地方，人才分散。我们回顾这两千年的专制政治，无论向心或者离心，都是以独夫之心，操纵数万万人之事。而历朝皇帝，都生怕天下把得不稳，于是大量引用戚族，举全国人的血汗，供一家之荣华富贵，荒淫奢侈。自今而后，我们需要向心，我们更需要统一，但我们必须向心于一个民主的政权，我们必须统一于一个民主的政府之下。

说士

　　现代词汇中的军人一名辞,在古代叫作士,士原来是又文又武的,文士和武士的分立,是唐以后的事。

　　在春秋时代,金字塔形的统治阶级,王诸侯大夫以下的阶层就是士,士和以上的阶层比较,人数最多,势力也最大。其下是庶民和奴隶,是劳动者,是小人,应该供养和侍候上层的君子。王诸侯大夫都是不亲庶务的,士介在上下层两阶级之间,受特殊的教育,在平时是治民的官吏,在战时是战争的主力。就上层的贵族阶级说,是维持治权的唯一动力,王诸侯大夫如不能得到士的支持,不但政权立刻崩溃,身家也不能保全。就下层的民众说,士又是庶政的推动和执行人,他们当邑宰,管理租赋,审判案件(以此,士这名辞又含有司法官的意义,有的时候也叫作士师),维持治安,当司马管理军队,当贾正管理商人,当工正管理工人,和民众的关系最为密切,因之又惯常和民众联在一起。就职业的区分,士为四民之首,其下是农工商。再就教育的程度和地位说,士和大夫最为接近,因之士大夫也就成为代表相同的教育程度和社会地位的一个专门名辞。

　　士在政治上社会上负有特殊任务,在四民中,独享教育的特权。为着适应士所负荷的业务,课程分作六种,称为六艺:礼乐射御书数。内中射御是必修科,其他四种次之。射是射箭和战争技术的训练,御是驾车,在车战时代,这一门功课也是非常重要的。礼是人生生活的轨范,作人的方法,礼不下庶人,在贵族社会中,是最实际的处世之学。乐是音乐,是调剂生活和节制情感的工具,士无故不辍琴瑟,孔子在齐闻韶,三月不知肉味的故事,正可以代表古代士大夫对于音乐的爱好和欣赏的能力,奏乐时所唱的歌词是诗,在外交或私人交际场合,甚至男女求爱时,都可用歌词来表达自己的意思，这些诗被记录下来，保存到现在的叫《诗经》。书是写字，数是算数，要当一个政府或地方官吏，这两门功课也是非学不可的。

士不但受特殊的教育训练，也受特殊的精神训练。过去先民奋战的史迹，临难不屈，见危授命，牺牲小我以保全邦国的可歌可泣的史诗，和食人之禄忠人之事的理论，深深印入脑中。在这两种训练下，养成了他们的道德观念！——忠，忠的意义是应该把责任看得重于生命，荣誉重于安全，在两者发生冲突时，毫不犹豫牺牲生命或安全，去完成责任，保持荣誉。

在封建时代，各国并立，士的生活由他的主人诸侯或大夫所赐的田土维持，由于这种经济关系，士只能效忠于主人。到了秦汉的统一的大帝国成立以后，诸侯大夫这一阶层完全消灭，士便直属于君主于国家，忠的对象自然也转移到对君主对国家了。士分为文武以后，道德观念依然不变，几千年以来的文士和武士，轰轰烈烈，为国家为民族而战争，而流血，而牺牲，不屈不挠，前仆后继，悲壮勇决的事迹，史不绝书。甚至布衣白丁，匹妇老妪，补锅匠，卖菜佣，乞丐妓女，一些未受教育的平民百姓，在国家危急时，也宁愿破家杀身，不肯为敌人所凌辱，这种从上到下，几千年来的一贯信念，是我国的立国精神，是我中华民族始终昂然永存，历经无数次外患而永不屈服，终能独立自主的真精神。

士原来受文事武事两种训练，平时治民，战时治军，都是本分。春秋时代列国的卿大夫，一到战时便统率军队作战，前方后方都归一体（晋名将郤縠以敦诗书礼乐见称，是个著例）。到战国时代，军事渐趋专业化，军事学的著作日益增多，军事学家战术家战略家辈出，文官和军人渐渐开始分别，可是像孟尝君、廉颇、吴起等人，也还是出将入相，既武且文。汉代的大将军、车骑将军、前将军、后将军都是内廷重臣，遇有征伐时，将军固然应该奉命出征，外廷的大臣如御史大夫和九卿也时常以将军号统军征伐，而且文武互用，将军出为外廷文官，外廷文臣改官将军，不分畛域，末年如曹操、孙权都曾举孝廉，曹操横槊赋诗，英武盖世，诸葛亮相蜀，行军时则为元帅，虽然有纯粹的职业军人如吕布、许褚之流，纯粹的文人如华歆、许靖之流，在大体上仍是文武一体。一直到唐代李林甫当国以前，还是边帅入为宰相，宰相出任边帅，内外互用，文武互调。

李林甫作宰相以后，要擅位固宠，边疆将帅多用胡人，胡人不识汉字，虽然立功，也只能从军阶爵邑上升迁，不能入主中枢大政，从此文武就判为两途。安史乱后的郭子仪，奉天功臣李晟，虽然名义上都是宰相，都是汉人，都通文义，却并不与闻政事，和前期李靖、李勣出将入相的情形完全不同了。经过晚唐五代藩镇割据之乱，宋太祖用全力集权中央，罢诸将军权，地方守令都以文士充任，直隶中枢，文士治国，武士作战，成为国家用人的金科玉律，由之文士地位日高，武士地位日低，一味重文轻武的结果，使宋朝成为历史上最不重武的时代。仁宗时名将狄青南北立功，作了枢密使，一些文士便群起攻击，逼使失意而死，南宋初年的岳飞致力恢复失地，也为宰相秦桧所诬杀。文武不但分途，而且成为对立的局面。明代文武的区分更是明显，文士任内阁部院大臣，武士任官都督府卫所，遇着征伐，必以文士督师，武士统军陷阵，武士即使官为将军总兵，到兵部辞见时，对兵部尚书必须长跪。能弯八石弓，不如识一丁字，一般青年除非科举无望，岂肯弃文就武。致武士成为只有技勇膂力而无智识教养的人，在社会上被目为粗人，品质日低，声誉日降，偶尔有一两个武士能通文翰吟咏，便群相惊诧，以为儒将。偶尔有一两个武士发表对当前国事的意见，便群起攻击，以为干政。结果武士自安于军阵，本来无教养学识的，以为军人的职责只是作战，不必求学识。这种心理的普遍化，使上至朝廷，下至闾巷，都以武士不文为当然，为天经地义。武士这一名词省去下一半，武而不士，只好称为武人了。

近百年来的外患，当国的文士应该负责，作战的武士，亦应该负责。七年来的艰苦作战，文士不应独居其功，大功当属于前线流血授命的武士。就史实所昭示,汉唐之盛之强,宋明之衰之弱,士的文武合一和分立,殆可解释其所以然。古代对士的教育和训练,应加以重视,尤其应该着重道德观念——对国家对民族尽责的精神的养成。提高政治水准,为什么而战和有所不为,彻头彻脑明白战争的意义。要提高士的社会地位,必须文事和武事并重,必须政治水准和社会地位提高,这是今后全国所应全力以赴的课题。

宋代两次均产运动

——人民的历史之一章

十世纪末年（993—995）四川成都平原爆发了伟大的农民均产运动。

十二世纪初期（1130—1135）湖南洞庭湖一带产米区又爆发了和上次意义相同的运动。

在地主官僚贵族的高压的统治之下，有组织的正规军，犀利的武器，加上全国的财力，这两次均产运动当然是被"肃清"了。失败的鲜血在历史上写下了辉煌的一页。

宋代这两次失败的运动之所以值得现代人特别研究，是因为它们提出了明显的经济的政治的要求，改革的方案，具体的实践，是自觉的人民的呼声，是人民的历史的一章。

第一次的均产运动，宋李攸《宋朝事实》卷十七记：

> 淳化四年（993）青城县民王小波聚徒起而为乱。谓其众曰，吾疾贫富不均，今为汝均之。贫民附者益众，先是国家平孟氏（昶）之乱，成都府库之物，悉载归于内府。后来任事者竞功利，于常赋外，更置博买务，禁商贾不得私市布帛。蜀地土狭民稠，耕稼不足以给，由是群众起而为乱。

说明了刺激这运动的两个政治经济的因素，第一是宋军平蜀，把蜀中的财赋都当作战利品运到开封。第二是新治权的统制商业行为，使人民生活陷于绝境。这两个因素造成了蜀人的心理反抗，不甘于被征服者的奴役，剥削，起来要求经济上的均等和政治上的解放。

宋王辟之《渑水燕谈录》所记大体相同，他说：

> 本朝王小波李顺王均辈，啸聚西蜀，盖朝廷初平孟氏，蜀之帑

藏，尽归京师。其后言利者争述功利，置博易务，禁私市，商贾不行，蜀民不足，故小波得以激怒其人曰，吾疾贫富不均，今为汝均之。贫者附之益众。

均贫富的方案和实践，宋沈括《梦溪笔谈》二十五记（王明清《挥麈后录》五同）：

> 李顺本蜀江王小博之妻弟。始王小博反于蜀中，不能抚其众，众乃推顺为主。顺初起，悉召乡里富人大姓，令具其家所有财粟，据其生齿足用之外，一切调发，大赈贫乏，录用材能，存抚良善，号令严明，所至一无所犯。时两蜀大饥，旬日之间，归之者数万人，所向州县，开门延纳，传檄所至，无复完垒。及败，人尚怀之，故顺得脱去三十余年，乃始就戮。

就是把富豪地主的过剩的，除开生活必需以外的财粟，用公开的手续，让他们自己报告，由人民调发，分配给贫民，这一新的经济措施自然获得广大的贫民阶层的支持。相对的严明的军纪和合理的政治，使这一运动更获得广大的发展，虽然遭遇政府正规军，数和质都占优势的大军所围剿而消灭，然而，在几十年后，这一运动的成果仍然温暖地被保存于蜀中父老子弟的心坎中。

第二次的均产运动的背景，绍兴三年（1133）伪齐尚书户部郎中兼权给事中冯长宁尚书右司员外郎许同伯同修什一税法，报告北宋的税制，给豪富地主以兼并的机会，造成贫富对立的尖锐现象说：

> 宋之季世，税法为民大蠹，权要豪右之家，交通州县，欺侮愚弱，恃其高赀，择利兼并，势必膏腴，减落税亩，至有入其田宅而不承其税者，贫民下户，急于贸易，俯首听之。间有陈词，官吏附势，不能推割，至有田产已尽，而税籍犹在者，监锢拘囚，至于卖妻鬻子，死徙而后已。官司摊逃户赋，则牵连邑里，岁使代输，无有穷已。折变之法，小估大折，名目实直，巧诈欺民，十倍榨取，舍其所

有，而责其所无。至于检灾之蠲放分数，方田之高下土色，不公不实，率毕大姓享其利，而小民被其害。贪虐相资，诛求不辍，朝行宽恤之诏，夕下割剥之令，元元穷蹙，群起为盗。①

洞庭湖沿岸是最饶足的米仓，贫富对立的现象也就特别显著。当宋徽宗正在穷奢极欲，搜敛豪取，建宫室，崇道教，求长生的时候，洞庭西岸武陵的农民钟相，相对的在宣扬等贵贱，均贫富的新教义。《建炎以来系年要录》卷三十一记：

> 建炎四年（1130）正月甲午，鼎州（常德）人钟相作乱，自称楚王。初金人去潭州（长沙），群盗乃大起，东北流移之人，相率渡江……相武陵人，以左道惑众，自号天大圣，言有神灵与天通，能救人疾患。阴语其徒，则曰，法分贵贱贫富，非善法也，我行法，当等贵贱，均贫富。持此语以动小民，故环数百里间，小民无知者翕然从之，备粮谒相，谓之拜爷，如此者二十余年。相以故家赀巨万，及湖湘盗起，相与其徒结集为忠义民兵，士大夫避免者多依之。相所居村曰天子岗，遂即其处筑垒浚壕，以捍贼为名。会孔彦舟入澧州，相乘人情惊扰，因托言拒彦舟以聚众。至是起兵，鼎澧荆南之民响应。相遂称楚王，改元天战，行移称圣旨，补授一用黄牒，一方骚然。遂焚官府城市寺观及豪右之家，凡官吏儒生僧道巫医卜祝之流，皆为所杀。

钟相的作风比李顺又进一步，不但要均贫富，而且要等贵贱，就现在的意义说，不止是彻底消灭地主贵族集团的经济特权，而是更进一步，消除更根本的这一集团人搜括剥削的政治特权。使人人有平等的经济的享受，有过问政治，运用政权的权利。这一运动所消灭的对象，是贪污不法的官吏，武断乡曲的儒生，不劳而食的僧道，和劳苦民众的寄生虫巫医卜

---

① 李心传：《建炎以来系年要录》卷六十五。

祝，四种靠原始迷信生活的废物。所破坏的对象是特权阶级所凭藉的官府，和保护官府安全的城市，僧道所在的为民脂民膏所经营的寺观，以及豪右之家，农民所最痛恨的吸血鬼的巢穴。

这一运动经过几次的挫折，最后，于1135年为名将岳飞所荡平。

明代的锦衣卫和东西厂

（一）

在旧式的政体之下，皇帝只是代表他的家族以及外环的一特殊集团的利益，比较被统治的人民，他的地位，不但孤立，而且永远是在危险的边缘，尊严的神圣宝座之下，酝酿着待爆发的火山。为了家族的威权和利益的持续，他们不得不想尽镇压的法子，公开的律例，刑章，公开的军校和法庭不够用，也不便用，他们还需要造成恐怖空气的特种组织，特种监狱，和特种侦探，来监视每一个可疑的人，可疑的官吏，他们用秘密的方法侦伺，搜查，逮捕，审讯，处刑。在军队中，在学校中，在政府机关中，在民间，在茶楼酒馆，在集会场所，甚至在交通孔道，大街小巷，处处都有这类人在活动。执行这些任务的特种组织，历代都有。在汉有"诏狱"和"大谁何"，在唐有"丽景门"和"不良人"，在宋有"诏狱"和"内军巡院"，在明有锦衣卫和东西厂，在袁世凯时代则有"侦缉队"。

锦衣卫和东西厂明人合称为厂卫。从十四世纪后期一直到十七世纪中叶，这两机关始终存在（中间曾经几度短期的废止，但不久即复设）。锦衣卫是内廷的侦察机关，东厂则由宦官提督，最为皇帝所亲信，即锦衣卫也受其侦察。锦衣卫初设于明太祖时，是内廷亲军，皇帝的私人卫队，不隶都督府。其下有南北镇抚司，南镇抚司掌本卫刑名，北镇抚司专治诏狱，可以直接取诏行事，不必经过外廷法司的法律手续，甚至本卫长官亦不得干预。[①]锦衣卫的正式职务，据《明史·职官志》说是"掌侍卫缉捕刑

[①] 王世贞：《锦衣志》。

狱之事，凡盗贼奸宄街涂沟洫，密缉而时省之"。经过嘉靖初年裁汰后，缩小职权，改为"专察不轨妖言人命强盗重事"①。其实最主要的还是侦察"不轨妖言"，不轨指政治上的反动者或党派，妖言指宗教的集团如弥勒教、白莲教、明教等。明太祖出身于香军，深知"弥勒降生"和"明王出世"等宗教传说，对于渴望改善生活的一般农民，所发生的政治作用，是如何重大。他尤其了解聚众结社对现实政权有如何重大的意义和威胁，他从这两种活动中得到政权，也已为这政权立下基础，唯一使他焦急的问题是如何才能永远子子孙孙都能不费事地继承这政权。他所感觉到的严重危机有两方面，其一是并肩起事的诸将，个个都身经百战，枭悍难制。其二是出身豪室的文臣，他们有地方的历史势力，有政治的声望，又有计谋，不容易对付。这些人在他在位的时候，固然镇压得下，但也还惴惴不安。身后的继承人呢，太子忠厚柔仁，只能守成，不能应变。到太子死后，他已是望七高年，太孙不但幼稚，而且比他儿子更不中用，成天和一批腐儒接近，景慕三王，服膺儒术，更非制驭枭雄的脚色。他为着要使自己安心，要替他儿孙斩除荆棘，便不惜用一切可能的残酷手段，大兴胡蓝党案，屠杀功臣，又用整顿吏治，治乱国用重刑的口实，把中外官吏地主豪绅也着实淘汰了一下，锦衣卫的创立和授权，便是发挥这个作用。经过几次的大屠杀以后，臣民侧足而立，觉得自己的地位已经安定了。为了缓和太过紧张的空气，洪武二十年（公元1387）下令焚毁锦衣卫刑具，把锦衣卫所禁闭的囚徒都送刑部。再隔六年，胡党蓝党都已杀完，不再感觉到政治上的逼胁了，于是又解除锦衣卫的典诏狱权，诏内外狱毋得上锦衣卫，大小案件都由法司治理。天下从此算太平了②。

不到十年，帝位发生争执，靖难兵起，以庶子出藩北平的燕王入居大位，打了几年血仗，虽然到了南京，名义上算作了皇帝，可是地位仍不稳

---

①②《明史·刑法志》。

固。因为第一，建文帝有出亡的传说，宫内自焚的遗体中不能决定是否建文帝也在内，假如万一建文帝未死，很有起兵复国的可能。第二，他以庶子僭位，和他地位相同的十几个亲王看着眼红，保不住也重玩一次靖难的把戏。（这一点在他生前算是过虑，可是到孙子登位后，果然又闹了一次叔侄交兵。）第三，当时他的兵力所及的只是由北平到南京一条交通线，其他地方只是外表表示服从。第四，建文帝的臣下，在朝的如曹国公李景隆驸马都尉梅殷等，在地方的如盛庸平安何福等都曾和他敌对作战。其他地方官吏文武臣僚也都是建文旧人，不能立地全盘更动。这使他感觉有临深履薄的恐惧。在这样的情况之下，他用得着他父亲传下的衣钵，于是锦衣卫重复活动，一直到亡国，始终作皇帝的耳目，担任猎犬和屠夫的双重任务。

锦衣卫虽然亲近，到底是外官，也许会徇情面，仍是不能放心。明成祖初起时曾利用建文帝左右的宦官探消息，即位以后，以为这些内官忠心可靠，特设一个东厂，职务是"缉访谋逆妖言大逆等"，完全和锦衣卫相同。属官有贴刑，以锦衣卫千百户充任，所不同的是用内臣提督，通常都以司礼监秉笔太监第二人或第三人派充，关系和皇帝最密切，威权也最重。①以后虽有时废罢，名义也有时更换为西厂或外厂，或东西厂内外厂并设，或在东西厂之上加设内行厂，连东西厂也在伺察之下。但在实际上，厂的使命是没有什么变更的。

厂与卫成为皇帝私人的特种侦探机关，其系统是锦衣卫监察侦伺一切官民，东（西）厂侦察一切官民及锦衣卫，有时或加设一最高机构，侦探一切官民和厂卫，如刘瑾的内行厂和冯保的内厂，皇帝则直接监督一切侦缉机关。如此层层缉伺，层层作恶，人人自疑，人人自危，造成了政治恐怖。

---

① 《明史》，《刑法志》、《职官志》。

（二）

厂卫同时也是最高法庭，有任意逮捕官吏平民，加以刑讯判罪和行刑的最高法律以外的权力。

卫的长官是指挥使，其下有官校，专司侦察，名为缇骑。嘉靖时陆炳官缇帅，所选用卫士缇骑皆都中大豪，善把持长短，多布耳目，所睚眦无不立碎。所召募畿辅秦晋鲁卫骈胁超乘迹射之士以千计。卫之人鲜衣怒马而仰度支者凡十五六万人。① 四出迹访："凡缙绅之门，各有数人往来其间，而凡所缉访，止属风闻，多涉暧昧，虽有心口，无可辩白。各类计所获功次，以为升授。凭其可逞之势，而邀其必获之功，捕风捉影，每附会以仇其奸，非法拷讯，时威逼以强其认。" ② 结果，一般仕宦阶级都吓得提心吊胆，"常晏起早阖，毋敢偶语，旗校过门，如被大盗"③。抓到了人时先找一个空庙祠宇榜掠了一顿，名为打桩，"有真盗幸免，故令多攀平民以足数者，有括家囊为盗贼，而通棍恶以证其事者，有潜种图书陷人于妖言之律者，有怀挟伪批坐人以假印之科者，有姓名仿佛而荼毒连累以死者。"访拿所及，则"家资一空，甚至并同室之有而席卷以去，轻则匿于档头火长校尉之手，重则官与瓜分"。被访拿的一入狱门，便无生理，"五毒备尝，肢体不全。其最酷者曰琵琶，每上百骨尽脱，汗下如水，死而复生，如是者二三次，荼酷之下，何狱不成"④。

其提人则止凭驾帖，弘治元年（公元1488）刑部尚书何乔新奏："旧制提人，所在官司必验精微批文，与符号相合，然后发遣。近者中外提人，只凭驾帖，既不用符，真伪莫辨，奸人矫命，何以拒之？"当时虽然

---

① 王世贞：《锦衣志》。
② 傅维麟：《明书》卷七十三。
③ 《明史·刑法志》。
④ 《明书》卷七十三。

明令恢复批文提人的制度，可是锦衣旗校却依旧只凭驾帖拘捕。①正德初周玺所说："迩者皇亲贵幸有所奏陈，陛下据其一面之词，即行差官赍驾帖拿人于数百里之外，惊骇黎庶之心，甚非新政美事。"②便是一个例子。

东厂的体制，在内廷衙门中最为隆重。凡内官奉差关防皆曰某处内官关防，惟东厂篆文为"钦差监督东厂官校办事太监关防"③。《明史》记"其隶役皆取给于卫，最轻巧儇佻者乃充之。役长曰档头，帽上锐，衣青素裤褶，系小绦，白皮靴，专主伺察。其下番子数人为干事，京师亡命诓财挟仇视干事者为窟穴，得一阴事，由之以密白于档头，档头视其事大小先予之金，事曰起数，金曰买起数。既得事，帅番子至所犯家，左右坐曰打桩，番子即突入执讯之无有左证符牒，贿如数径去，少不如意，榜治之名曰乾酢酒，亦曰搬罾儿，痛楚十倍官刑，且授意使牵有力者，有力者予多金即无事，或靳不予，予不足，立闻上，下镇抚司狱，立死矣。"对于行政官吏所在，也到处派人伺察："每月旦，厂役数百人掣签庭中，分瞰官府。"有听记坐记之别，"其视中府诸处会审大狱，北镇抚司拷讯重犯者曰听记，他官府及各城门缉访曰坐记"。所得秘密名为打事件，即时由东厂转呈皇帝，甚至深更半夜也可随时呈进，"以故事无大小，天子皆得闻之，家人米盐猥事，宫中或传为笑谑，上下惴惴，无不畏打事件者"④。

锦衣卫到底是比不上东厂亲近，报告要用奏疏，东厂则可以直达。以此，厂权就高于卫。

东厂的淫威，试举一例。当天启时，有四个平民半夜里偷偷在密室喝酒谈心。酒酣耳热，有一人大骂魏忠贤，余三人听了不敢出声。骂犹未了，便有番子突入，把四人都捉去，在魏忠贤面前把发话这人剥了皮，余

---

① 《明史·刑法志》。
② 《垂光集》一，《论治化疏》。
③ 刘若愚：《酌中志》十六。
④ 《明史·刑法志》。

三人赏一点钱放还，这三人吓得魂不附体，差一点变成疯子。

锦衣卫狱即世所称诏狱，由北镇抚司专领。北镇抚司本来是锦衣卫指挥使的属官，品秩极低，成化十四年（公元1478）增铸北司印信，一切刑狱不必关白本卫，连卫所行下的公事也可直接上请皇帝裁决，卫指挥使不敢干预，因之权势日重。①外廷的三法司（刑部，大理寺，都察院）不敢与抗。嘉靖二年（公元1523），刑科给事中刘济上言："国家置三法司以理刑狱，其后乃有锦衣卫镇抚司专理诏狱，缉访于罗织之门，锻炼于诏狱之手，裁决于内降之旨，而三法司几于虚设矣。"②其用刑之惨酷，有非人类所能想象，沈德符记："凡厂卫所廉谋反杀逆及强盗等重辟。始下锦衣之镇抚司拷问，寻常止曰打着问，重者加好生二字，其最重大者则曰好生着实打着问，必用刑一套，凡十八种，无不试之。"③用刑一套为全刑，曰械，曰镣，曰棍，曰拶，曰夹棍，五毒备具，呼号声沸然，血肉溃烂，宛转求死不得。④诏狱"室卑入地，墙厚数仞，即隔壁号呼，悄不闻声，每市一物入内，必经数处检查，饮食之属十不能得一，又不得自举火，虽严寒不过咳冷炙披冷衲而已。家人辈不但不得随入，亦不许相面。惟于拷问之期，得遥于堂下相见"⑤。天启五年（公元1625）遭党祸被害的顾大章所作《狱中杂记》里说："予入诏狱百日而奉旨暂发（刑）部者十日，有此十日之生，并前之百日皆生矣。何则，与家人相见，前之遥闻者皆亲证也。"拿诏狱和刑部狱相比，竟有天堂地狱之别。瞿式耜在他的《陈时政急著疏》中也说："往者魏崔之世，凡属凶网，即烦缇骑，一属缇骑，即

---

① 《明史》卷九十五。
② 《明世宗实录》。
③ 《野获编》卷二十一。
④ 《明史·刑法志》。
⑤ 《野获编》。

下镇抚，魂飞汤火，惨毒难言，苟得一送法司，便不啻天堂之乐矣。"①被提者一入抚狱，便无申诉余地，坐受榜掠。魏大中《自记年谱》：十三日入都羁锦衣卫东司房，二十八日许显纯崔应元奉旨严鞫，许既迎二魏（忠贤、广微）意，构汪文言招辞而急毙之以灭口。对簿时遂断断如两造之相质，一栲敲一百，穿梭一夹，敲五十板子，打四十棍，惨酷备至，而抗辩之语悉闷不得宣。""六君子"被坐的罪名是受熊廷弼的贿赂，有的被刑自忖无生理，不得已承顺，希望能转刑部得生路，不料结果更坏，厂卫勒令追赃，"遂五日一比，惨毒更甚。比时累累跪阶前，诃诉百出，裸体辱之，弛杻则受桚，弛桚则受夹，弛桚与夹则仍戴杻镣以受棍，创痛未复，不再宿复加榜掠。后讯时皆不能跪起荷桎梏，平卧堂下"②。终于由狱卒之手秘密处死，死者家人至不知其死法及死期，苇席裹尸出牢户，虫蛆腐体。六君子是杨涟、左光斗、顾大中、袁化中、周朝瑞、顾大章，都是当时的清流领袖，朝野表率，为魏忠贤臣所忌，天启五年（公元1625）相继死于诏狱。

　　除了在狱中的非刑以外，和厂卫互相表里的一件恶政是廷杖，锦衣卫始自明太祖，东厂为明成祖所创设，廷杖却是抄袭元朝的。

　　在元朝以前，君臣之间的距离还不十分悬绝，三公坐而论道，和皇帝是师友，宋朝虽然臣僚在殿廷无坐处，却也还礼貌大臣，绝不加以非礼的行为，"士可杀不可辱"这一传统的观念，上下都能体会。蒙古人可不同了，他们根本不了解士的地位，也不能用理论来装饰殿廷的庄严。他们起自马上，生活在马上，政府中的臣僚也就是军队中的将校，一有过错，拉下来打一顿，打完照旧办事，不论是中央官，地方官，在平时，或是在战时，臣僚挨打是家常便饭，甚至中书省的长官，也有在殿廷被杖的记

---

① 《瞿忠宣公集》卷一。
② 《明史纪事本末》卷七十一。

载。明太祖继元而起，虽然一力"复汉官之威仪"，摒弃胡俗胡化，对于杖责大臣这一故事，却习惯地继承下来，著名的例子，被杖死的如亲侄大都督朱文正，工部尚书薛祥，永嘉侯朱亮祖父子，部曹被廷杖的如主事茹太素。从此殿陛行杖，习为祖制，正德十四年（公元1519）以南巡廷杖舒芬等百四十六人，死者十一人，嘉靖三年（公元1523）以大礼之争廷杖丰熙等百三十四人，死者十六人。循至方面大臣多毙杖下，幸而不死，犯公过的仍须到官办事，犯私仇者再下诏狱处死。①至于前期和后期廷杖之不同，是去衣和不去衣，沈德符说："成化以前诸臣被杖者皆带衣裹毡，不损肤膜，然犹内伤困卧，需数旬而后起，若去衣受笞，则始于逆瑾用事，名贤多死，今遂不改。"②廷杖的情形，据艾穆所说，行刑的是锦衣官校，监刑的是司礼监："司礼大珰数十辈捧驾帖来，首喝曰带上犯人来，每一喝则千百人一大喊以应，声震甸服，初喝跪下，宣驾帖杖吾二人，着实打八十棍，五棍一换，总之八十棍换十六人。喝着实打，喝打阁上棍，次第凡四十六声，皆大喊应如前首喝时，喝阁上棍者阁棍在股上也。杖毕喝踩下去，校尉四人以布袱曳之而行。"③天启时万璟被杖死的情形，樊良材撰《万忠贞公传》说："初璟劾魏珰疏上，珰恚甚，矫旨廷杖一百。褫斥为民。彼一时也，缇骑甫出，群聚蜂拥，绕舍骤禽，饱恣拳棒，摘发捉肘，拖沓摧残，曳至午门，已无完肤。迨行杖时逆档领小竖数十辈奋袂而前，执金吾（锦衣卫指挥使）止之曰留人受杖，逆珰瞋目监视，倒杖张威，施辣手而甘心焉。杖已，血肉淋漓，奄奄待尽。"

廷杖之外，还有立枷，创自刘瑾，锦衣卫常用之："其重枷头号者至三百斤，为期至二月，已无一全。而最毒者为立枷，不旬日必绝。偶有稍延者，命放低三数寸，则顷刻殒矣。凡枷未满期而死，则守者掊土掩之，

---

① 《明史·刑法志》。
② 《野获编》卷十八。
③ 《熙亭先生文集》四，《恩谴记》。

俟期满以请,始奏闻领埋,若值炎暑,则所存仅空骸耳,故谈者谓重于大辟云。"①

诏狱、廷杖、立枷之下,士大夫不但可杀,而且可辱,君臣间的距离愈来愈远,"天皇圣明,臣罪当诛",打得快死而犹美名之曰恩谴,曰赐杖,礼貌固然谈不到,连主奴间的恩意也因之而荡然无存了。

(三)

厂卫之弊,是当时人抗议最集中的一个问题,但是毫无效果,并且愈演愈烈。著例如商辂《请革西厂疏》说:"近日伺察太繁,法令太急,刑网太密,官校提拿职官,事皆出于风闻,暮夜搜检家财,初不见有驾帖,人心汹汹各怀疑畏。内外文武重臣,托之为股肱心膂者也,亦皆不安于位。有司庶府之官,资之以建立政事者也,举皆不安于职,商贾不安于市,行旅不安于涂,士卒不安于伍,黎民不安于业。"②在这情形下,任何人都有时时被捕的危险。反之,真是作恶多端的巨奸大憝,只要能得到宫廷的谅解,更可置身法外。《明史·刑法志》说:"英宪以后,钦恤之意微,侦伺之风炽,巨恶大憝,案如山积,而旨从中下,纵不之问。或本无死理,而片纸付诏狱,为祸尤烈。"明代二祖设立厂卫之本意,原在侦察不轨,尤其是注意官吏的行动。隆庆中刑科给事中舒化上疏只凭表面事理立论,恰中君主所忌,他说:"朝廷设立厂卫,所以捕盗防奸细,非以察百官也。驾驭百官乃天子之权,而奏劾诸司责在台谏,朝廷自有公论。今以暗访之权归诸厂卫,万一人非正直,事出冤诬,是非颠倒,殃及善良,陛下何由知之。且朝廷既凭厂卫,厂卫必委之番役,此辈贪残,何所不

---

① 《野获编》卷十八。
② 《商文毅公集》卷一。

至！人心忧危，众目睢眦，非盛世所宜有也。"①至于苛扰平民，则更非宫廷所计及，杨涟劾魏忠贤二十四大罪疏中曾特别指出："东厂原以察奸细，备非常，非扰平民也。自忠贤受事，鸡犬不宁，而且直以快恩怨，行倾陷，片语违，则驾帖立下，造谋告密，日夜未已。"②甚至在魏忠贤失败以后，厂卫的权力仍不因之动摇，刘宗周上疏论其侵法司权限，讥为人主私刑，他说："我国家设立三法司以治庶狱，视前代为独详，盖曰刑部所不能决者，都察院得而决之，部院所不能平者，大理寺得而平之，其寓意至深远。开国之初，高皇帝不废重典以惩巨恶，于是有锦衣之狱。至东厂缉事，亦国初定都时偶一行之于大逆大奸，事出一时权宜，后日遂相沿而不复改，得与锦衣卫比周用事，致人主有私刑。自皇上御极以后，此曹犹肆罗织之威，日以风闻事件上尘睿览，棰楚之下，人人重足。"结果是："自厂卫司讥访而告奸之风炽，自诏狱及士绅而堂廉之等夷，自人人救过不给而欺罔之习转盛，自事事仰承独断而谄谀之风日长，自三尺法不伸于司寇而犯者日众。"③

厂卫威权日盛，使厂卫二字成为凶险恐怖的象征，破胆的霹雳，游民奸棍遂假为恐诈之工具，京师外郡并受荼毒，其祸较真厂卫更甚。崇祯四年（公元1631）给事中许国荣《论厂卫疏》历举例证说："如绸商刘文斗行货到京，奸棍赵瞎子等口称厂卫，捏指漏税，密擒于崇文门东小桥庙内，诈银二千余两。长子县教官推升县令，忽有数棍拥入其寓内，口称厂卫，指为营干得来，诈银五百两。山西解官买办黑铅照数交足，众棍窥有余剩在潞绸铺内，口称厂卫，指克官物，捉拿王铺等四家，各诈银千余两……蓟门孔道，假侦边庭，往来如织……至于散在各衙门者，藉口密探，故露踪迹，纪言纪事，笔底可操祸福，书吏畏其播弄风波，不得不醵

---

① 《春明梦余录》卷六十三。
② 《杨忠烈公文集》二。
③ 《刘子全书》十六《痛陈时艰疏》，十七《敬循职掌疏》。

金阴饵之，遂相沿为例而莫可问。"①崇祯十五年（公元1642）御史杨仁愿疏《论假番及东厂之害》说："臣待罪南城，所阅词讼多以假番故称冤，夫假称东厂，害犹如此，况其真乎？此由积重之势然也。所谓积重之势者，功令比较事件，番役每悬价以买事件，受买者至诱人为奸盗而卖之，番役不问其从来，诱者分利去矣。挟忿首告，诬以重法，挟者志无不逞矣。伏愿宽东厂事件而后东厂之比较可缓，东厂之比较缓而番役之买事件与卖事件者俱可息，积重之势庶可稍轻。"②抗议者的理由纵然充分到极点，也不能消除统治者孤立自危的心理。《明史》说："然帝（思宗）倚厂卫益甚，至国亡乃已。"

民国二十三年十二月旧稿，三十三年五月
为纪念甲申三百周年重写于昆明

---

① 《春明梦余录》卷六十三。
② 《明史》，《刑法志》三。

明代的奴隶和奴变

一、奴隶的来源

元末明初的学者陶宗仪，在所著《辍耕录》卷十七奴婢条，说明这时代的奴隶情形，他指出了几点：第一蒙古、色目人的臧获，男曰奴，女曰婢，总称为驱口，这类人是元初平定诸国所俘到的男女匹配为夫妇，所生的子孙，永为奴婢。第二是由于买卖，由元主转卖与人，立券投税，称为红契买到。第三是陪送，富人嫁女，用奴婢标拨随女出嫁。这三类来源不同，性质一样，在法律上和奴隶对称的是良人，买良为驱，就法律说是被禁止的，因为良人是国家的公民，驱口或奴隶则是私人的财产。

其次，奴隶的婚姻限于同一阶级，奴婢止可自相婚嫁，例不许聘娶良家，除非是良家自愿娶奴隶的女儿，至于奴娶良家妇女，则绝对为法律为社会所不容许。

主奴关系的改变，有一种情形。奴隶发了财，成为富人，主子眼红，故意找出一点小过错，打一顿关起来，到他家席卷财物而去，名为抄估。家倾了，产荡了，依然是奴才。除非是自己识相，自动献出家财以求脱免奴籍，主人出了放良凭执，才能取得自由人的地位。

在法律上，私宰牛马杖一百，打死驱口或奴隶呢，比平人减死一等，杖一百七，奴隶的生命和牛马一样！

奴婢所生的子女叫家生孩儿。

买卖奴隶的红契，据姚燧《牧庵集》十二《浙西廉访副使潘公神道碑》说：凡买卖人口，都要被卖人在契上打手指印，用的是食指，男左女右，以指纹的疏密来判断人的短长壮少。这位潘廉访就曾用指纹学，集合同年龄的十个人的指纹，来昭雪一件良人被抑为奴的冤狱。

买奴的实例，最值得我们注意的是1555年杨继盛的遗嘱，他在被杀前写信给儿子处分后事，有一条说：

> 麯钱，他若守分，到日后亦与他地二十亩，村宅一小所。若是生事，心里要回去，你就合你两个丈人商议告着他。——原是四两银子买的他，放债一年，银一两得利六钱，按着年问他要，不可饶他，恐怕小厮们照样行，你就难管。

奴隶作为财产处分的实例，小说《今古奇观》"徐老仆义愤成家"是根据《明史》二百九十卷《阿寄传》写的，淳安徐家兄弟三人分家，大哥分得一匹马，二哥分得一条牛，老三被欺侮，分得五十多岁的老奴阿寄，寡妇成天悲哭，以为马可以骑，牛可以耕田，老奴才光会吃饭，老奴才气急了，发愤经商，发了大财，临死时说："老奴牛马之报尽矣！"

二、《大明律》中的奴隶

驱口这一名词在明代似乎不大用了，奴隶的社会地位和生活情形却并不因为朝代之改变而有所不同。

为了维持阶级的尊严，庶民是不许蓄养奴隶的，《明律》四《户律》一：

> 庶民之家养奴婢者，杖一百，即放一奴婢从良。

良贱绝对不许通婚，《明律》六《户律》一：

> 凡家长与奴娶良人女为妻者，杖八十。女家减一等。不知者不坐，其奴自娶者罪亦如之。家长知情者减二等，因而入籍为婢者杖一百。若妄以奴婢为良人而与良人为夫妻者，杖九十，各离异改正。

奸淫的处刑也不问行为，只问所属阶级，《明律》二十五《刑律》八：

凡奴及雇工人奸家长妻女者各斩。妾各减一等，强者亦斩。凡奴奸良人妇女者，加凡奸罪一等。良人奸他人婢者减一等，奴婢相奸者以凡奸论。

殴骂杀伤也是一样，《明律》二十《刑律》三：

　　凡奴婢殴良人等加凡人一等，至笃疾者绞，死者斩。其良人殴伤他人奴婢者减凡人一等，若死及故杀者绞。若奴婢自相殴伤杀者，各依凡斗伤法，相侵财物者不用此律。

　　凡奴婢殴家长者皆斩，杀者皆凌迟处死，过失杀者绞，伤者杖一百，流三千里。

　　若奴婢殴旧家长，家长殴旧奴婢者以凡人论。

　　凡奴婢骂家长者绞。若雇工人骂家长者，杖八十，徒二年。

大体地说来，私人畜养的奴隶愈多，国家的人民就愈少，租税力役的供给就会感觉到困难。以此政府虽然为代表官僚贵族地主的少数集团利益而存在，但是，这少数集团的过分发展将要动摇政府生存的基础时，政府也会和这少数集团争夺人口，发生内部的斗争。著例如洪武五年（公元1372）五月下诏解放过去因战争流亡，因而为人奴隶的大量奴隶。正统十二年（1447）云南鹤庆军民府因为所辖诸州土官，家僮庄户，动计千百，不供租赋，放逸为非，要求依照品级，量免数丁，其余悉数编入民籍，俾供徭役。政府议决的方案是四品以上免十六丁，五品六品免十二丁，七品以下递减二丁，其余尽数解放，归入民籍，但是，在实际上，这些法令是不会发生效力的，因为庶民不许畜养奴隶，而畜养奴隶的人正是支持政府的这少数官僚贵族地主集团，法令只是为庶民而设，刑不上大夫，这法令当然是落空的。

三、奴隶的生活

　　明代统治集团畜养奴婢的数量是值得注意的，单就吴宽《匏翁家藏集》的几篇墓志铭说，卷五十七《先世事略》：

> 先母张氏，勤劳内助，开拓产业，僮奴千指，衣食必均。

七十四《承事郎王应详墓表》：

> 家有僮奴千指。

何乔新《何文肃公集》三十一《故承事郎赵孺人董氏墓表》：

> 无锡赵氏族大资厚，僮使千指。

唐顺之《荆川文集》十一《葛母传》：

> 葛翁容庵，游于商贾中，殖其家，僮婢三百余指。

嘉靖时名相徐阶家人多至数千。①至于军人贵族，那更不用说了，洪武时代的凉国公蓝玉蓄庄奴假子数千人②，武定侯郭英私养家奴百五十余人。③

大量奴隶的畜养，除开少数的家庭奴隶，为供奔走服役的以外，大部分是用来作为生产力量的。用于农业的例子如《匏翁家藏集》五十八《徐南溪传》：

> 徐讷不自安逸，率其僮奴，服劳农事，家用再起。

六十五《封文林郎江西道监察御史王公墓志铭》：

> 吴江王宗吉置田使僮奴隶以养生，久之，囷有余粟。

《何文肃公文集》三十《先伯父稼轩先生墓志铭》：

> 买田一区，帅群僮耕之。

用于商业的例子如《匏翁家藏集》六十一《裕庵汤府君墓志铭》：

> 世勤生殖，有兄弟八人，其仕者日渭，他皆行货于外，其家出者，率僮奴能协力作居，而收倍蓰之息。

六十二《李君信墓志铭》：

> 益督僮奴治生业，入则量物货，出则置田亩，家卒赖以不堕。

---

① 于慎行：《榖山笔麈》五。
② 《明太祖实录》卷二二五。
③ 《明太祖实录》卷一五五。

用于工业的如《榖山笔麈》所记：

> 吴人以织作为业，即士大夫家多以纺织求利，其俗勤啬好殖，以故富庶。然而可议者如华亭相（徐阶）在位，多蓄织妇，岁计所织，与市为贾，公仪休之所不为也。

高度的劳动力的剥削，造成这些统治集团大量的财富，奴隶过着牛马一样的生活，在精神上也被当作牛马一样看待。谢肇淛《五杂俎》十四《事部》说，福建长乐奴庶之别极严，为人奴者子孙不许读书应试，违者必群击之。新安之俗，不禁出仕，而禁婚姻。江苏娄县则主仆之分尤严，据《研堂见闻杂记》：

> 吾娄风俗极重主仆，男子入富家为奴，即立身契，终身不敢雁行立。有役呼之，不敢失尺寸。而子孙累世不得脱籍，间有富厚者，以多金赎之，即名赎而终不得与等肩，此制御人奴之律令也。

四、明末的奴变

奴隶在统治集团的政治和军力控制之下，他们受尽了虐待，受尽了侮辱。然而，一到这集团腐烂了，政治崩溃了，军队解体了，整个社会组织涣散无力了，他们便一哄而起，要索还身契，解放自己和他的家族了。明代末年的奴隶——奴隶解放运动，可以说是历史上最光辉的一件大事。这运动从崇祯十六年到弘光元年（公元1644至1646），地域从湖北蔓延到江浙。

徐鼒《小腆纪年》卷二：

> 崇祯十六年四月，张献忠连陷麻城。楚士大夫仆隶之盛甲天下，而麻城尤甲于全楚。梅刘田李诸姓家僮不下三四千人，雄张里闾间。寇之将作也，（奴）思齐以民伍为相蔽，听其纠率同党，坎牲为盟为里仁会。诸家兢饰衣冠以夸耀之，其人遂炮烙衣冠，推刃故主，城中大乱。城外义兵围之，里仁会之人大惧，其渠汤志杀诸生六十人，而

推其与己合者曰周文江为主,缒城求救于献忠。献忠自残破后,步卒多降于自成,麾下惟骑士七千人,闻麻城使至,大喜,进兵城下,义兵解围走,献忠逐入麻城,城中降者五万七千人,献忠别立一军名曰新营,改麻城为州,以文江知州事。

次年北都政权覆灭后,嘉定又起奴变,《小腆纪年》卷六:

> 崇祯十七年五月,嘉定华生家客勾合他家奴及群不逞近万人,突起劫杀,各缚其主而数之,倨坐索身契。苏松巡抚祁彪佳捕斩数人,余尽掩诣狱,令曰,有原主来者得免死,于是诸奴搏颡行匄原主以免。

金堡《偏行堂集》卷六《朱它园传》:

> 东南故家奴树党叛主,所在横行。翁家豢奴谋乘宗祠长至之祀,围而焚之。翁即从山中,归预祭毕,门外剑戟林立,翁久以恩信孚诸健儿,里无赖闻声辄敛手。
>
> 至是出叱之去,群奴尽靡,翁密语当涂,诛其首恶,主仆之分始明。

虽然被地方政府用军力压服,可是这运动还是在继续发展,《研堂见闻杂记》记1646年娄县的情形:

> 乙酉乱,奴中有黠者,倡为索契之说,以鼎革故,奴例何得如初。一呼千应,各至主门,立逼身契。主人捧纸待,稍后时即举火焚屋,间有缚主人者。虽最相得受恩,此时各易面孔为虎狼,老拳恶声相加。凡小奚佃婢在主人所者,立即扶出,不得缓半刻。其大家不习井饪事者,不得不自举火。自城及镇及各村,而东村尤甚,鸣锣聚众,每日有数千人,鼓噪而行,群夫至家,主人落魄,焚劫杀掠,反掌间耳,如是数日而势稍定。

到建州政权在各地奠定以后,这些旧地主官僚和资本家又得到新主人的荫蔽了,他们替新主人镇压人民,维持秩序,搜括财富,征发劳役,自然,所得到的报酬是财产的尊重和奴隶的控制。

一部分人民的厄运,又因大清帝国的成立,而延续了将近三百年。

三百年前的历史教训

今年，假如我们不太健忘的话，正好是明代亡于外族的三百周年纪念。

历史是一面镜子，三百年前，有太多的事情，值得我们追念。

三百年前，当明思宗殉国以后。李自成西走，清人藉吴三桂的向导，占领北平分兵南下的时候，南京小朝廷领袖弘光帝，正在粉饰升平，兴建宫室，大备百官，征歌选舞，夜以继日。他的父亲死于非命，元配离散不知下落，国君殉国，国土一部分沦于"流寇"，一部分被异族兵威所蹂躏，人民流亡离散，被战争所毁灭，被饥饿瘟疫所威胁，覆巢之中无完卵，即使是禽兽也该明白当前危机的严重。然而这位皇帝还是满不在乎，人生行乐耳，对酒当歌，南京沦陷的前夕，他还在排演当代有名的歌剧燕子笺！

三百年前，当南京小朝廷覆亡的前夕，清兵迫近江北，流寇纵横晋陕，民穷财尽，内忧外患交迫的时候。宰相马士英凭了一点拥立的私恩，独擅朝权，排斥异己，摈史可法于江北，斥刘宗周、黄道周于田野，迎合弘光帝的私欲，滥费国帑，搜括金帛，卖官鬻爵，闹得"职方多似狗，都督满街走！"左良玉举兵东下，以清君侧为名，他才着了急，尽撤防江的军队来堵住西兵，给清军以长驱深入的机会，他宁可亡国于外族，不肯屈意于私争。到南京沦陷以后，他却满载金帛，拥兵到浙江，准备再找一个傀儡皇帝，又富又贵，消遣他的余年。

三百年前，当国家民族存亡系在一发的严重关头，过去名列阉党，作魏忠贤干儿子，倒行逆施，为士大夫所不齿的阮大铖勾结了马士英，奉承好了弘光帝，居然作了新朝廷的兵部尚书，综全国军政，负江防全责，在大权在握的当儿,他的作为不是厉兵秣马,激励士气,也不是构筑工事,协和将帅,相反的他提出分别邪正的政策,他是多年来被摈斥的阉党,素来和清流对立的,趁时机把所有在朝的东林党人一一摈斥,代以相反的过去名在逆案的阉党。他造出十八罗汉五十三参的黑名单,把素所不快的士大夫留在北都不能出来的,和已经逃亡南下的,都依次顺列,定以罪名。对付一般读书人,他也不肯放松,咬定他们与东林和左良玉有关,开了名单,依次搜捕。天不如人意,这些计划都因南都倾覆而搁浅。他只好狼狈逃到浙江,清军赶到,叩马乞降,不久又为清军所杀,结束他不光明的一生。

三百年前,当外族铁蹄纵横河朔,"流寇"主力恣张晋豫,国破民散,人不聊生的时候,拥兵数十万虎踞长江上游的左良玉,却按兵不动,坐观兴亡。他看透了政局的混乱,只要自己能保全实力,舍出一点贿赂当局,自然会加官晋爵,封妻荫子。在这个看法之下,他不肯用全力来消灭"流寇",却用全力来扩充队伍。政府也仰仗他全力对付"流寇",不肯调出来对付外敌。驻防在江北的四镇,又是一种看法,一面用全副精神勾结权要,一面用全副力量来争夺防区,扬州是东南最繁荣的都会,也就是这些军阀眼红的目标。敌人发动攻势了,他们自己还发动内战,杀得惊天动地。好容易和解了,指定了任务,北伐的一个被部下暗杀了,全师降敌,其他两个,清兵一到,不战而降,只有一个战死。左良玉的部队东下,中途良玉病死,全军都投降了清朝,作征服两浙闽广的先头部队。

三百年前,当前方战区的民众,在被敌人残杀奴役,焚掠抢劫,辗转于枪刀之下,流离于沟壑之中的时候,后方的都市,后方的乡村,却像另一个世界,和战争无关,依然醉生梦死,歌舞升平,南京的秦淮河畔,盛极一时,豪商富贾,文人墨士,衣香鬓影,一掷千金,画舫笙歌,穷奢极欲。杭州的西湖,苏州的阊门,扬州的平山堂,都是集会的胜地,文人们结文社,谈八股,玩古董,捧戏子,品评妓女,研究食谱,奔走公堂,鱼肉乡里。人民也在欢天喜地，到处迎神赛佛，踏青赏月，过节过年，戏班开演，万人空巷。商人依旧在计较锱铢，拿斤拈两。在战区和围城中的，更会居奇囤积，要取厚利。大家似乎都不知道，也不愿意知道当前是什么日子，更发生什么变局。他们不但是神经麻木，而且患着更严重的痿痹症。敌人一到，财产被占夺了，妻女被糟蹋了，伸颈受戮，似乎是很应该的事情。《扬州十日记》和《嘉定三屠记》所描写的正是这些人物的归宿，糊里糊涂过活的结局。

三百年前，从当局到人民，从将军到文士，都只顾自己的享受，儿女的幸福，看不见国家民族的前途，个人的腐化，社会的腐化，宣告了这个时代的毁灭。虽然有史可法，黄道周，刘宗周，张煌言，瞿式耜，李定国，郑成功，一些代表民族正气的人物，却都无救于国家的沦亡，民族的被奴化！

三百年后，我们想想三百年前的情形，殷鉴不远，在夏后氏之世。

论晚明"流寇"

明末"流寇"的兴起，是一个社会组织崩溃时必有的现象，像瓜熟蒂落一样，即使李自成张献忠这一班暴民领袖不出来，那由贵族太监官吏和地主绅士所组成的统治集团，已经腐烂了，僵化了，肚子吃得太饱了，搜括到的财富已经堆积得使他们窒息了，只要人民能够自觉，团结成为伟大的力量，要求生有的权利，这一个高高的挂在半空中的恶化的无能的机构，是可以一蹴即倒的。

朱明政权的被消灭，被消灭于这政权和人民的对立，杀鸡求卵。被消灭于财富分配的不均，穷人和地主的对立。在三百年前，崇祯十七年（1644年）正月兵科都给事中曾应遴明白地指出这现象，用书面警告政府当局，他说："臣闻有国家者不患寡而患不均，不患贫而患不安。今天下不安甚矣，察其故原于不均耳。何以言之？今之绅富率皆衣租食税，安坐而吸百姓之髓，平日操奇计赢以役愚民而独拥其利，有事欲其与绅富出气力，同休戚，得乎？故富者极其富而至于剥民，贫者极其贫而甚至于不能聊生，以相极之数，成相恶之刑，不均之甚也。"富者愈富，贫者愈贫，绅富阶级利用他们所有的富力，和因此而得到的特殊政治势力，加速地加重地剥削和压迫农民，吸取最后的一滴血液，农民穷极无路，除自杀，除逃亡以外，唯一的活路是起来反抗，团结起来，用暴力推翻这一集团的吸血鬼，以争得生存的权利。

十七世纪初年的农民反抗运动，日渐开展，得到一切被压迫人民的支持，参加，终于广泛地组织起来，用生命去搏斗，无情地对统治集团进攻，加以打击，消灭。这运动，当时的统治集团和后来的正统派史家称之为"流寇"。

◎ 历史的镜子

"流寇"的发动，成长，和实力的扩充，自然是当时统治集团所最痛心疾首的。他们有的是过分的充足的财富，舒服，纵佚，淫荡，美满而无耻的生活。他们要维持现状，要照旧加重剥削来维持欲望上更自由的需要，纵然已有的产业足够子子孙孙的社会地位的保证，仍然像饥饿的狼，又馋又贪，永远无法满足。然而，当前的变化明朗化了，眼见得被消灭，被屠杀了，他们不能不联合起来，用一切可能的方法，加强统制，加强武力，侮蔑，中伤对方，作最后的挣扎。同时，集团的利益还是不能消除个人利害的冲突，这一集团的中坚分子，即使在火烧眉睫的时候，彼此间还是充满了嫉妒，猜疑，勾心斗角，互相计算。在整三百年前，北平的形势最紧张的时候，政府请勋贵大臣富贾巨商献金救国，话说得极恳切，希望自己人能自己想办法，可是，结果，最著名的一个富豪出得最少，他是皇帝的亲戚，皇帝皇后都动了气，才添了一点点，其他的人自然不会例外，人民虽然肯尽其所有报效国家，可惜的是他们早已被榨干了。三月十九日北平陷落后，这些悭吝的高贵的人们，被毫无怜悯的几夹棍几十板子，大量的金子银子珠宝被搜出以后，一批一批地斩决，清算了他们对人民所造的孽债。皇宫被占领以后，几十间尘封灰积的库房也打开了，里面堆满了黄的金子，白的银子！皇宫北面的景山，一棵枯树下，一条破席子，躺着崇祯皇帝和他的忠心的仆人的尸身！

站在相反的场合，广大的农民群众，他们是欢迎"流寇"的，因为同样是在饥饿线上挣扎的人们。举几个例子，山西的许多城市，没有经过什么战斗便被占领了，因为饿着肚子的人们到处都是，他们作内应，作先遣部队，打开城门，请敌人进来。山东河南的城市，得到"流寇"的安民牌以后，人民恨透了苛捐，恨透了种种名目的征输，更恨的是在位的地方官吏，他们不约而同，一窝蜂起来赶走了地方官，持香设酒，欢迎占领军的光临，有的地方甚至悬灯结彩，远近若狂。又如宣府是京师门户，北方重镇，被围以后，巡抚朱之冯悬重赏募人守城，没人理会。再三申说，城中的军民反而要求准许开城纳款，朱之冯急了，自己单独上城，指挥炮手发炮，炮手又不理会，毫无办法，急得自己点着火线，要发炮，又被军民抢着拉住手，不许放，他只好叹一口气说："人心离叛，一至如此！"

由于政治的腐败，政府军队大部分是勇于抢劫，怯于作战的，他们不敢和"流寇"正面相见，却会杀手无寸铁的老百姓报功，"将无纪律，兵无行伍，淫污杀劫，惨不可言，尾贼而往，莫敢奋臂，所报之级，半是良民"。民间有一个譬喻，譬"流寇军"如梳，政府军如栉，到这田地，连剩下些过于老实的良民也不得不加入"流寇军"的集团去了。名将左良玉驻兵襄樊，奸淫掳掠，无所不为，老百姓气苦，半夜里放火烧营房，左良玉站不住脚，劫了一些商船逃避下流，左兵未发，老百姓已在椎牛设酒欢迎"流寇"了。其他一些将领，更是尴尬，马扩奉命援凤阳，凤阳被焚劫了四天以后，敌人走了，他才慢慢赶到。归德已经解围，尤玘才敢带兵到城下，颍、亳、安、庐一带的敌人已经唱得胜歌凯旋了，飞檄赴援的部队，连影子也看不见。将军们一个个脑满肠肥，要留着性命享受用人格换来的财富，士兵都是出身于贫困阶层的农民，穿不暖，吃不饱，脸黄肌瘦，走路尚且艰难，更犯不着替剥削他们的政权卖命，整个军队的纪律破坏了，士气消沉，军心涣散，社会秩序，地方安宁都无法维持，朱明政权也不能不随之解体了。

"流寇"的初起，是各地方陆续发动的，人自为战，目的只在不被饥饿所困死。后来势力渐大，兵力渐强，政府军每战必败，才有推翻统治集团的企图。最后到了李自成在1643年渡汉江陷荆襄后，恍然于统治集团的庸劣无能，才决定建立一新政权，从此便攻城守地，分置官守，作争夺政权的步骤，一反过去流窜的作风，果然不到两年，北京政府便被消灭，长江以北大部分被放在新政权之下。这是在李自成初起时所意料不及的。其实与其说这是李自成的成功，还不如说是社会经济的自然崩溃比较妥当。

分析朱明政权的倾覆，就政府当局说，最好的评论是戴笠的《流寇长篇序》,他说:"主上则好察而不明,好佞而恶直,好小人而疑君子,速效而无远计,好自大而耻下人,好自用而不能用人。廷臣则善私而不善公,善结党而不善自立,善逢迎而不善执守,善蒙蔽而不善任事,善守资格而不善求才能,善大言虚气而不善小心实事。百年以来,习以为然。有忧念国事者则共诧之如怪物。"君臣都是亡国的负责人,独裁、专制、加上无能的结果是自掘坟墓。

就整个社会组织的解体说,文震孟在1635年上疏《论致乱之源》说:"堂陛之地,猜欺愈深,朝野之间,刻削日甚。缙绅蹙靡骋之怀,士子嗟束湿之困。商旅咨叹,百工失业,本犹全盛之海宇,忽见无聊之景色,此致乱之源也。"他又指出政府和人民的对立:"边事既坏,修举无谋,兵不精而日增,饷随兵而日益,饷重则税重,税重则刑繁,复乘之以天灾,加之以饥馑,而守牧惕功令之严,畏参罚之峻,不得不举鸠形鹄面无食无衣之赤子而笞之禁之,下民无知,直谓有司仇我虐我,今而后得反之也,此又致乱之源也。"驱民死地,为丛殴雀,文震孟是政府的一员大官,统治集团的一个清流领袖,委婉地说出致乱之源是由于政府的上下当局所造成,官逼民反。

正面的指斥是李自成的檄文,他指斥统治集团的罪状说:"明朝昏主不仁,宠宦官,重科第,贪税敛,重刑罚,不能救民水火,日罄师旅,掳掠民财,奸人妻女,吸髓剥肤。"完全违反农民的利益,剥夺人民的生存权利,接着他特别提出他是代表农民利益,而且他本身是出身农民阶层的,他说:"本营十世务农良善,急兴仁义之师,拯民涂炭,士民勿得惊惶,各安生理。各营有擅杀良民者,全队皆斩。"他提出鲜明的口号:"吃他娘,着他娘,吃着不尽有闯王,不当差,不纳粮!"以除力役,废赋税,保障生活为号召,以所掠得统治集团的财富散给饥民,百姓喜欢极了,叫这政府所痛恨的军队为"李公子仁义兵"。他标着鲜明的农民革命的旗帜,向统治集团作致命的打击。在这情势下,对方还是执迷不悟,茫然于当前的危机，抱定对外和平，对内高压的政策，几次企图和关外对峙的建州部族，讲求以不失面子为光荣的和平，只用一小部分军力在山海关内外，堵住建州入侵的门户，作消极的防卫，对内却用全力来消灭"流寇"。同时，内部又互相猜嫌排斥，"有忧念国事者则共诧之如怪物"，继续过着荒淫无耻的生活。对人民则更加强压迫，搜括出最后的血液，驱其反抗。政府和人民的对立情势达于尖锐化，以一小数的腐烂的统治集团来抵抗全体农民的袭击，自然一触即摧，朱明的政权于此告了终结。

十七世纪前期的政府和人民的对立，政府军包围，追逐"流寇"，两个力量互相抵消，给关外的新兴的建州部族以可乘之机，乘虚窜入，建立了大清帝国。这新政权的本质是继承旧传统的，又给铲除未尽的地主绅富以更甦的机会，民族的进展活力又被窒息了三百年！

附带的提出两件事实：

其一是距今三百零一年前的七月二十五日，当外寇内乱最严重的时候，江苏枫桥，举行空前的赛会，绅衿士庶男女老幼，倾城罢市，通国若狂。

其二是距今三百年前的四月初二，江苏吴江在得到北都倾覆的消息以后，举行郡中从来未有的富丽异常的赛会。

这两次亡国的狂欢之后，接着就是嘉定三屠，扬州十日！

此文原名《晚明"流寇"之社会背景》，1934年10月发表于天津《大公报·史地周刊》第五、六期。

1944年3月重写于昆明。

论五四

在中国历史上留下辉煌纪录的五四运动,到今天,屈指已二十六年,人民年年此日举行纪念,尤其是学生,青年的学生,更热爱这一天,憧憬这一天,因为这一天是他们自己的日子。

二十六年占一世纪的四分之一,在中国,三十年为一世,不算太短的时期。当年的青年,过了一世的日子,如今都已鬓发苍苍,在岸然的道貌,崇高的地位掩护下,劝告青年应该"明哲保身,勿偏勿枉"了。当年才出生的婴孩,过了一世的日子,如今也都年富力强,在受大学教育,或者已出校门,为社会服务,为人类争正义,争自由,争解放,争民主,正走着一世以前的青年所曾走的道路。累得中年人老年人在颦眉蹙额,不是说世风不古,而是慨叹世风之复古了!

上一代的青年在反抗旧传统,对礼教宣战,这一代的青年又在反抗上一代的青年,要求自由,要求民主。上一代青年要的是民主和科学,这一代青年所要的还是民主和科学。这一世纪的四分之一,可惜,真如我们中国人的口头禅"虚度"了。

不,不止是虚度,更使人痛心,更使人伤心的是这二十六年是血的时代,以万计,以千百万计的青年们的头颅,换得了支持民族命运的廿六年,换得了一块镀银描金的什么什么招牌,换得了……

"天下有道,庶人不议。"就整个的历史说,有东汉末季的宦官专政,卖官鬻爵,才引起太学生的清议,以致闹成党锢之祸。有建炎时代汪伯彦、黄潜善的朋比乱政,主和误国,才引起太学生陈东、欧阳澈的上书言事,汪、黄不除,二生被杀,金人长驱南下,宋朝几乎全部沦亡。有明末的魏忠贤盗政乱国,阉党横行,才引起东林党议。历代的学生运动都在亡国的前夕，都是对当前的腐烂政治，对误国的权奸，加以针砭，加以讨伐，都是知其不可为而为之，都是被传名追捕，望门投止，膏身草野，喋血市朝，这种至死不屈，为正义为人民服务的至大至刚的精神，真可以惊天地而泣鬼神，为百世师，为子孙式！

历史上时代末叶的学生运动，到现在颠倒了过来，在中华民国开国之初，就爆发了史无前例的五四运动，接着是"五卅"，"三一八"，"九一八"，"一二·九"，以至最近各大学的学生对时局的宣言运动，天真热诚的青年在为国家民族的前途担忧着急，食不甘味，寝不安席地在为国事奔走呼号，在为国事而被"自行失足落水"，失踪。长一辈的上一时代的青年呢？却脑满肠肥，温和地劝导着叫"少安勿躁"，国事我们自有办法，青年还是读书第一，不必受人利用。

是的，我们承认老年人中年人站在超然地位，对国家民族的存亡不闻不问，甚而从中渔利，混水摸鱼，才使得青年人忍无可忍，挺身而负起安危重任，对时代逆流作无情的斗争。青年论政，以至青年问政，都不是正常现象，只有在历史上，在国家民族发生危机时才有过这种情形。但是我们不仅要问，过去和现在，是谁把局面弄糟的？是谁把水弄浑的？是谁葬送了国家民族的利益？

过去的学生运动发生在时代末叶，而当前的学生运动却和国运同符，这是论五四运动所该深切注意的第一点。

其次，我们要究问为什么会有五四运动？

我们明白辛亥革命只是一个狭隘的种族革命，是一个早熟的先天不足的政治革命。结果大清帝国换成中华民国，龙旗改成五色旗，乳臭的溥仪换上老奸巨猾的袁世凯，以至袁世凯的羽翼腹心爪牙冯国璋、段祺瑞、曹锟、徐世昌一伙北洋军阀的余孽，名变貌变而质不变。甚至变本加厉而文以现代化的美名。封建的传统如故，官僚的习气如故，一家一族的利益如故，人民之被剥削被奴役也亦如故！如故的这一套，大清帝国因之以亡国,中华民国反因之以建国!在这腐烂的局面下,自然而然,民主和科学成为不甘腐烂不甘奴役的青年大众的呼声,他们要打倒吃人的礼教,他们要实行思想、学术的自由,人身的解放,从而反对文言,提倡白话,从而接受西洋的新思潮,锻炼组织新的力量。新的坚强的前进的革命主潮,在这运动展开以后,继续不断激起民族解放的思潮,于是而"五卅",而"三一八",以至1927年的大革命,都是以五四为其先导。虽然革命的高潮随即带来了反动的逆流,但整个的社会整个的思想界无疑地受到了巨大的影响,激起了空前的变化。

因之,我们可以肯定地说,五四运动是继承辛亥革命,补充辛亥革命的社会的思想的革命。五四运动之所以必然地出现于历史,是因为辛亥革命的早熟和缺陷。这是论五四运动所应该深切认识的第二点。

时至今日——五四运动以后的二十六年,仍然有学生运动,学生仍然不能缄口结舌,要过问国家民族的存亡安危,而且,风起云涌,意义比过去更严重,规模比过去更阔大,在全世界人类为自由、民主、正义与法西斯作伟大壮烈的生死斗争的今天,在中华民族争取独立解放而抗战八年的今天,青年人必然要继承五四光荣的传统精神,从反礼教而转变到反法西斯,反独裁,要求民主,要求自由,要求解放,配合着全世界的民主潮流,努力于奠定人民世纪的伟业。

在这新局面,史所未有的新局面之下,代表人民的青年,起来要求政治的民主。而且更进一步,要求经济的民主。要求思想,言论,出版,通讯,集会,结社,居住,演剧的以至最基本的人身自由,要求团结,要求统一,要求配合盟邦,要求整顿革新内政,用全民的力量,驱逐暴敌,还我河山,这是一个庄严的历史任务,也是今日中华民族的唯一生活。

从反封建而转变为反法西斯,从文化思想的改革转变到政治的经济的改革,从历史走到现实,这是论五四运动所应该深切认识的第三点。

只有用人民的力量才能解决人民本身的问题。只有用人民的力量,才能奠定人民的世纪。

五四以来的血没有白流，五四的精神永远存在，在每一个现代青年的胸膛中，脑袋里！

论图籍之厄

抗战的建国大业，纲举目张，时贤已多论列，有一事似轻而实重，似可缓而实急，上关几千年来先民精神神智所寄托，下为后世子子孙孙所必守的，是旧藏的图籍的复原的问题。

从有记载以来，因内乱外患而引起的图籍的厄运著例有十几次，第一次是秦始皇的焚书，始皇三十四年（公元前213）李斯请史官非秦纪者烧之，非博士官所职，天下有藏诗书百家语者皆诣守尉杂烧之，所不去者医药、卜筮、种树之书。制曰可。第二次是王莽之乱，刘歆总群书，著《七略》，大凡三万三千九十卷，莽败（公元前23年）焚烧无遗。第三次是汉末的丧乱，献帝初平元年（公元190）董卓移都之际，吏民扰乱，自辟雍东观兰台石室宣明鸿都诸藏典策文章，竞共剖散，其缣帛图书，大则连为帷盖，小乃制为縢囊，及王允所收而西者载七十余乘，道路艰远，又弃其半，长安之乱，焚荡泯尽。第四次是惠怀之乱（公元300至312）京华荡覆，石渠阁文籍，靡有孑遗。第五次是魏师入郢（公元554），江陵城陷，梁元帝焚古今图书十四万卷，又以实剑砍柱令折，叹为文武道尽。第六次是大业之乱（公元618）隋西京嘉则殿有书三十七万卷，东都修文殿有正御本三万七千余卷，兵起后焚失殆尽，唐平王世充，得隋旧书八千余卷，浮舟西运，又尽没于水。第七次是安史之乱，唐自武德以来，极意搜书，至开元天宝而极盛，两都各聚书四部，以甲乙丙丁为次，列经史子集四库，渔阳兵起，两都倾覆（公元755），尺简不存，第八次是广明之乱（公元880），肃代二帝相继搜访，文宗又诏秘阁采书，四库文书重复完备，黄巢乱起，复致荡然。第九次是靖康之变，宋代图史，一盛于庆历，再盛于宣和，汴都陷落（公元1127），尽为金人辇载以去。第十次是临安陷落，南宋图书，一盛于淳熙，再盛于嘉定，中兴馆阁书目有书四万五千卷，嘉定又增一万五千卷。伯颜灭宋（公元1279），尽数捆载以去。第十一次是英法联军（公元1860），第十二次是八国联军，（公元1900），这两次外患，北京俱曾被占领，公私藏书因之而流入海外者不可数计，著名世界的《永乐大典》，即因之而散失殆尽。到现在是第十三次的图籍遭厄了！

这一次的图籍损失的详细情形，目前虽然无法精确说明，但就大概而论，国内人文最盛藏书最多的五个城市北平、上海、南京、苏州、杭州已沦陷，国立图书馆如北平图书馆、故宫博物院图书馆的藏书，除掉小部分珍本图书先期南运以外，其余中西图书档案写本全部损失。国立大学图书馆如北京大学、清华大学，私立大学如南开大学，每校都经数十年的经营购置，各有藏书数十万册，变起仓卒，都全部沦陷。上海的藏书，以商务印书馆的涵芬楼为最多，所收地方志之多，全国无出其右，"一·二八"之役涵芬楼被毁，上海沦陷后所有书籍自然也被敌人捆载而走。南京龙蟠里国学图书馆所藏大部多为杭州丁氏八千卷楼善本，苏杭二地的故家和杭州省立图书馆也拥有数量极大的典籍，据说在陷落前，敌人即已精密调查，事后按图索骥，尽数运去。至于其他城市，公家和私人的藏书损失的如山东杨氏的海源阁，南浔刘氏的嘉业堂等等更不可计数。例外幸而保全的，据现在所知只有中央研究院历史语言研究所和国立中央大学的藏书安全运到后方，算是替国家替民族保存了一点产业。

除开因战争而损失的图籍以外，在平时珍贵的普通的书籍正如漏厄一样，逐年流到海外，例如日本的静嘉堂文库所藏书大部是归安陆氏十万卷楼和皕宋楼的旧藏，陆家子孙没落了，要卖书，国内找不到买主，只好卖给外国。美国的哈佛燕京社委托燕京大学、□□在北平以□款收购旧书，运往美国。此外美国的国会图书馆、英国的伦敦博物院、法国的巴黎图书馆都收藏有数量极大的中国图籍，这些书都是逐年流出的。

这一次的图籍的损失，数量之多，范围之广，意义的重要，综合起来，也许超过以前十二次的总和。因为第九次以前的书都是写本，卷轴虽多，和后来的刻本书比，一本书要抵十几卷，隋炀帝有书三十七万卷，合起刻本书来，也不过几万册而已。第二在内乱时所损失的书籍，除非是孤本，除非是焚毁，否则楚弓楚得，将来还有办法可以寻访，可以重刻。第三在外患侵入时所损失的，例如汴都的书籍入金，金亡入元，元亡归明，临安的图籍运到大都，元亡后也是为明所继承，始终未曾流亡国外。和现在相比，不但损失的数量无法计算，而且有一部分是古刻本、古写本，一部分是孤本，而且都流出国外，其余的数量最多的普通刻本，有的刊印时代较早，有的校刊特精，有的经学者批注，有的纸墨图版特别考究，就版本学的领域说，都是无法补偿的至宝。即使用现代印刷技术，用摄影用珂罗版覆印，也到底是赝品，和原来的价值不可同日而语。次之刻本书和现代的印书术各有短长，近代刻本的版片，经过这次战争，恐怕都已散失，无法重印。刻本书怕要绝迹，流出海外的普通书的重刻，工费太浩大了，也是一件不可能的梦想。就现在的情势看，我们这一代已经感觉到读书的困难，旧的买不到，新的书出不来，下一代人势将无旧书可读，我们的历史将割成两截，战前和战后，上代和下代无法取得联系，先民精神神智所寄托的著作不复为后人所钻研，所景仰，这是一个意义极严重的问题。

要解救这厄运，我们提议几个具体的方法：

第一，在敌寇无条件投降以后，应该把敌国的公私藏书，凡是中国文字的一律运回，内中一部分是这次被抢去的，照法理应该收回，一部分是过去被收买去的，我们以战胜国的地位，得点战利品也是极应该的。

第二，在盟国的公私图书馆馆中的中文书籍，凡是有重本的，应该商请将重本赠送，如无重本，可以商洽派专家逐种摄影或晒印，运回后精钞数本，分藏各地国立图书馆。

第三，国内藏书家应该将藏书种目呈报政府，政府得就需要出款收买或派人誊录副本。

第四，聘请专家学者组织访书机构，就过去公私书目探求现存图籍种目，编成现存书目，然后再就此目录校查国内所有公私藏书，标明现有者某种共有几部，分藏地点，然后就所无者尽力搜访，务使十年之内，恢复原有现存图籍。

至于外国文字的图书杂志的复原，英美两大盟国俱未遭战祸，将来商请他们的政府和私人捐助，一定不会十分困难。苏联出版事业极发达，虽然被侵损失极大，在复兴文化的立场上，也一定会给我们以慷慨的援助的。

关于魏忠贤

一、生祠

替活人盖祠堂叫作生祠，大概是从那一个时代父母官"自动"请老百姓替他立长生禄位而扩大之的。单有牌位不过瘾，进一步而有画像，后来连画像也不够格了，进而为塑像。有了画像塑像自然得有宫殿，金碧辉煌，初一十五文武官员一齐来朝拜，文东武西，环珮铿锵，口中念念有词，好不风光，好不威武。

历史上生祠盖得最多的是魏忠贤，盖得最漂亮的是魏忠贤的生祠，盖得最起劲的是魏忠贤的干儿子干孙子干曾孙子重孙子灰孙子。

据《明史·魏忠贤传》说，天启六年（公元1625）魏忠贤大杀反对党，周起元、高攀龙、周宗建、缪昌期、周顺昌、黄尊素、李应昇一些东林党人一网打尽之后，修《三朝要典》（《东林罪状录》），立"东林党人碑"之后，浙江巡抚潘汝桢奏请为忠贤建祠。跟着是一大堆官歌颂功德。于是督抚大吏阎鸣泰、刘诏、李精白、姚宗文等抢先建立生祠。风气一成，连军人，作买卖的流氓棍徒都跟着来了，造成一阵建祠热，而且互相比赛，越富丽越好。地皮有的是，随便圈老百姓的，材料也不愁，砍老百姓的。接着道统论也被提起了，监生陆万龄建议以魏忠贤配享孔子，忠贤的父亲配享启圣公：有谁敢说个不字？

当潘汝桢请建生祠的奏本到达朝廷后，御史刘之待签名迟了一天，立刻革职。苏州道胡士容不识相，没有附和请求，遵化道耿如杞入生祠没有致最敬礼——下拜，都下狱判死刑。

据《明史·阎鸣泰传》，建生祠最多的是少师兼太子太师、兵部尚书阎鸣泰，在蓟辽一带建了七所。在颂文里有"民心归依，即天心向顺"的话。

潘汝桢所建忠贤生祠，在杭州西湖，朝廷赐名普德。

这年十月孝陵卫指挥李士才建忠贤生祠于南京。

次年正月宣大总督张朴、宣府巡抚秦士文、宣大巡按张素养建祠于宣府和大同。应天巡抚毛一鹭、巡按王拱建祠于虎丘。

二月阎鸣泰又和顺天巡抚刘诏、巡按倪文焕建祠于景忠山。宣大总督张朴又和大同巡抚王点、巡按张素养在大同建立第二个生祠。

三月阎鸣泰又和刘诏、倪文焕、巡按御史梁梦环建祠于西密云丫髻山，又建于昌平，于通州。太仆寺卿何宗圣建于房山。

四月阎鸣泰和巡抚袁崇焕建祠于宁前。张朴和山西巡抚曹尔祯、巡按刘弘光又建于五台山。庶吉士李若琳建于蕃育署，工部郎中曾国祯建于卢沟桥。

五月通政司经历孙如洌、顺天府尹李春茂建祠于宣武门外，巡抚朱童蒙建于延绥，巡视五城御史黄宪卿、王大年、汪若极、张枢智，建于顺天，户部主事张化愚建于崇文门外，武清侯李诚铭建于药王庙，保定侯梁世勋建于五军营、大教场，登莱巡抚李嵩、山东巡抚李精白建于蓬莱阁宣海院，督饷尚书黄运泰、保定巡抚张凤翼、提督学政李蕃、顺天巡按倪文焕建于河间、于天津，河南巡抚郭增光、巡按鲍奇谟建于开封，上林监丞张永祚建于良牧嘉蔬林衡三署，博平侯郭振明建于都督府、于锦衣卫。

六月总漕尚书郭尚友建祠于淮安。顺天巡按卢承钦、山东巡按黄宪卿、顺天巡按卓迈，也在六月分别在顺天、山东建祠。

七月长芦巡盐龚萃肃、淮扬巡盐许其孝、应天巡按宋祯汉、陕西巡按庄谦建祠于长芦、淮扬、应天、陕西等地。

八月总河李从心、总漕郭尚友、山东巡抚李精白、巡按黄宪卿、巡漕何可及建祠于济宁。湖广巡抚姚宗文、郧阳抚治梁应泽、湖广巡按温皋谟建祠于武昌，于承天，于均州。三边总督史永安、陕西巡按胡建晏、巡按庄谦、袁鲸建于固原大白山，楚王朱华奎建于高观山，山西巡抚牟志夔、巡按李灿然、刘弘光建于河东。

踊跃修建的官员，从朝官到外官，从文官到武官，从大官到小官，到亲王勋爵、治河官、卖盐官，没有一个不争先恐后，统一建生祠。

建立的地点从都城到省城，到名山，甚至都督府、锦衣卫、五军营等军事衙门，蕃育署、上林监等宫廷衙门，甚至建立到皇城东街。只要替魏忠贤建生祠，没有谁可以拦阻。

每一祠的建立费用，多的要数十万两银子，少的也要几万两，合起今天的纸币要以多少亿计。

开封建祠的时候，地方不够大，毁了民房二千多间，用渗金塑像。

都城几十里的地面，到处是生祠。上林苑一地就有四个。

延绥生祠用琉璃瓦，苏州生祠金像用冕旒。南昌建生祠，毁周程三贤祠，出卖澹台灭明祠作经费。

督饷尚书黄运泰迎像，用五拜三稽首礼，立像后又率文武将吏列阶下五拜三稽首。再到像前祝告，某事幸亏九千岁（这些魏忠贤的党羽子孙称皇帝为万岁，忠贤九千岁）扶持，行一套礼，又某事蒙九千岁提拔，又行一套礼。退还本位以后，再行大礼。又特派游击将军一人守祠，以后凡建祠的都依例派专官看守。

国子监生（大学生）陆万龄以孔子作春秋，忠贤作要典，孔子杀少正卯，忠贤杀东林党人，应在国学西建生祠和先圣并尊。这简直是孔子再世，道统重光了。国子司业（大学校长）朱之俊接受了这意见，正预备动工，不凑巧天启皇帝驾崩，政局一变，魏忠贤一下子从云端跌下来了。

崇祯帝即位，魏忠贤自杀。崇祯二年（公元1629）三月定逆案，全国魏忠贤生祠都拆毁，建生祠的官员也列名逆案，依法处刑。

《三朝要典》的原刻本在北平很容易见到，印得非常考究，大有翻印影印流传的必要。

　　魏忠贤的办公处东厂，原来叫东厂胡同，从沙滩一转弯便是。中央研究院北平办事处在焉，近来改为东昌胡同了，不知是敌伪改的，还是最近改的。其实何必呢？魏忠贤之臭，六君子的血，留着这个名词让北平市民多想想也是好的。

二、义子干孙

　　魏忠贤不大识字，智力也极平常。他之所以能弄权，第一私通熹宗的奶妈客氏，宫中有内线。熹宗听客氏的话，忠贤就可以为所欲为。第二是熹宗庸骏，十足的阿斗，凡事听凭忠贤作主张。

　　光是这两点，也不过和前朝的刘瑾、冯保一样，还不至于起党狱，开黑名单，建生祠，称九千岁，闹得民穷财尽，天翻地覆。原因是第一，政府在他手上，首相次相不但和他合作，魏广微还和这位太监攀通家，送情报，居然题为内阁家报。其二是，他有政权，就能养活一批官，反正官爵都出于朝廷，俸禄都出于国库。凡要官者入我门来，于是政权军权合一，内廷外廷合一。魏忠贤的威权不但超过过去任何一个宦官，也超过任何一个权相，甚至皇帝。

　　《明史》说，内外大权，一归忠贤。内监（宦官）自王体乾等外，又有李朝钦、王朝辅、孙进、王国泰、梁栋等三十余人为"左右拥护"。外廷文臣则崔呈秀、田吉、吴淳夫、李夔龙、倪文焕主谋议，号"五虎"。武臣则田尔耕、许显纯、孙云鹤、杨寰、崔应元主杀戮，号"五彪"。又吏部尚书周应秋、太仆卿曹钦程等号"十狗"。又有"十孩儿"、"四十孙"之号。而为呈秀辈门下者又不可数计。

　　"虎"、"彪"、"狗"都是魏忠贤的义子。举例说，崔呈秀在天启初年巡按淮扬，贪污狡狯，不修士行，看见东林正红得发紫，想尽方法要挤进去，被拒不纳。四年还朝，都察院都御史高攀龙尽列他在淮扬的贪污条款，提出弹劾。吏部尚书赵南星批定充军处分。朝命革职查办。呈秀急了，半夜里到魏忠贤家叩头乞哀，求为养子。结果呈秀不但复职，而且升官，不但升官，而且成为忠贤的谋主，残杀东林的刽子手了。两年后作到兵部尚书兼都察院左都御史。儿子不会作文也中了举，兄弟作浙江总兵官，女婿呢，吏部主事，连姨太太的兄弟、唱小旦的也作了密云参将。

其他四"虎"，吴淳夫是工部尚书，田吉兵部尚书，倪文焕太常卿，李夔龙副都御史。都是呈秀拉纤拜在忠贤门下当义子的。

"十狗"中如曹钦程，《明史》本传说："由座主冯铨父事魏忠贤为十狗之一。于群小中尤无耻，日夜走忠贤门，卑谄无所不至，同类颇羞称之。"到后来，连魏忠贤也不喜欢他了，责以败群革职，可是此狗在被赶出门时，还向忠贤叩头说："君臣之义已绝，父子之恩难忘。"大哭一场而去。忠贤死后，被处死刑，关在牢里等行刑。日子久了，家人也厌烦，不给送饭。他居然有本领抢别人的牢饭，成天醉饱。李自成陷北京，破狱出降。自成失败西走，此狗也跟着，不知所终。

"十孩儿"中有个石三畏，闹了个不大不小的笑话。有一天某贵戚请吃饭，在座的有魏忠贤的侄儿魏良卿。三畏喝醉，点戏点了《刘瑾醉酒》，犯了忌讳。忠贤大怒，立刻革职回籍。忠贤死后，他还借此复官，到头还是被弹劾免职。

这一群虎狗彪儿孙细按本传，有一个共通的特征，几乎没有一个不是贪官污吏。

例外的也有：如造《点将录》的王绍徽，早年"居官强执，颇以清操闻"。还有作《春灯谜》、《燕子笺》、文采风流、和左光斗诸人交游的阮大铖，和叶向高同年友好的刘志选，以及《玉芝堂谈荟》作者的周应秋，都肩着当时"社会贤达"的招牌，颇有名气的，只是利欲熏心，想作官，想作大官，要作官迷得发了疯，一百八十度一个大转弯，拜在魏忠贤膝下，终至身败名裂，在《明史》里列名阉党传。阮大铖在崇祯朝寂寞了十几年，还在南京冒充东林，附庸风雅，千方百计要证明他是东林，千方百计要洗去他当魏珰干儿的污渍，结果被一批年青气盛的东林子弟出了留都防乱揭，"鸣鼓而攻之"，落得一场没趣。孔云亭的《桃花扇》真是妙笔奇文，到今天读了，还觉得这付嘴脸很熟，"如"闻其声，"如"见其人。

三、黑名单

黑名单也是古已有之的，著例还是魏忠贤时代。

《明史·魏忠贤传》说："天启四年（公元1624）忠贤用崔呈秀为御史。呈秀造天鉴同志诸录，王绍徽亦造点将录，皆以邹元标、顾宪成、叶向高、刘一燝等为魁，尽罗入不附忠贤者，号曰东林党人，献于忠贤。忠贤喜。于是群小益求媚忠贤，攘臂攻东林矣。"

替魏忠贤造名单的，有魏广微、顾秉谦，都是大学士（宰相）。名单有黑红两种，《明史·顾秉谦传》说："广微和秉谦谋，尽逐诸正人，点缙绅便览一册，如叶向高、韩爌、何如宠、成基命、缪昌期、姚希孟、陈子壮、侯恪、赵南星、高攀龙、乔允昇、李邦华、郑三俊、杨涟、左光斗、魏大中、黄尊素、周宗廷、李应昇等百余人目为邪党，而以黄克缵、王永光、徐大化、贾继春、霍维华等六十余人为正人。由阉人王朝用进之，俾据是为黜陟。忠贤得内阁为羽翼，势益张。秉谦、广微亦曲奉忠贤，若奴役然。"

《缙绅便览》是当时坊间出版的朝官人名录。魏广微、顾秉谦根据这名单来点出正人邪人，必定是用两种颜色，以今例古，必定是红黑两种颜色，是可以断言的。

崔呈秀比这两位宰相更进一步，抄了两份。一份是《同志录》，专记东林党人，是该杀该关该革职该充军的。另一份是《天鉴录》，是东林的仇人，也就是反东林的健将，是自己人。据《明史·崔呈秀传》说："忠贤凭以黜陟，善类为一空。"

《明史·曹钦程传附卢承钦传》："承钦又向政府提出，东林自顾宪成、李三才、赵南星而外，如王图、高攀龙等谓之副帅，曹於汴、汤兆京、史记事、魏大中、袁化中谓之先锋，丁元荐、沈正宗、李朴、贺烺谓之敢死军人，孙丕扬、邹元标谓之土木魔神，请以党人姓名榜示海内。忠贤大喜，敕所司刊籍，凡党人已罪未罪者悉编名其中。"这又更进一步了，不但把东林人列在黑名单上，而且还每人都给一个绰号、匪号，其意义正如现在一些刊物上的闻一多夫、罗隆斯基同。

王绍徽，魏忠贤用为吏部尚书，仿民间《水浒传》，编东林一百零八人为《点将录》献上，令按名黜汰，以是越发为忠贤所喜。绍徽也名列《明史·阉党传》。

这几种黑名单十五六年前都曾读过，记得最后一种《点将录》，李三才是托塔天王，黄尊素是智多星，每人都配上《水浒传》里的绰号，而且还分中军左军右军，天罡地煞，很整齐。似乎还是影印本。可惜记忆力差了，再也记不起在什么丛书中见到。可惜！可惜！

爱国的历史家谈迁

　　公元1647年，是清朝顺治四年。四年前的五月初一，清摄政王多尔衮入北京。同一天明宗室福王入南京，过了十二天作了皇帝，改次年年号为弘光。第二年五月清军入南京，弘光被俘，明朝亡国。

　　丁亥（1647年）八月间，浙江海宁县的一个村落麻泾，村边一片枣林里，住着一位老秀才谈迁，此人既老且穷，半夜里忽然被小偷光顾，破衣烂衫，什么也没有动，只偷走一部文稿，叫做《国榷》。

　　这部书是谈迁编的明朝编年史，从公元1328年到公元1645年，每年按月按日编的大事纪。内容主要根据明朝的实录和一百多家明朝史家的著作，经过细心的编排考订，写了改，改了再写，一连改了六次才编成的一部大书。

　　他是一个穷秀才，买不起书，当时也没有图书馆可以借书。明朝实录是记载每一皇帝在位时的编年史，没有刻本，只有少数的大官僚家里才有传抄本。他为了研究明朝历史，托人情、拉关系、左求右求，好容易才求通了邻县的几家大乡绅，经常跑一百多里路，带着铺盖伙食去抄书，抄了多少年，费了多少精力，终于把这部五百多万字的大书编成了，十分得意。纵然刻不起版，不能传布开去，但是，只要有了稿子，将来总会有机会出版的。

　　他为什么要编这部书？公元1621年，他二十九岁，那一年，母亲死了，在家守孝。他原来对历史有兴趣，读了不少书，积累了丰富的历史知识，恰好得到一部陈建著的《皇明通纪》，便仔细阅读，不料越读越生气，书里记载的史事有很多错误，见解也很肤浅，心想这样的书不是害人吗，不但糟塌人的时间，还给人以错误的史实和看法。便下决心自己编写。编书的主要根据是明朝实录，经过仔细研究，有几朝实录也很不可靠，例如《明太祖实录》是经过三次改写的，改一次便隐没了不少历史真相。明孝宗的实录是正德时的奸臣焦芳编的，凡是他所不满意的好人都乱骂一通，把白的说成黑的，很不可靠。为了求得历史事实的比较真实可靠，他便发愤通读所能借到抄到的一百几十家明朝历史家的著作，互相对证比较，一条条的札记，按年月分别放在有很多抽屉的柜子里，再按年月按事综合研究，择善而从，编成这部书。总之，他原来编《国榷》的目的是从历史的真实性出发的，要通过自己的辛勤劳动，编成一部可信的国史。

不料1644年清人入关，1645年弘光被俘，这一年他已经五十三岁了。亡国之恸，十分悲愤，在所著《枣林杂俎》里写上一段题记说："我的祖先，因南宋亡，避难搬到海宁的枣林。如今不到四百年，又是南宋亡国时的局面了。我年纪大了，说不上哪个早上晚上死去，能逃到哪里去呢？桃花源在哪里呢？只好在枣林算了！"崇祯、弘光这两朝是没有实录的，他便根据当时的《邸报》（政府公报）继续编写，认为国虽亡了，但史不可亡，保存故国的真实历史，是亡国遗民应尽的责任。从此，他的著作，署名为江左遗民，原来他名以训，字观若，也改名为迁，字孺木，纪念亡国的哀痛。

书写成了，慢慢传开了。他家虽穷，但这部书却是件大财富。当时有的人有钱有地位，却缺少社会名望，很想有部书出版，流传后代。但写书要有学问，要花苦工夫。知道谈迁生性耿介，拿钱是买不动的，便只好偷了。结果，这部花了二十七年时间、改了六次才编成的书被偷走了，谈迁一生的精力白费了。

谈迁遭受了这样严重的打击，伤心得很，在大哭一场之后，下定决定：我的手不是还在吗？再从头干吧！

为了保存祖国的真实历史，也为了通过历史给后代人以深刻的教育，于是，这位五十多岁的老人，满头白发，背着雨伞、包袱、干粮、纸笔，跑到嘉善、归安、吴兴、钱塘，向乡绅大族说好话求情，借书抄书，读遍了有关的参考书，抄得了所需要的材料，不顾严寒，不顾酷暑，以炽盛的精力，像三十年前一样又投身到学术的战斗中。

这样，经过了四年，他已经六十岁了，又第二次完成了《国榷》的初稿。

但是，还有困难。南方虽然有许多大乡绅，有些史书可以借读借抄，毕竟他们注意的是举业，更多收藏的是八股帖括之类。有好多性质较为专门的书对他们没有用，因之也就看不到。更重要的是万历到崇祯这几十年的史事，由于党争翻复，各人的立场不同，记载也就是非不一，同一事有许多不同的说法，差别很大。崇祯一朝史事，有许多记载是得之传闻的，很不可信。要多找书读，要多找人谈，特别是找身经其事的人谈，要达到这样要求，就非到北京不可。

北京怎么能去呢？没有路费，即使借到钱，到北京后的吃住又怎么办呢？

谈迁过去的职业是当官僚的幕友，替东家代写些应酬文字，办些文墨事务。例如1642年他就胶东高弘图之聘，做高的记室，一直到1645年高弘图罢相为止，在当时官僚中有些名气。1653年义乌朱之锡进京做弘文院编修，聘谈迁做记室，约他一路从运河坐船进京，谈迁多年来的愿望实现了，一口答应。在北京朱家住了两年半，除了替朱之锡做些文墨工作以外，便用全力搜集史料和访问有关史事的人物，补充和纠正《国榷》这部书。

当时在北京有不少藏书家，著名的一个叫曹溶，浙江秀水人，由于同乡关系，谈迁写信给他，见了面，曹溶答应借书并且介绍别的藏书家。由曹溶的介绍，他又认识了太仓吴伟业和武功霍达。这三个人都是现任官员，都是明朝崇祯时的时士，都收藏了很多外边不经见的秘书。其中吴伟业熟识明末掌故，亲身经历过许多事变，是当时的大名士，交游相当广泛，从此谈迁便经常和他们往来，问以先朝遗事，一一笔录。又借到《万历实录》和《崇祯邸报》，和《国榷》原稿核对。

他到北京去的时候是带着《国榷》去的，把原稿送给曹溶、吴伟业、霍达，要求他们指出错误，随时改正。

此外，他到处访问明朝的降官、贵族子孙、太监、官僚贵族、门客、城市和乡村居民，只要有一点线索，就不放过。他还访问历史遗迹，如景泰帝和崇祯帝的坟墓，金山明代皇族丛葬地区，香山和西山的古寺等等。从运河北上和南下时，所过城市也都核对史书，记载有关事迹。到1656年回家时，已经记录了几千张纸的材料，满载而归了。

朱之锡序他的《北游录》，描写谈迁搜访史料的情形说："为了访问遗迹，登山涉水，脚都起了泡，有时迷了路，只好请看牛的小孩和雇工带路，觉得很高兴，不以为倦，人家笑他也不理会。到一个村子里，就坐下笔记，一块块小纸头，写满了字，有时写在用过的纸背上，歪歪扭扭的，很难认出。路上听到的看到的，一堵围墙，一块破碑，也不放过，只要耳目所能接触的都用心记下，真是勤勤恳恳，很感动人。"

这两年多的生活，使他的历史知识更丰富了，《国榷》的史料质量更提高了。除此以外，他还把所作诗文编成《北游录》，内容包括在北京时的日记和见闻记录，北游的旅程，把一部分材料补充了以前所著的《枣林杂俎》。

他在学术上有很大收获，但在精神上则很痛苦。因为他只是一个穷老秀才，一个替人帮忙的幕客，这样的身份求人借书，访人问事都不是很容易的。他在给朋友信中诉苦说："我不善于说话，年纪又大，北京游人多得像蚂蚁，成天去拜访贵人，听候接见，往往早上去等中午，有时得等到晚上才能见着面，简直受不了。北京气候又干燥，到处是尘土，鼻子口腔都脏得很。无处可去，只有离住所两里外的报国寺有两棵松树，有时跑到树下坐一会，算是休息了。"他早就要回南方，只因东家挽留不放，后来朱之锡奉命修书，想来或者可以看到一些难得的秘书，一打听内阁的书也都残缺不全了，没有了指望，便决心回家了。

　　1657年他又应聘作幕友到山西，一来是为了生活，二来也想趁机会去拜哭平阳的张慎言墓。张慎言是弘光时的吏部尚书，高弘图的朋友，很契重谈迁。这年十月，他还没有到平阳，就病死在路上，年六十五岁。

　　谈迁的《国榷》，三百年来只有传抄本。二十五年前我因为要查对一些材料，曾在前中央研究院历史语言研究所翻阅了一遍，因为不能外借，没有机会细读。想望了这多年，现在中华书局终于把它出版了，这是学术界的一件大好事。对爱国的历史家谈迁说，隔了三百年出版了他的著作，他应该十分高兴。对学习历史的我来说，也是绝好的今昔对比，从前看不到的书现在却搁在我的书桌上，不但有机会细读《国榷》，而且还能读到他的《北游录》，比较深切地了解谈迁这个人，十分感动，也十分高兴。这篇短文的目的，介绍这部书，也介绍这个人。这书的编写经过，这人对历史的求真精神和顽强的研究精神是值得我们学习的。

1959年7月14日

（原载《新观察》1959年第15期）

谈文成公主

文成公主是我国历史上有贡献的妇女,她在青年时代受命嫁给吐蕃(音播)赞普松赞干布,使唐蕃亲如一家,建立舅甥关系,保持了三十年的和平,广大的唐人蕃人得以休养生息,都对她十分尊重。一直到今天,她的事迹还为汉藏人民所喜闻乐道,田汉同志这个剧本正是根据汉文史料和藏族民间传说写成的。

唐朝唐太宗统治的贞观年间(公元627—649),是我国历史上繁荣昌盛的时代。当时的长安是世界上的文化中心,许多国家、许多民族都派学生来留学。对外贸易也很发达,穿着各种民族服装的商人,在长安到处都可以看到。

正当唐太宗在位时期,今天祖国大家庭成员之一的藏族,当时叫做吐蕃,出现了有才能的统治者松赞干布,他和唐太宗一样,年纪很轻便带领军队,战胜攻取,统一了长期分裂的各个地区。他不止是一个成功的军事家,同时,他还是一个有远见的政治家,深知必须和唐朝和好,才能使两族人民安居乐业。从公元634年便派使臣到长安建立友好关系,并要求迎娶唐朝的公主,这个愿望到641年达到了。

唐太宗虽然很英武,在军事上有很大的成功,但却主张和吐蕃和好。公元630年他大破突厥。635年平定吐谷浑,封吐谷浑王诺易钵为河源郡王,后来又把弘化公主嫁给他。吐谷浑在吐蕃的北面,吐谷浑和唐朝建立政治和亲戚关系以后,新兴的唐朝和新兴的吐蕃便有了更多的接触。虽然长安和逻些(拉萨)相去很远,唐太宗却高瞻远瞩,采取民族团结的方针,除厚待吐蕃来使,派使臣回访以外,决定把宗室女文成公主远嫁,并通过送亲使节,带去大量的农具、种子、医药、书籍、百工技艺和医生,以后又应公主的请求,送去蚕种、碾、硙等生产工具和造酒工人、汉文秘书等等。对吐蕃的文化、生产发展很有帮助。

应该指出，当时的吐蕃文化也曾对唐朝起了作用，汉文史籍曾经记载松赞干布五次求亲，每次都带来了大量的金帛和珍玩，640年的一次就送来珍玩几百件，虽然史书没有详细记载名目和形式，但是据几十年后有一次吐蕃使臣带来的工艺品，唐朝皇帝大为赏识，曾经特地公开陈列展览，让官员们都来欣赏这一史实看来，吐蕃当时的手工工艺水平是相当高的。

这个剧本把我们带到一千三百年以前，通过舞台艺术，演员的深刻表情，把这一段唐蕃结亲的佳话，具体地生动地展现在我们面前。这个剧本不止反映了历史的真实性，同时，又通过艺术的浪漫手法，有夸张，有集中，把这段历史写得更美丽，更可爱。

主题是唐蕃和好、团结，但是，有曲折，有迂回。当时的实际情况是两方面都有主张和平、赞成结亲的人，也有主张打仗、破坏结亲的人。主张和平团结的唐朝方面以唐太宗、魏微为首，吐蕃方面是松赞干布和禄东赞。反对派唐朝方面的代表人物是侯君集，吐蕃方面是俄弥勒赞和恭顿。这两派有明争，有暗斗，最后是唐太宗和松赞干布的主张胜利了，文成公主一行终于到达逻些，举行了盛大的婚礼。

完成这个任务的人是青年的文成公主。她年轻，美丽，决心完成她父亲的委托，八千里远嫁，不向困难低头。在她到达拉萨以后，虽然汉文史料上没有记载她的什么活动，但是，从今天藏族人民对她的有关传说的喜爱来看，对松赞干布和她的敬仰尊重来看，从以她到达为标识，缔结两族人民的友谊，促进了文化和经济的交流，维持一个时期的和平安定局面来看，她对当时，对历史是有贡献的，在今天祖国大家庭的历史中，她是有地位的。

这个剧本里吐蕃的蕃字读音也应该说明一下，当时吐蕃人自称为蕃或大蕃，蕃音播，一直到今天，藏族人民还自称为播。明朝以后把蕃读成翻，是错误的，应该纠正回来。

（原载《北京晚报》，1960年4月15日）

闻一多的"手工业"

一多时常苦笑着说："我是手工业者！"

因为云南出象牙，昆明文庙街一条小巷里，面对面不过二三十家店铺，倒有十几家象牙铺。送来刻的全是象牙章，（石头不大有好的，他床边小桌上放着一排排的待刻图章，极少有石章。）刻牙章，尤其是老牙，要使很大劲，出一身大汗。他的右手食指久而久之就长着老大一个疙瘩。

一多在美国原来是学美术的，会描字，也学着刻图章。潘光旦先生有一颗石章就是他二十多年前的作品。那时还是刻着玩，不太高明，有一次在潘家聊天，他还拿起这颗旧章，笑着说，到底进步一点了。

他会写篆字，写甲骨文，写金文，书桌上经常放着一堆古文字学的书，也写过不少篇关于古文字训释的专门文章。有一次谈起他的一个诗人学生，很多人说此公闲话。一多慨然长叹一声，说他也上过当。这人起先跟他谈新诗，后来谈的更多的是古文字学，一多每有新见，一谈得透彻，不久，此公便著为文章发表了。从来不提谁曾说过这个话。也有几次，还没有十分肯定的见解，随便说了；不久，此公又有文章了。说闻一多曾有此说，其实是错的。应作如何读，如何解云云。如今，此公已经自成一家了，来往也就不十分勤了。当时，有人插嘴，为什么不把这些怪事揭穿呢？他笑了，不往下说了。

图章刻多了，晚年手有些发抖，写小字有点感觉困难。

在昆明正式刻图章，靠这行手艺吃饭，时间大约是1942年的夏天。

开头似乎是联大一些朋友闲谈引起的，大家都为吃饭问题所苦恼，一月的薪水，尽管省吃俭用，只能管十天半个月。有的教授太太学绣花，绣些手绢围巾卖给美国兵。有的先生们兼业，挂牌当律师。有些人索性学而优则仕。也有插一脚到工商界去的，有一个教化学的就开厂造酒精发了财。剩下这些文学院的人，学术文章是不值钱的，也没有地方可发表，一无看家吃饭本领。谈而又谈，忽然想起，写字也可以卖钱呢，跟写字连得起来的还有画画刻图章。于是，在昆明城北北门街联大教员宿舍附近，北门书屋（李公朴先生经营的）对面的一间房子，有一天挂上三友金石书画社的长匾卖字卖画刻图章。我记得挂的字以云大教授胡小石先生为最多，画则几乎全是公朴的岳父张小楼先生和公朴夫人张曼筠女士的，图章要人送象牙来才刻，当然看不见。

记得还有过一个小启，是浦江清先生起的稿，骈丽四六，很是典雅，里面"程瑶田之长髯飘拂"，指的便是一多。

以后，在青云街逼死坡上和华山南路正义路的几家文具店都有一多治印的广告，白纸上贴了二十几个各式字体的图章样子，右面附上长条的印就的润例，外装玻璃框。润例开头似乎是石章每字二百，牙章四百，过大过小不刻。后来物价涨了，渐渐改到石章每字一千二百，牙章二千。照规矩收件的铺子要收十分之二的经手费，直到《民主周刊》创办，在西城府甬道有了社址，《周刊》和《时代评论》上替一多登义务广告之后，收件以周刊社为最多，才稍稍免去了这层剥削。

刻图章不费什么本钱，只要一把刻字刀，和对古文字的了解，字的结构排列要有艺术意味，古雅而不俗。一多恰好具备了这些条件，就靠这一行来养家。

他告诉我，最重要的是构思，人的姓名，每一个字的笔划，有繁简，如何安排繁简不同的字，在一个小方块子里，得要好好想。其次是写，用铅笔画底子，刻一个惬意的图章，往往要画多少次才挑一个用墨上石。再后便是动刀了。这段最费力，老象牙尤其费事。刻好粗坯子以后剩下便是润饰的工夫。最后，用印泥试样，不惬意再加雕琢。一切都合式了，在印谱上留下几个底子，剪下一个和原章用纸包好，标上名姓和收件处，这件工作才算结束。

一间房子是卧房，是书房，也是会客室，客人坐在床上，板凳上，他在窗前迎着光，一面刻图章，一面和朋友谈话。

这样，他这一家在战争的最后几年，幸免于饥饿。

然而，他是痛苦的。因为占去上课以外的大部时间。为了刻图章，不能有计划地有系统地读所要读的书，不能有计划地有系统地写所要写的文章。更痛苦的是为了这个，剥夺了他的自由，剥夺了他所最宝贵的时间，当他在出席一个演讲会或座谈会、讨论会之后，不能不在深更半夜，还低着头在灯下做他的苦工。

图章来得多时候，他叹气，因为这会妨害了他所献身的工作。图章来得少的时候，他着急，因为这些天的菜钱米钱又无着落了。

余冠英印

评论社成立之夕吴晗捐石
闻一多治印
　　　　卅四年十月二日昆明

卅五年四月制时与
春晗同寓于昆明海
子边之西仓坡
　　　一多

来之

剩残补阙斋藏

佩弦藏书之玺

刻牙章，过去没有经验。当学刻的第一天，使尽了力气，花一整天的时间，刻不好一个。他难受极了，几乎哭出声来。第二天再试，改变用刀的方法，行了。他在几年后和我说这一段故事时，眼泡中还含着眼泪。

于此，我泄漏了一个小秘密。他的手工业还是家庭手工业。当刻图章已正式成为职业之后，大儿子立鹤、二儿子立鹏也学会这手艺。孩子们手劲大，使得力气，四段工作中就代劳了第三段，刻粗坯。

他的印谱本子是孙毓棠送的。毓棠出国前从重庆带来。另外还有一张旧藤椅，书桌是两条木凳架起来的长木板，几把小刻刀，一支铅笔，还有一块小青石，是磨刀用的，这是他的全部生产工具。

他替我刻过两个私章，象牙的一个是离昆前刻的。另一个是石章，现在还寄放在昆明。

时代评论社章具有历史的意义。在刻这图章前两星期，我在逼死坡文具店用一千元买到一块旧石头，长方形。一边刻有双鱼，他也很喜欢，夸我眼力不错。问愿意刻什么字，是一句诗，还是连名带字刻在一起？我说，随便，你喜欢怎么刻就怎么刻吧！不久，时代评论社成立了。要一个公章，他就自告奋勇，连带也替我捐献出这块石头。十月三日的早晨，在枪声炮声中完成这件艺术品。刻完，兴匆匆地走来说："今天我做成一件事，很得意，你来瞧瞧。"我看见也很高兴，连说好极了。又问："你没有听见枪声吗？这样密，这样响，亏你静得下心！"他说："昨夜晚就有一些声音了，管他呢！我今天高兴做我自己的事情！"

炮火声愈来愈密了，大街小巷满是国军。断绝交通，连大门也出不去，到中午我们才弄明白是内战，国军炮轰五华山，解决主滇十八年的龙云。这样，我们这些流亡者，过了八九年战争生活，第一次看见了战争，被置身于炮火中，闻得火药味。

四月二十五日夜于清华园

◎ 历史的镜子

明代民族英雄于谦

有一首《石灰吟》：

　　千锤万击出深山，烈火焚烧若等闲，

　　粉骨碎身全不惜，要留清白在人间。

这首诗是明朝民族英雄于谦写的，经过千锤万击，不怕烈火焚烧，不怕粉骨碎身，要留下清白在人间，写的是石灰，同时也象征了于谦自己的一生。

于谦（公元1398—1457），字廷益，浙江钱塘（今杭州）人。小时候很聪明，性格坚强。明成祖永乐十九年（公元1421）二十四岁时中了进士。明宣宗宣德初年（公元1426）作了御史（监察官），明宣宗的叔父汉王高煦在山东造反，明宣宗亲自带兵讨伐，高煦投降，明宣宗叫于谦当面指斥高煦罪状，于谦义正词严，说得有声有色，明宣宗很赏识他，认为是个了不起的人才。接着于谦被派巡按江西，发现有几百件冤枉的案件，都给平反了。

宣德五年（公元1430），明朝政府为了加强中央的权力，特派中央比较能干的官员去治理重要的地方，五月间派况钟、何文渊等九人为苏州等府知府。到九月又特派于谦、周忱等六人为侍郎（中央的副部长），巡抚各重要省区。明宣宗亲自写了于谦的名字给吏部，破格升官为兵部右侍郎（国防部的副部长），巡抚河南、山西两省，宰相也支持这主张。明朝制度，除了南北两直隶（以北京和南京为中心的中央直辖地区）以外，地方设有十三个布政使司，每个布政使司（通称为省）设有布政使管民政赋税，按察使管刑名司法，此外还有都指挥使管军政，号称三司，是地方上三个最高长官，职权不同，彼此都不能互相管辖。

布政使是从二品官,按察使是正三品官,都指挥使是正二品官,兵部右侍郎虽只是正三品官,却因为是中央官,又是皇帝特派的,奉有敕书(皇帝的手令)可以便宜行事,是中央派驻地方的最高官员,职权就在三司之上了。

于谦作河南山西巡抚,前后一共十九年(公元1430—1448),除周忱连任江南巡抚二十一年以外,他是当时巡抚当中任期最长的一个。

于谦极重视调查研究工作,一上任便骑马到处视察,所到地方都延请当地有年纪的人谈话,了解地方情况,政治上的得失利弊,老百姓的负担、痛苦,该办的和不该办的事,一发见问题,立刻提出具体意见,写报告给皇帝。遇有水灾、旱灾,也及时上报,进行救济。他对地方的情况很清楚,政治上的措施也很及时,因之,得到人民的歌颂和支持。

明英宗正统六年(公元1441)他向皇帝报告,为了解决缺粮户的暂时困难,当时河南、山西仓库里存有几百万石粮食,建议在每年三月间,由州县官调查,报告缺粮户数的所需粮食数量,依数支借,到秋收时归还,不取利息。对老病和穷极不能归还的特许免还。还规定所有州县都要存有预备粮,凡是预备得不够数的,即使任期满了也不许离任,作为前一措施的物质保证,这一款由监察官按时查考。皇帝批准了这一建议。这样一来,广大的缺粮户,在青黄不接的时候,就可以免除地主的高利贷剥削了,他为穷困的农民办了好事。

黄河经过河南,常常闹决口,造成水灾。于谦注意水利,在农闲时动用民力,加厚堤身,还按里数设亭,亭设亭长,负责及时督促修缮。在境内交通要道,都要种树、凿井,十几年间,榆树、柳树都成长了,一条条的绿化带,无数的水井,使行道的人都觉得阴凉,沿途都有水喝。

大同是边上要塞,巡按山西的官员很少到那里去,于谦建议专设御史监察。边地许多将领私自役使军人,为他们私垦田地,国家的屯田日益减少,边将私人的垦田却日益增加,影响到国家的收入和边防的力量,于谦下令没收边将的私田为国家屯田，供给边军开支。

于谦作了九年巡抚，政治清明，威信很高，强盗小偷都四散逃避，老百姓过了比较安定的生活。由于他政治上的成就，明朝政府升他为兵部左侍郎，支二品俸禄，仍旧作巡抚的官。

在这九年中，于谦的建议到了北京，早上到，晚上就批准，是有其政治背景的。原来这时的皇帝是年青人，明英宗当皇帝时才十岁，太皇太后和皇太后（皇帝的祖母和母亲）很敬重元老重臣三杨：杨士奇、杨溥、杨荣，这三个老宰相都是从明成祖时就当权的，比较正直，有经验，也有魄力，国家大事都由他们作主张。他们同意于谦作巡抚，对于谦很信任，于谦有了朝廷上三杨的支持，才能在地方办了一些好事。到了正统后期，正统五年（公元1440）杨荣死，七年杨士奇死，太皇太后死，十一年杨溥死，三杨死后，朝廷上不但没有支持于谦的力量，反对于谦的政治力量反而日益增加了，于谦的政治地位动摇了。

反对于谦的政治力量主要来自两方面，一是宦官，一是权贵。

宦官王振是明英宗的亲信，英宗作了皇帝，他也作了内廷的司礼监太监（皇帝私人秘书长）。英宗年轻，什么事都听他的，只是宫里有老祖母管着，朝廷上有三杨当家，王振还不大敢放肆。到了正统五年以后，太皇太后死了，杨荣也死了，杨士奇因为儿子犯法判死罪不管事，杨溥老病，新的宰相名位都较轻，王振便当起家来了，谁也管不住了，英宗叫他作先生，公侯勋贵叫他作翁父，专权纳贿，无恶不作。他恨于谦不肯逢迎，正统六年三月，趁于谦入朝的时候，借一个题目，把于谦关在牢里，判处死刑。关了三个月，找不出于谦的罪状，只好放了，降官为大理寺少卿。

另一种反对于谦的力量是权贵。照例地方官入朝，是要送礼以至纳贿赂给朝廷权贵的。于谦是清官，在山西、河南十九年，父母和儿子住在杭州，老婆留在北京，单身过着极清苦的生活。每次入朝，不但不运礼、纳贿，连普通的人事也不送，空手去，空手回，他有一首著名的诗，为河南人民所传诵的：

  手帕蘑菇与线香，本资民用反为殃，

  清风两袖朝天去，免得闾阎话短长。

他这样做，老百姓虽然很喜欢，朝廷权贵却恨死他了。

虽然如此，山西、河南的官吏和百姓却非常想念于谦，到北京请愿要求于谦回去的有一千来起。河南的周王和山西的晋王（皇帝的家族）也说于谦确是好官，朝廷迫于民意，只好让于谦再回去作巡抚。

这时，山东、陕西闹灾荒，流民逃到河南的有二十几万人，于谦请准朝廷，发放河南、怀庆两府的存粮救济，又安排田地和耕牛、种子，让流民安居乐业。

这十九年中，于谦的父母先后死了，照当时礼法，应该辞官在家守孝三年，父母两丧合计六年。朝廷特别命令他"起复"，不要守孝，回家办了丧事便复职。

正统十三年（公元1448）于谦被召入京，回到兵部左侍郎任上。

第二年发生"土木之变"。

瓦剌是蒙古部族之一，可汗脱脱不花，太师也先，知院阿剌各拥重兵，以也先为最强，各自和明朝通好往来，也经常和明朝发生军事冲突。照规定，每次来的使臣不超过五十人，明朝政府按照人数给予各种物资，也先为了多得物资，逐年增加使臣到两千多人，明朝政府要他减少人数，也先不肯。瓦剌的使臣往来，有时还沿途杀掠。到正统末年，也先西破哈密，东破兀良哈，威胁朝鲜，军事力量日益强大。明朝使臣到瓦剌的，也先提出各种无理要求，使臣怕事，一一答应，回来后又不敢报告，也先看到使臣所答应的事都没有下落，认为明朝背信，极不高兴。正统十四年也先派使臣三千人到北京，还虚报名额，交换的马匹也大多驽劣，礼部（管对外工作和朝廷礼仪的部）按实有人数计算，对提出要求的物资也只给予五分之一，还减了马价，也先大怒，决定发兵入侵。

正统十四年（公元1449）七月，瓦剌大举入侵，脱脱不花攻辽东，阿剌知院攻宣府（今河北宣化市），也先亲自领军围大同，参将吴浩战死，羽书警报，不断送到北京。

军事情况紧急，王振决策，由明英宗亲自率领军队阻击，朝廷大臣以吏部尚书王直和兵部尚书邝埜、兵部左侍郎于谦为首坚决反对，王振不听，命令英宗的弟弟郕王留守，带领朝廷主要官员和五十万大军向大同出发。邝埜随军到前方，于谦留在北京管理部事。

王振的出兵是完全没有计划的。他根本不会打仗，却指挥着五十万大军。大同守将西宁侯宋瑛、武进伯朱冕、都督石亨等和也先战于阳和（今山西阳高），为王振的亲信监军太监郭敬所制，胡乱指挥，全军覆没，宋瑛、朱冕战死，石亨、郭敬逃归。明英宗的大军到了大同，连日风雨，军中夜惊，人心恟惧，王振还要向北进军，郭敬背地里告诉他敌军情况，才决定退兵。路上又碰着大雨，王振原来打算取道紫荆关经过他的家乡蔚州（今河北蔚县），请明英宗到他家作客的，走了一程，又怕大军过境，会糟蹋他家的庄稼，又下令取道宣府，这样一折腾，闹得军士晕头转向。到宣府时，也先大军追上袭击，恭顺侯吴克忠拒战败死。成国公朱勇、永顺伯薛绶带四万人迎战，到鹞儿岭，敌军设下埋伏，又全军覆没。好容易走到土木堡（今北京市官厅水库附近），诸将商量进入怀来县城据守，王振要保护行李辎重，便下令就地宿营。这地方地形高，没有荫蔽，无险可守，掘地两丈还不见水，也先大军追到，把水源都占据了，军士又饥又渴，挤成一堆。第二天，也先看到明军不动，便假装撤退，王振不知是计，立刻下令移营，阵脚一动，瓦剌骑兵便四面冲锋，明军仓皇逃命，阵势大乱，敌军冲入，明军崩溃，死伤达几十万人，明朝政府的高级官员五十多人都被敌军所杀，王振也死在乱军中。明英宗被敌军俘掳。这次不光彩的战役就叫"土木之变"。

土木败报传到北京，北京震动。达时明军的精锐都已在土木覆没了，北京空虚，形势极为危急。翰林院侍讲（为皇帝讲书的官）徐珵是苏州人，在土木变前，看到局面不好，就打发妻子老小回苏州去了。败报传到后，郕王召集文武百官商量对策，徐珵大声说，从天文看，从历数看，天命已去了。只有南迁，才能免祸。这个主意是亡国的主意，当时要照他的意见办，明朝政府从北京撤退到南方，瓦剌进占北京，黄河以北便会全部沦陷，造成历史上南北朝和金宋对立的局面。于谦坚决反对说，北京是全国根本，一动便大事去了，宋朝南渡的覆辙，岂可重蹈。并且说主张南迁的人应该杀头。大臣胡濙、陈循和太监金英都赞成于谦的主张，郕王也下了坚守的决心，徐珵不敢再说话了，从此恨死了于谦。

明朝政府虽然决定坚守，但是北京剩下的老弱残兵不满十万人，上上下下都胆战心惊，怕守不住。于谦建议征调各地军队到京守卫，分别部署前方要塞军事，人心才稍稍安定。郕王十分信赖于谦，升他为兵部尚书（国防部长），领导北京的保卫战。

王振是土木败军的祸首，群臣提出要追究责任，王振的党羽马顺还倚仗王振的威风，当面叱责提出这主张的人，引起了公愤，给事中（官名，管稽察六部和各机关的工作）王竑抓住马顺便打，群臣也跟着打，把马顺打成肉泥，朝班大乱，连守卫的卫士也呼噪起来了。郕王吓得发抖，站起来要走，于谦赶紧上前拉住，并教郕王宣布马顺有罪应该处死，这才扭转了乱纷纷的局面。退朝时，于谦穿的衣裳，袖子和下襟都裂开了。吏部尚书（管选用罢免官员的部长）王直看到他，拉住手叹口气说，国家只靠着你！像今天的事，一百个王直也办不了。从此，郕王和朝廷大臣，京城百姓都倚靠于谦，认为他有担当，可以支撑危局。于谦也毅然决然把国家的事情担当起来。

英宗被俘，他的儿子还是小孩子，当时形势，没有皇帝是不行的。大臣们商量立郕王为皇帝，郕王再三推辞。于谦说，我们是为国家着想，不是为了任何个人。郕王才答应。九月,郕王即位为皇帝,是为明景帝。

于谦建议景帝,瓦剌得胜,一定要长驱南下。一要命令守边诸将协力防守;二要分道招募民兵;三要制造兵器盔甲;四要派遣诸将分守九门,结营城外;五要迁城关居民入城,免遭敌军杀掠;六要派军队自运通州存有的大量粮食作为军饷,不要被敌人利用。又保荐一些有能力的文官出任巡抚,军官用为将帅。景帝一一依从,并命令于谦提督各营军马,统帅全军。

也先带着明英宗,率军南下,每到一个城池,便说皇帝来了,要守将开门迎接,守将遵从于谦的指示,说我们已经有了皇帝了,拒不接受。也先利用明英宗要挟明朝政府不成功,很丧气。明朝北部各个城池虽然因此保住了,明英宗却也因此对于谦怀恨在心。

瓦剌大军突破紫荆关,直入包围北京。都督石亨主张收兵入城,坚壁拒守。于谦反对,认为怎么可以向敌人示弱,使敌人越发轻视呢。下令诸将统兵二十二万分别在九门外拒守,亲自率领石亨和副总兵范广、武兴列阵德胜门外,和也先决战。通告全军,将不顾军,先退者斩其将,军不顾将,先退者后队斩前队。将士知道只有决战才有生路,都奋勇争先。由于于谦保卫北京的主张是和北京人民的利益一致的,获得了广大人民的支持。也先原来认为北京不战可下,一见明军严阵以待,便泄气了,派人提出要大臣出迎明英宗,要索金帛,和于谦等大臣出来商议等条款,都被拒绝,越发气沮。进攻德胜门,明军火器齐发,也先弟中炮死。转攻西直门,又被击退。进攻彰义门,当地的老百姓配合守军,爬上房顶呐喊,投掷砖石,又被击退。相持了五天,敌军始终没有占到便宜,听说各路援军就要到达,怕归路被截断,只好解围退兵,北京的保卫战就此胜利结束。景帝以于谦功大,加官为少保(从一品),总督军务。

景泰元年(公元1450)大同守将报告也先派人来讲和,于谦严令申斥守将,从此边将都坚决主战,没有一个人敢倡议讲和的。

也先看到明朝有了新皇帝，不承认明英宗，便在蒙古重立英宗为皇帝，来和明朝对抗，结果明朝政府置之不理，这个法宝也不灵了。俘虏到皇帝，不但没有用处，还得供养，成了累赘，便另出花招，派使臣声明愿意送还皇帝，制造明朝统治阶级的内部矛盾。明朝大臣都主张派使迎接，景帝很不高兴，说我本来不愿作皇帝，是你们要我当的。于谦说，皇位已定，不可再变。也先既然提出送回皇帝，理当迎接，万一有诈，道理在我们这面。景帝一听说皇位不再更动，忙说依你依你。派大臣接回英宗，一到北京，就把这个皇帝关在南宫里。

从景泰元年到景泰七年（公元1450—1456），于谦在兵部尚书任上，所提的意见，明景帝没有不同意的。朝廷用人，也一定先征求于谦意见，于谦不避嫌怨，有意见便说，由此，有些作不了大官的人，都恨于谦，有些大官作用比不上于谦的，也恨于谦，特别是徐珵，他一心想作大官，拜托于谦的门客，想作国子祭酒（大学校长），于谦对景帝说了，景帝说，这人倡议逃亡，心术不正，怎能当这官，败坏学生风气。徐珵不知于谦已经推荐，反而以为是于谦阻挠，仇恨越发深了。改名有贞，等候机会报复。大将石亨原先因为打了败仗削职，于谦保荐领军抗敌立了功，封侯世袭。他嫌于谦约束过严，很不乐意。保卫北京之战，于谦是主帅，功劳最大，结果石亨倒封了侯爵，心里过意不去，写信给景帝，保荐于谦的儿子作官。于谦说国家多事，做臣子的照道理讲不该顾私恩。石亨是大将，没有举荐一个好人，一个行伍有功的，却单单举荐我的儿子，这讲得过去吗？而且我对军功，主张防止侥幸，决不敢以儿子冒功。石亨巴结不上，反而碰了一鼻子灰，越发生气。都督张轨打仗失败，为于谦所劾。太监曹吉祥是王振门下，也深憾于谦。这批人共同对于谦不满，便暗地里通声气，要搞倒于谦，出一口气，作升官的打算。

于谦性格刚直，处在那样一个时代，遇事都有人出来反对，只靠景帝的信任，做了一些事。他在碰到不如意事情的时候，便拍胸叹气说：这一腔热血，竟洒何地？他又看不起那些庸庸碌碌的大臣和勋臣贵戚，语气间时常流露出来，恨他的人便越发多了。他坚决拒绝讲和，虽然明英宗是因为明朝拒和，也先无法利用才被送回来的，心里却不免有些不痛快。这样，在明景帝统治的七年间，在表面上，于谦虽然权力很大，在另一面，却上上下下都有人对他怀恨，只是不敢公开活动而已。

于谦才力过人，当军务紧急，顷刻变化的时候，他指挥若定，眼睛看着报告，手头屈指计算，口授机宜，合于实际，底下的工作人员看着，不由得不衷心佩服。号令严明，不管是勋臣宿将，一有错误，便报告皇帝行文申责，几千里外的守将，一得到于谦指示，无不奉行。思虑周密开阔，当时人没有能比得上的。忧国忘身，虽然立了大功，保住了北京城，接还了皇帝，却很谦虚，口不言功。生性朴素俭约，住的地方才蔽风雨，景帝给他一所西华门内的房子，几次辞谢不许才搬过去。土木之变后，索性住在办公室里不回家。晚年害了痰病，景帝派人去看，发现他生活过于俭约，特别叫宫内替他送去菜肴。有人说皇帝宠待于谦太过了，太监兴安说，这人日日夜夜为国家操心，不问家庭生活。他要去了，朝廷哪儿能找得这样的人！死后抄家，除了皇帝给的东西以外，更没有别的家财。

景泰八年正月，明景帝害了重病，不能起床。派石亨代他举行祭天仪式。石亨认为景帝活不长久了，便和徐有贞、曹吉祥、张軏等阴谋打开南宫，迎明英宗复位，史称夺门之变。明英宗第三次作了皇帝，办的第一件事就是把于谦和大学士（宰相）王文关在牢里。石亨等诬告于谦、王文谋立外藩（明朝皇帝的本家，封在外地的），法司判处谋逆，应处死刑。审案时，王文据理申辩，于谦笑着说，这是石亨等人的主意，申辩有什么用。判决书送到明英宗那里，英宗还觉得有些过意不去，说于谦实在有功。徐有贞说，不然，不杀于谦，夺门这一着就说不出名堂来了。于谦、王文同时被杀，明景帝也被绞死，这一年于谦六十岁，明景帝才三十岁。

于谦死后，家属被充军到边地。大将范广、贵州巡抚蒋琳也因为是于谦所提拔的牵连被杀。还刻板通告全国，说明于谦的罪状，这个板子一直到成化三年（公元1467）才因有人提出意见毁掉。

曹吉祥是于谦的死对头，可是他的部下指挥朵儿却深感于谦的忠义，到刑场祭奠痛哭，曹吉祥大为生气，把他打了一顿。第二天，朵儿又去刑场祭奠了。都督同知陈逵冒着危险，收拾于谦的尸首殡葬，过了一年，才归葬杭州。

广大人民深深悼念于谦，当时不敢指名，作了一个歌谣：

鹭鸶冰上走，何处觅鱼嗛？

鱼嗛是于谦的谐音，这个民族英雄的形象是永远留存在人民的记忆中的。明末抗清民族英雄张煌言有一首诗：

国亡家破欲何之？西子湖头有我师，
日月双悬于氏庙，乾坤半壁岳家祠。

于谦的事迹直接教育了这个有骨气的好汉，宁死勿屈，保持了民族的正气。

石亨的党羽陈汝言代于谦作兵部尚书，不到一年就撤职抄家，有很多金银财宝，明英宗叫大臣们参观，并说，于谦在景泰朝极被亲信，死后没有一点家业，陈汝言怎么会有这么多！石亨听了，说不出一句话。过些日子，边方传来警报，英宗很发愁，恭顺侯吴瑾在旁边说，要是于谦在的话，不会有这情况。英宗听了也说不出一句话。

于谦的政敌都先后失败，徐有贞充军云南，石亨下狱死，曹吉祥造反灭族。

明宪宗成化初年（公元1465），于谦的儿子于冕遇赦回家，写信给皇帝申冤，明宪宗恢复了于谦的官位，派人祭奠，祭文中说："当国家之多难，保社稷以无虞，惟公道之独持，为权奸所并嫉，在先帝已知其枉，而朕心实怜其忠。"这几句话，传诵一时。于谦的名誉恢复了。明孝宗弘治二年（公元1489）谥于谦为肃愍，并建立祠堂，号为旌功。明神宗万历时又改谥忠肃。杭州、开封、山西和北京的人民都建立了他的祠堂，广大人民永远纪念这个保卫北京城的民族英雄，永垂不朽！

　　于谦的著作流传到今天的有《于肃愍公集》八卷，《少保于公奏议》十卷。演绎他的故事的小说有孙高亮所著的《于少保萃忠全传》十卷。

（原载《新建设》第6期，1961年）

谈武则天

一

武则天（公元624—705）是我国历史上一个了不起的人物，对她所处的时代起推进作用的人物。但是，由于封建礼教作怪，她被不少卫道的"正人君子"们所辱骂，名誉不好。郭沫若同志的新作《武则天》五幕历史剧，替武则天翻了案，我双手赞成，拥护。

本来，我正在研究武则天，用充分的史实肯定武则天在历史上的地位。这个工作牵涉面很广，引用史料很多，得要几个月工夫才能完成。在工作进行中，读到郭沫若同志《武则天》的初稿和改定稿，非常高兴，有话要说，写《谈武则天》。

二

《武则天》这个历史剧中的人物都是实有其人的，所涉及各个人物的故事也都是有文献根据的，沫若同志尽可能忠实于历史，做到无一字无来历，无一事无出处。通过艺术手法，把武则天这个历史上的伟大政治家的形象更加强化、集中，和现代人见面了。

《武则天》历史剧的主要根据是旧、新《唐书》有关武则天的记载，和裴炎、程务挺、徐敬业、骆宾王、上官婉儿、明崇俨等人的传，参以司马光的《资治通鉴》和《全唐诗》、《骆宾王集》等书。

关于裴炎和徐敬业通谋，裴炎又阴谋在成功以后自己做皇帝，这一故事也是有出处的，唐张文成《朝野佥载》卷五：

> 裴炎为中书令，时徐敬业欲反，令骆宾王画计，取裴炎同起事。宾王足蹈壁静思食顷，乃为谣曰：一片火，两片火，绯衣小儿当殿坐。教炎庄上小儿诵之，并都下童子皆唱。炎乃访学者令解之，召宾王至，数唉以宝物锦绮皆不言，又赂以音乐女伎骏马亦不语。乃将古忠臣烈士图共观之，见司马宣王，宾王欺然起曰，此英雄丈夫也。即说自古大臣执政多移社稷，炎大喜。宾王曰，但不知谣谶何如耳？炎以谣言片火绯衣之事白，宾王即下，北面而拜曰，此真人矣。遂与敬业等合谋，扬州兵起，炎从内应，书与敬业等合谋，惟有青鹅字，人有告者朝廷莫之能解。则天曰，此青字十二月，鹅者我自与也。遂诛炎，敬业等寻败。

司马宣王即司马懿。这段故事司马光是看到的，收在《资治通鉴考异》①里，但他不相信，认为"此皆当时构炎者所言耳，非其实也"。不管怎样，当时有过这样传说，则是可以肯定的。

关于裴炎这个人的评价，除了两《唐书》以外，明朝末年人王夫之《读通鉴论》二十一说他：

> 自霍光行非常之事，而司马懿、桓温、谢晦、傅亮、徐羡之托以仇其私。裴炎赞武氏，废中宗，立豫王，亦其故智也。不然，恶有嗣位两月，失德未彰，片言之妄，而为之臣者遽更置之，如仆隶之任使乎？炎之不自揣也，不知其权与奸出武氏之下，倍蓰而无算。且谓豫王立而已居震世之功，其欲仅如霍氏之乘权与懿、温之图篡也，皆不可知。然时可为则进而窥天位，时未可，抑足以压天下而永其富贵。岂意一为武氏用，而豫王浮寄宫中，承嗣、三思先已而为捷足也哉！其请反政豫王也，懿、温之心，天下后世有目有心者知之，而岂武氏

---

① 《通鉴》卷二百三。

之不觉耶？家无儋石之储，似清；请反政于豫王，似忠；从子伷先忘死以讼冤，似义。以此而挟滔天之胆，解天子之玺绂，以更授一人，则其似是而非者，视王莽之恭俭，诚无以过。而武氏非元后，已非武氏之姻族，妄生非分之想，则白昼攫金，见金而不见人，其愚亦甚矣。

不止是这些主要人物和故事有出处，连次要人物也是有根据的，如剧中的赵道生杀明崇俨，见《通鉴》卷二〇二，洛阳的宫殿名称是根据徐松的《唐两京城坊考》的。

三

我对武则天的看法。

我认为武则天是历史上伟大的政治家，从她参与政权到掌握政权的五十年中，继承和巩固并且发展了唐太宗贞观治世的事业，足食安民，知人善用，从谏如流，发扬文化，为下一代培养了人才，下启唐玄宗开元时代的太平盛世，就唐朝前期历史说是个承先启后的人物，就整个我国历史说，她也是封建统治者中的杰出的人物。

不说别的，单就她在位时期，文献上还没有发现大规模农民起义的记载这一点来看，和历史上任何王朝，任何封建统治者统治时期是有所区别的。这一点说明当时的人民是支持她、爱戴她的。宋朝人修的《新唐书》骂她骂得很厉害，但是，宋祁在大骂之后，也还是不能不说一句公道话，"僭于上而治于下"。从今天来说，僭不僭不干我们的事，"治于下"三个字却是武则天的定评，我看，评论武则天要从这一点出发，也就是从政治出发。从她当时对百姓是做好事还是做坏事出发，她对生产的作用是推进还是阻碍出发。

武则天在杀裴炎、程务挺，平定徐敬业以后，曾经召集群臣讲过一次话，这番话实质上是对她自己的评价。她说："朕辅先帝逾三十年，忧劳天下。爵位富贵，朕所与也。天下安佚，朕所养也。先帝弃群臣以社稷为托，不敢爱身而知爱人。今为戎首者皆将相大臣，何见负之遽乎？且受遗老臣伉扈难制，有若裴炎乎？世将种，能合亡命，有若徐敬业乎？宿将善战有若程务挺乎？彼皆人豪，朕能戮之。公等才能过彼，则蚤为之，不然，谨以事朕，无自悔也！"这番话明朝末年人李贽逐段加以批点，"忧劳天下"，批"真"！"天下安佚，朕所养也"，批"真"！"不敢爱身而知爱人"，批"真"！从当时情况看来，武则天这段话确如李卓吾所批的都是真话。

反对她的是些什么人呢？是一部分老臣宿将和勋贵子孙，她做了皇帝以后呢，是一部分唐朝宗室。她曾经两次大规模杀人，杀的就是这些人，政治上的反对派。在你死我活的斗争中，在封建统治阶级内部的激烈斗争中，武则天是很坚强果断的，她消灭了所有反对她的官僚和贵族，其中包括她自己的儿子、女婿、孙子、孙女和孙女婿，不止杀李家人，也杀武家人。道理很简单，不杀这些人，这些人就会推翻她，不是东风压倒西风，就是西风压倒东风。沫若同志的剧本通过太子贤、裴炎等人和武则天的斗争，很突出地阐明了这一历史情况。

她杀了不少李家人，还曾经把第三个儿子英王哲从皇帝宝座撵下来，废为卢陵王，幽禁在房州十五年，照理说这个儿子应该恨她了，但是不然。公元705年的宫廷政变，武则天下台，卢陵王作了皇帝，是为唐中宗。同年武则天死。景龙元年（707年）二月唐中宗下诏把诸州纪念他重作皇帝的中兴寺、观，一律改为龙兴，并禁止说他的再次作皇帝是中兴。《唐大诏令集》——四载他的诏书说：

则天大圣皇后思顾托之隆，审变通之数，忘己济物，从权御宇，四海由其率顺，万姓所以咸宁，唐周之号渐殊，社稷之祚斯永……朕……事惟继体，义即缵戎……中兴之号，理异于兹，宜革前非，以归事实，自今以后，更不得言中兴。

谈武则天

表扬武则天在位时忘己济物，万姓咸宁，他是继承武则天的统治的，不能说是中兴。岂但不恨，还十分尊重呢！当时还有人建议"神龙元年（公元705）制书，一事以上，并依贞观故事。岂可近舍母仪，远尊祖德？"意思是说705年的命令规定政治措施都要学贞观时代，也就是废除则天时代的成规，这是不对的。怎么可以把近时母亲的行政作为抛弃，去学习遥远的祖父呢？中宗很赞成这个意见，写信表扬。由此看来，则天时代的某些政治措施是和贞观时代有所不同的。她根据时代的进展，规定了自己的政策方针。

不止她的儿子，以后唐朝的历代皇帝也都对她很尊重，没有说过什么坏话。

同样，唐朝的大政治家如陆贽、李绛都对她有很高的评价。陆宣公《翰苑集》十七《请许台省长官举荐属吏状》说：

往者则天太后践祚临朝，欲收人心，尤务拔擢，弘委任之意，开汲引之门，进用不疑，求访无倦，非但人得荐士，亦得自举其才。所荐必行，所举辄试。其于选士之道岂不伤于容易哉？然而课责既严，进退皆速，不肖者旋黜，才能者骤升。是以当代谓知人之明，累朝赖多士之用。

说她善于用人，严于课责，不但当时称为知人，还培养了下几代的人才。在另一篇文章中，他把唐太宗和武则天并举，要当时皇帝"法太宗、天后英迈之风"。李绛也说她用的官虽然稍微多了一些，但"开元中名臣多出其选"。指出开元时代的名臣大多是她培养的。

宋人编的《新唐书》骂武则天很凶，但洪迈却赞扬她是明主："汉之武帝，唐之武后，不可谓不明。"[1]明人李贽更称她为圣后。[2]清人赵

---

[1]《容斋续笔》五。
[2] 李贽：《藏书》。

翼说她："纳谏知人，自有不可及者……别白人才，主持国是，有大过人者。"还替她分析，回击那些"正人君子"们对她的恶毒诬蔑，他说："人主富有四海，妃嫔动至千百。后既身为女主，而所宠幸不过数人，固亦无足深怪，后初不以为讳，并若不必讳也。"结论是"区区帷薄不修，固其末节，而知人善任，权不下移，不可谓非女中英主也！"①赞扬她是英主，指出她的政治成就是根本的，是主要的，私人生活是末节，是小事，而且，在封建时代，男皇帝可以有千百个小老婆，女皇帝有几个男宠，又值得什么大惊小怪呢！这是对武则天最公平的评价。

当然，骂武则天的人更多，特别是明朝人骂得多，骂得狠。例如胡应麟骂她为"逆后"，连她的朝代也骂为"牝朝"。②王夫之骂她为"淫姬"，为"妖淫凶狠之武氏"③。专门攻讦她的私人生活，不谈政治，只攻一点，不及其余，这种评论是站不住脚的。

另一种攻击是女人不该作皇帝，管政治，就像母鸡不能司晨，从骆宾王的檄文"伪临朝武氏"一直到胡应麟的"牝朝"，都攻的是这一点。这种维护封建秩序、男尊女卑、不许妇女参加政治生活的论调，到今天应该用不着反驳了。相反，我们应该说，武则天不止是一个伟大的政治家，同时她还是历史上最伟大的妇女！她的一生是战斗的一生！当然，武则天决不是十全十美的人物。相反，她是有不少缺点的。例如，她杀了许多政治上的反对派，其中有一些人看来是不应该杀的。此外，当然她也具有一般封建统治者所共有的某些缺点。在这篇短文中，就不一一谈到了。

(原载《人民文学》，1960年7月号)

---

① 《廿二史劄记》卷十九，《武后纳谏知人》。
② 胡应麟：《少室山房笔丛》。
③ 王夫之：《读通鉴论》。

海瑞

海瑞（公元1514—1587），广东琼州（今海南岛海口市）人。是明朝，也是我国历史上有名的清官，好官。

他的一生经历正好和况钟、周忱相反。

况钟和周忱在苏州和江南的政治措施，是执行封建王朝巩固统治基础、缓和阶级矛盾的政策的，在执行中，不但得到朝廷当局的支持，还得到皇帝的特别命令，可以便宜行事。在推行以后，不但增加了封建王朝的财政收入，也适当地减轻了农民的负担，以此，也获得了人民的拥护、歌颂。虽然也遭遇到专管财政收入的户部的阻挠、反对，和部分地主的攻击、抗议以至污蔑，但是，那毕竟是少数，不是主要的潮流。

海瑞的经历便不同了。虽然他的主要政治生活，任江南巡抚和周忱相同，驻地在苏州和况钟相同，得到人民拥护、歌颂，被叫作青天，也和两人相同。他的政治措施的目的，也是为了巩固封建王朝统治基础，缓和阶级矛盾，是封建统治阶级的忠臣、良臣，但是，他却遭受到和况钟、周忱不同的对待，他不但得不到朝廷当局的支持，皇帝的保护，却反而遭到反对、排挤，他被地主阶级集中攻击、诬蔑，终于罢官，不能够贯彻他的政治主张。虽然也有些官僚、地主、青年知识分子支持、鼓励他，但是，那毕竟是少数，不是主要的潮流。

况钟作了十三年苏州知府，周忱作了二十一年江南巡抚。海瑞呢，只作了半年多江南巡抚，便被自己的阶级代表撵下台了。

为什么海瑞遭受到和况钟、周忱不同的对待？却又受到人民同样的拥护、歌颂？

这是因为，第一，时代不同，第二，地主阶级的利害不同，第三，人民得到了好处。

说时代不同。况钟、周忱所处的十五世纪前期，正是明封建王朝的全盛时期。经过十四世纪中期二十年的长期战争以后，明王朝采取恢复、鼓励生产的政策，把荒废的田地分配给有劳动力而缺地少地的农民耕种，经过了三四十年，到十五世纪前期，生产恢复了，发展了，地主阶级通过经济压力，政治力量，兼并分散的农民土地。这时期，土地正处于从农民手中逐步被地主阶级兼并的过程中。土地基本上还是分散的，高度集中的现象还没有形成。其次，苏州、松江等地区虽然有大量官田，苏州的官田甚至比民田多许多倍，这些官田名义上的地主是以皇帝为代表的封建统治阶级，但耕种的却仍然是分散的农户，官田虽然租额特别重，但皇帝并没有直接经营。同时，也正因为这一地区，官田比例较大，一般地主的兼并手段便不能不受到限制，集中的过程便比较缓慢了。

正因为当时土地比较分散，大地主的数量还不是很多，在政治上代表中、小地主利益的朝廷当局，也就不能不较多地考虑中、小地主和富农、自耕农的利益，采取了一些和缓阶级矛盾的措施。这些措施在历史上被称为政治修明，博得史家的赞叹。

到了海瑞的时代，情况不同了。他生在明封建王朝从全盛走向衰落的时代。他生于明武宗正德九年，死于明神宗万历十五年，经历了正德、嘉靖、隆庆、万历四个王朝。这几十年中，社会情况发生了很大变化，土地更加集中了。皇帝大量侵夺百姓的田地，建立了无数皇庄，后妃、亲王、公主、宦官和勋戚、将军、大官僚都有许多庄田，直接派庄头经营，有的还非法收税，亲王的庄田从几千顷以至到几万顷，有的亲王占有的田地跨越好几个省。嘉靖时的宰相严嵩、徐阶都是当时最大的地主。万历初期有一个地主的田地多到七万顷。农民的田地被地主所侵夺，沦为佃客、庄客，过着牛马般的生活。庄园的庄头庄仆，作威作福，欺侮百姓。贵族和官僚家里养着无数的奴仆，有的是用钱买的，更多的是农民忍受不了田租和差役的负担，投靠来的。他们终年为主人服役，除家庭劳役以外，有的学习歌舞，演奏戏剧，有的纺纱织布，四处贩卖，有的经营商业，开设店铺，没有工资，没有自由，世代子孙都遭受同样命运。无处投靠的便只好逃奔四方，寻找活路，大量人口脱离了原来户籍，流移各地。这样，被抑勒为私家奴仆的、逃亡外地的人口越来越多，封建王朝户籍上的人口便越来越少，当差服役的人相应的也就少了。同时，田地册上的土地数字也大大减少了，这是因为农民土地大量地集中到地主手中，地主隐瞒不报，逃避租税；因为庄田数量越来越大；因为农民大量逃亡，土地无人耕种，闲置荒废。这样，封建王朝的地租收入便自然日益减少了。收入不够用，只好使用加税的办法解决，租税越重，中小地主、自耕农不能负担，便更多地采用隐蔽手段，投靠在大地主名下，大地主土地越多，势力越大，把自己名下的赋税和差役都尽量设法分摊给农民，农民的负担便越重，阶级矛盾便越尖锐。

这个时期是阶级矛盾日益尖锐的时期。

反映在政治上，当权的统治阶级既然本身就是大地主，当然要为大地主阶级的利益服务，凡是不利于大地主阶级利益的政治措施，也就不能不遭遇到他们的代表的坚决的反对了。相反，更多的更重的剥削，不择手段的剥削，皇帝对官僚、大官对小官、上级对下级的种种勒索，便成为理所当然的了。贪污成为风气，凡事非钱不行，是这个时期的政治特点。

第二，地主阶级的利害不同。十五世纪前期况钟、周忱在苏州和江南的主要政治措施，是减削官田过重的租额，官田的地主代表是皇帝，但是，皇帝并没有直接经营这些土地，以此，官田减租并不损害到一般地主的利益。而且，减了租，缓和了阶级矛盾，是和整个地主阶级长远利益相符合的，以此，不只是没有遭遇到地主阶级的联合反对，相反，却得到支持和鼓励。当时，明摆着的事实是：照旧收高租而大量拖欠，逼不出来，弄得田荒民逃，收入更加减少好呢？还是适当减轻，少取而多收，比例上

◎ 历史的镜子

减少而实质上如数收到，名为减租而实则增加收入，粮不欠，民不逃好呢？地主阶级是最会打算盘的，一算账就明白了。尽管户部反对，还是办通了。

至于海瑞的措施，便不同了。他鉴于土地过分集中、农民无地或少地耕种而主张均田。均谁的田呢？当然是大地主。这就直接损害了大地主阶级的利益，他们当然要坚决反对，行不通。

均田一时行不通，海瑞便主张要大地主退还一部分非法侵占的田地给被剥夺侵占的农民。这办法，是符合大地主们的长远利益的，但是，却严重地损害了他们的眼前利益，地主们的眼光是只能看到眼前，看到自己的儿孙的，当然坚决反对。在大地主们的联合反对下，通过他们在朝廷的代表，内外夹攻，海瑞终于被逐出统治阶级，以失败而告终。

同时，海瑞坚决主张贯彻一条鞭法，这个办法虽然普遍地损害了地主阶级的一些利益，增加了一些负担，减少了一些收入。但是，一来，并没有动摇大地主阶级的根本利益，相反，还起了巩固作用。二来，普遍推行，并不特别针对某些个别特大地主的利益，以此，便行通了，人民得到了好处，封建王朝也增加了收入。

第三，人民得到好处。尽管况钟、周忱、海瑞都是站在封建统治阶级立场，为了巩固封建统治，缓和阶级矛盾，在政治上做了一些改良工作，他们做的是符合封建统治阶级的长远利益的。但是，也和广大人民的当前利益一致，人民得到好处，田租和徭役的负担减轻了，生产情绪安定了，尽管还是被剥削、压迫，毕竟比过去轻了一些了，尽管还是过苦日子，但是，毕竟可以不必逃亡转徙，卖儿卖女了。人民是讲理的，能够分清是非好坏的，他们怎能不高兴，不拥护、歌颂？

海瑞出生于官僚家庭，祖父作过知县，父亲在海瑞四岁时就死了。家境不很宽裕，只靠祖传十多亩田地，又没有劳动力，光收些租子，母子两人是不够过日子的。他母亲很能干、刚直，做些针线贴补生活，教育海瑞很严格。海瑞和穷苦人民接触，同情他们，对大地主的无情剥削，抱有反感。另一面，受了多年的封建教育，脑子里装满忠君爱国的思想。

中了举人以后，作了几年福建南平县学的教谕（校长），升任浙江淳安县知县。

淳安山多地少，地方穷苦。地主占好地，地多，出的田租少；贫农耕坏地，地少，田租负担反而重，由之富的越富，穷的便越穷了。徭役出银子，每丁少的出一两二钱，多的要十几两，海瑞解决的办法是清丈和均徭，清丈实有土地面积，重新按土地等级规定租额；均徭按负担能力多少，没有力量的不负担。这样，农民的负担才减轻了些，地主们可不乐意了。

当时，奸臣严嵩作首相，总督胡宗宪和巡盐的都御史鄢懋卿都是严嵩的党羽，作威作福，无官不怕。总督的儿子路过淳安，嫌供应不好，吊打驿吏。海瑞没收了他带的大量银子，还报告总督说，这个恶棍冒充总督公子，败坏总督名誉。总督怕海瑞张扬出去，发作不得，只好算了。鄢懋卿到各地巡查盐政，一路贪污勒索，铺张浪费。海瑞写一封信说，淳安地方小，百姓穷，容不下都老爷的大驾。把这个大官顶回去，不来淳安了。

因为得罪了大官僚，海瑞虽然升了官，又被降职作江西兴国知县。

南昌有个作过兵部尚书的张鏊，在家养老，是个恶霸地主。他有两个侄子到兴国买木材，为非作恶，害得老百姓气苦得很。海瑞调查了情况，叫他们来，不肯来。一天，忽然又跑到县衙大闹。海瑞叫人拿下送到府里，反而判处无罪。海瑞要追究，张鏊便出面写信求情，又四处托人，这两个坏蛋居然摇摇摆摆回家了。海瑞大怒，写信向上官力争，终于把两个坏蛋依法判罪。

公元1564年，海瑞调到北京作官。

两年以后，海瑞写信给嘉靖帝，提出了严厉的批评。说他迷信道教，妄想长生，多年不上朝办事，又自以为是，拒绝批评，弄得君道不正，臣职不明，吏贪将弱，政治腐败，语气很尖锐。嘉靖帝看了，气极，丢在地下，又捡起来看。想要杀海瑞，一听说海瑞在写信前已经托人买了棺材，并不怕死，倒愣住了。把海瑞关了几个月，嘉靖帝死后，被赦出狱。

隆庆三年（1569年）六月，海瑞被任命为江南巡抚，管理现在江苏安徽大部分地方，巡抚驻在苏州。

这一年，江南遭到严重水灾，田地被淹，粮食涨价，农民逃荒，情况很严重。

江南是鱼米之乡，号称全国最富庶的地方。但实际上百姓生活很困苦，原因是田租、徭役的负担特别重。土地集中在大地主手里，特别是松江，乡官（退休的官僚）田宅、奴仆之多，全国找不出第二个，乡官中以前任首相徐阶家为第一，他一家就有田四十万亩。

闹水灾的原因，经过亲自勘察研究，是因为多年水利不修，吴淞江淤塞了，太湖的水排不出去，一遇特大雨量，便泛滥成灾。海瑞想法子张罗了一些粮食，采工赈办法，救灾和治水并举，让灾民做工疏浚。他坐上小船，到处巡视督促，灾民很兴奋，不到一个月就完工了。这项工程不但没有向人民要钱，还救了灾，变水害为水利，对生产好处很大，人民很是喜欢，感激。

解决人民生活问题的关键，海瑞认为一条鞭法是好法子。这办法已经有好几十年历史了，各地具体做法也不尽相同。主要的是把过去数不清的种种赋、役名目，都编成一条，通算一省的田租，人丁，通派一省的徭役，官收官解，除秋粮以外，一律改折银两交纳。把复杂的制度简化了，把实物赋税的大部分改为货币赋税，不只可以减轻农民的负担，并且，在经济发展过程中，也具有进步意义。例如，过去南粮北运，运费由农民负担，往往超过正税很多，现在改折银两，省去运输费用，人民的负担也就相应减轻了。又如徭役，只要交了钱，由官府雇工应差，农民就可以安心生产，不必再受徭役的牵累了，而且，徭役的编派，人丁居四分之一，田租居四分之三，农民人口多，大地主田租多，这样也就减轻了贫、中农的负担，对生产是有好处的。只是对地主们不好，因为实行新法，地主的有些负担确是加重了。地主们有意见，海瑞坚决要办，终于办成了，成绩是田不荒了，人不逃了，田租也不拖欠了，当时的人民很高兴，很感激。后代的史家也称赞是永久的利益。

最困难的还是限制是大地主的过分剥削。海瑞决心强迫大地主退田，首先是徐阶。徐阶当年作首相，海瑞坐牢的时候，曾经在嘉靖帝面前，替海瑞说过好话，对海瑞有恩。但是，海瑞知道徐家是恶霸地主，便坚决不顾私人关系，执行退田法令，徐阶知道海瑞刚直，不讲情面，勉强退出一部分，海瑞不满意，亲自写信，要退出一半以上，才算了事。

这一来，乡官们大地主们都吓慌了，有的逃到外地躲风头，有的只好忍痛退田。徐阶恨极了，想尽法子，派人到北京，买通了当权的太监和同乡京官，同乡京官告海瑞"纵容刁民，鱼肉乡官"。说老百姓像虎像狼，把乡官吃惨了。大地主阶级联合反攻，终于把海瑞赶出了江南巡抚衙门，回到海南岛，一直闲住了十六年。

公元1585年，海瑞已经七十二岁了，被起用到南京作官，他虽然年老，却不肯放弃着实作一点好事的机会，一到任就革除了一些弊政，把多年来各个衙门要商户无偿供应物品的陋规禁止了。他严惩贪污，反对浪费，生活朴素，主张节俭。有个大贪污犯怕被揭发，诬告海瑞许多罪状，骂得不像人。引起了一批青年知识分子和有正义感的官僚的抗议，攻击的和为海瑞说公道话的吵开了，统治阶级内部发生了争论。由于海瑞为大地主们所痛恨，虽然他做的一贯是好事，名气极大，当国的宰相却两面都不支持，一直到这个大贪污犯罪行被揭露以后，才把他免职，这已经是海瑞死后的事了。

海瑞是死在南京任所上的。同官替他清点遗物，发现他十分清苦，只好凑钱办理丧事。临死前三天，送来薪俸多算了七钱银子，立刻退回去。作官几十年，没有买过田地。添了一所房子，是用历年官俸积蓄买的。作知县时候，母亲生日，特地买了两斤肉，有人听说，大为惊奇，作为新闻，到处传说。

海瑞从作知县起，就重视刑狱，审案着重调查研究，注意科学证据和人情事理，平反了许多冤狱，其中一些案件的判决书编在他自己的文集里。后来的小说家、戏剧家选取了一些，加以渲染，《大红袍》、《小红袍》、《生死牌》、《五彩舆》这一类作品在民间流传很广，叫作公案小说。

人民是爱戴他的。他在苏州罢官的时候，老百姓沿街哭着送别，有些人家画了他的像供在中堂里。死在南京任上，老百姓非常哀痛，市面停止了营业，白色衣冠送葬的行列，夹着江岸悼祭哀哭的百里不绝。

人民喜欢他，大地主反对他。他为人民办了许多好事，在大地主们看来，却是坏事。他忠于封建统治阶级，一心一意要为自己阶级的长远利益服务，却和本阶级某些代表人物的当前利益发生矛盾，他不能理解，也不可能解决这个矛盾。他在统治阶级内部，为一部分人所反对，却同时又为另一部分人所支持，骂他的人说他"鱼肉乡官"，支持他的人说他"卵翼穷民"，这是因为他的作为虽然损害了这一部分地主的当前利益，却符合了另一部分地主的长远利益。他主张减少剥削，却决不反对剥削，他反对贪污、浪费、繁文，主张并且实行廉洁、节约、减省文牍，他重视人命，反对豪强，一生反对坏人坏事，不屈不挠，从不灰心丧气，连骂他的大地主也不能不说他是铁铮铮一汉子，说他为国为民，说他爱民。这样的历史人物是应该肯定的，值得后人纪念和学习的。

（原载《新建设》第10、11期，1960年）

爱国学者顾炎武

今年是伟大的爱国学者顾炎武逝世二百八十周年。

关于顾炎武的历史评价，全祖望写的《顾先生炎武神道表》最后一段话很中肯。他说：离开顾炎武的时代逐渐远了，读他的书的人虽然很多，但是能够说出他的大节的人却很少。只有王高士不庵曾说：炎武抱着沉痛的心，想表白他母亲的志向，一生奔走流离，心里的话，几十年来也没有机会说出来。可是后起的年轻人，不懂得他的志趣，却只称赞他多闻博学，这对他来说，简直是耻辱，只好一辈子不回家，客死外地了。这段话很好，可以表他的墓。我读了也认为很好，可以使人们对顾炎武这个人有更好的了解。

顾炎武首先是有气节的有骨头的坚强的爱国主义者，其次才是有伟大成就的学者。

顾炎武（公元1613—1682），字宁人，原来名绛，明亡后改名，有时自称为蒋山佣，学者称为亭林先生，江苏昆山人。他家世代有人作官，藏书很多。祖父和母亲对他的教育十分关心，六岁时母亲亲自教他《大学》，七岁跟老师读《四书》，九岁读《周易》，接着祖父就教他读古代军事家孙子、吴子的著作，和《左传》、《国语》、《战国策》、《史记》等书，十一岁读《资治通鉴》，到十三四岁才读完。十四岁进了县学以后，又读《尚书》、《诗经》、《春秋》等书，打下了很扎实的学术基础。母亲更时常以刘基、方孝孺、于谦等人的事迹教育他，要他作一个忠于国家、忠于民族的人。

炎武受教育的时代，也正是明王朝政治日益腐化，统治阶级内部分崩离析、互相倾轧，人民负担日益加重，民不聊生；东北建州（后称满族）

崛起，明王朝接连打败仗，丧师失地，满汉民族上层统治集团矛盾最尖锐，汉族人民和统治集团矛盾最尖锐的时代。炎武的祖父教炎武读军事学书籍和史书，是有很深的用意的。

当时东南地区的知识分子组织了一个团体叫复社，吟诗作文，议论时事，名气很大，炎武和他的好友归庄也参加了。两人脾气都有些怪，就得了"归奇顾怪"的外号。

炎武的祖父很留心时事，那时候还没有报纸，有一种政府公报叫《邸报》，是靠抄写流传的，到崇祯十一年（公元1638）才有活版印刷。炎武跟祖父读了泰昌元年（公元1620）以来的《邸报》，对国家大事有了丰富的知识。二十七岁时考乡试没有录取，他"感四国之多虞，耻经生之寡术"，发愤读书，遍览二十一史和全国州县志书、当代名人文集、章奏文册等等，单是志书就读了一千多部，抄录有关材料，以后还随时增补，著成两部书，一部叫《天下郡国利病书》，一部叫《肇域志》。《天下郡国利病书》着重记录各地疆域、形胜、水利、兵防、物产、赋税等资料。《肇域志》则记述地理形势和山川要塞。他晚年游历北方时，用两匹马、两匹骡装着书，到了关、河、塞、障，就访问老兵退卒，记录情况。说的有和过去知道不符合的，就立刻检书查对，力求记载的真实。他这种从实际出发，研究当前现实的学风，一反那个时代空谈性命，不务实际的学风。他这种治学精神、方法，为后来的学术界开辟了道路，指出了方向。

炎武从三十岁以后，读的经书、史书，都写有笔记，反复研究，经过长期的思索、改订，写成了著名的《日知录》。

顺治二年（1645年）五月，清兵渡长江，炎武到苏州参加了抗清斗争。清军围昆山，昆山人民合力拒守，城破，军民死了四万多人，炎武的好友吴其沆也牺牲了。炎武的母亲绝食自杀，临死时嘱咐炎武不要作异国臣子，不要忘了祖父的教训。炎武在军败、国亡、母死的惨痛、悲愤心情中，昂起头来，进行深入的隐蔽的反清斗争。这时期他写的诗如《秋山》:"北去三百舸,舸舸好红颜。"记录了清军掳掠妇女的惨状。"勾践栖山中,国人能致死,叹息思古人,存亡自今始。"以勾践复国自勉,表明了他爱国抗清的坚决意志。在以后的许多诗篇中,也经常流露出这种壮烈情感,如《又酬傅处士(山)次韵》:"时当汉腊遗臣祭,义激韩仇旧相家。""三户已亡熊绎国,一成犹启少康家。"如《五十初度时在昌平》:"远路不须愁日暮,老年终自望河清。"又如:"苍龙日暮还行雨,老树春深更着花。"都表明了他至老不衰的英雄气概。

明宗室福王由崧在南京称帝,改元弘光,任命炎武为兵部司务,炎武到过南京。福王被俘,唐王聿键在福建称监国,改元隆武。鲁王以海也在绍兴称监国。唐王遥授炎武为兵部职方司主事,炎武因母丧未葬不能去,不久,唐王也兵败被杀。鲁王流亡沿海一带。1647年秋天,炎武曾到沿海地方,和抗清力量联系。地方上有汉奸地主要陷害他,炎武不得已伪装成商人,奔走江、浙各地,前后五年。《流转》诗中说:"稍稍去鬓毛,改容作商贾,却念五年来,守此良辛苦,畏途穷水陆,仇雠在门户,故乡不可宿,飘然去其宇。"便是这几年间的事。

1655年发生了陆恩之狱。

陆恩是炎武家的世仆。在炎武出游时,投奔到官僚地主叶方恒家。炎武家庭经历丧乱,缺钱使用,把田产八百亩卖给叶家,叶方恒存心想吞并顾家产业,捐勒只给半价,这半价还不给钱,炎武讨了几年才给了一点。恰好陆恩得罪了主人,叶方恒便叫他出面告炎武通海,通海指的是和沿海抗清军事力量勾结,在当时是最大的罪名。炎武急了,便和家人设法擒住陆恩,扔进水里淹死了。陆恩的女婿又求叶方恒出面告状,用钱买通地方官,把炎武关在叶方恒家奴家里,情况十分危急。炎武的好友归庄只好求救于当时赫赫有名的汉奸官僚钱谦益,谦益说,这也不难,不过要他送一门生帖子才行。归庄知道炎武决不肯这样做,便代写了一个送去。炎武知道了,立刻叫人去要回来,要不回来,便在大街上贴通告,说并无此事。

谦益听了苦笑说，顾宁人真是倔强啊！后来炎武的另一朋友路泽溥认识兵备道，说明了情由，才把案子转到松江府，判处为主杀家奴，炎武才得脱祸。

叶方恒中过清朝进士，作过官，有钱有势，炎武和他结了仇，家乡再也住不下去了。1657年炎武四十五岁，决定到北方游历，一来避仇，二来也为了更广泛地结纳抗清志士，继续进行斗争。

从这一年起，炎武便仆仆风尘，奔走于山东、河北、山西、陕西等地。他的生活情况，在与潘次耕（耒）信中说："频年足迹所至，无三月之淹，友人赠以二马二骡，装驮书卷，一年之中，半宿旅店。"旅途的艰苦，《旅中》一诗说："久客仍流转，愁人独远征，釜遭行路夺，席与舍儿争，混迹同佣贩，甘心变姓名，寒依车下草，饥糁铈中羹……买臣降五十，何处谒承明？"他的心境，在《寄弟纾及友人江南》诗中说："自昔遘难初，城邑遭屠割，几同赵卒坑，独此一人活，既偷须臾生，讵敢辞播越，十年四五迁，今复客天末，田园已侵并，书卷亦剽夺，尚虞陷微文，雉罗不自脱。"是十分沉重、紧张的。

在游历中，结识了孙奇逢、徐夜、王宏撰、傅山、李中孚等爱国学者，李因笃、朱彝尊、毛奇龄等文人，观察了中原地区和塞外的地理形势，并且在山东章丘买了田产，在雁门之北，五台之东，和李因笃等二十多人集资垦荒，建立庐舍，作为进行隐蔽活动的基地。

1663年，南浔庄氏史案发，炎武的好友吴炎、潘柽章牵连被杀，炎武所藏史录、奏状一二千本借给吴潘两人的，也随同散失。庄廷鑨修史时，也曾托人邀请炎武参加，炎武看了情况，知道庄廷鑨没有学问，不肯留下。书刻版时没有列上炎武姓名，这才幸免于死。

五年后，莱州黄培诗狱案发，炎武又被牵连，从北京赶到山东投案。案情是莱州人姜元衡告发他的主人黄培写逆诗（反对清朝的诗），又揭发吴人陈济生所编《忠节录》，说这书是顾宁人编的，书上有名的牵连到三百多人。李因笃听到消息，立刻赶到北京告急营救，炎武的许多朋友也到济南帮忙，这时朱彝尊正在山东巡抚处作幕僚，几方面想法子，炎武打了半年官司，居然免祸，可也够危险了。

炎武虽然饱经忧患，跋涉半生，却勤勉好学，没有一天不读书，没有一天不抄书，蝇头行楷，万字如一。朋友们有时终日宴饮，他总是皱眉头，客人走了，叹口气说：可惜又是一天白白度过了。读的书越多，游历的地方越多，写的书也越多，名气也就越大。1671年熊赐履要举荐炎武助修《明史》，他当面拒绝说："果有此举，不为介推之逃，则为屈原之死矣。"1678年叶方蔼、韩菼又打算举荐炎武应博学鸿儒科，炎武坚决辞谢，一连给叶方蔼写了三封信，表明态度，叶方蔼知道不能勉强，方才作罢。为了避免这类麻烦，炎武从此再也不到北京来了。

公元1677年，炎武已经六十五岁了。从山东到陕西华阴，住王宏撰家。王宏撰替他盖了几间房子，决定在此定居。两年后写信告诉他的侄子说：陕西人喜欢经学，看重处士，主持清议，和他省人不同。在此买水田四五十亩，可以维持生活。华阴这地方是交通枢纽，就是不出门，也可以看到各方面来的人，知道各地方的事情。一旦局势有变化，跑进山里去守险，也不过十来里路。要是志在四方呢，一出关门，就可以掌握形势。从这封信可以看出，炎武之定居华阴，是和他的一生志愿抗清斗争密切相关的。

这时候，炎武的三个外甥都已做了大官，徐元文是顺治十六年（公元1659）状元，康熙十八年（公元1679）任《明史》监修总裁官，第二年任都察院左都御史。徐乾学是康熙九年（公元1670）探花，徐秉义是康熙十二年的探花。三兄弟在青年时都曾得到过炎武的资助和教育。他们看到舅父年老，流离外方，几次写信迎接炎武南归，答应给准备房子和田产，炎武回信坚决拒绝。他不但自己不肯受这几个清朝新贵的供养，连他的外甥要请他的得意门生潘耒去作门客，也去信劝止。义正词严地指出这些人官越大，门客越多，好巴结的人留下，刚正方直的人走开，他们不过要找一两个有学问的人在身边来遮丑而已。应该知道香的和臭的东西是不可以放在一个盒子里的，要记住白沙在泥，与之俱黑的话，不要和狎客豪奴混在一起才是。从这两件事，可以看出炎武的生性刚介和气节。

和他的为人一样，炎武做学问也是丝毫不苟的，总是拿最严格的要求来要求自己，从不自满。所著《音学五书》，前后历时三十多年，所过山川亭障，没有一天不带在身边。稿子改了五次，亲自抄写了三次，到刻版的时候，还改了许多地方。著名的《日知录》，1670年刻了八卷，过了六七年，他的学问进步了，检查旧作，深悔过去学问不博，见解不深，有很多缺点，又渐次增改，写成二十多卷。他很虚心，朋友中有指出书中错误的地方，便立刻改正。又十分郑重，有人问他近来《日知录》又写成几卷了，他说，别来一年，反复研究，只写得十几条。他认为知识是无穷无尽的，过去的成绩不可以骄傲，未来的成就更不可以限制自己。做学问不是一天天进步，便会一天天退步。个人独学，没有朋友帮助，就很难有成就，老是住在一个地方，见闻寡陋，也会习染而不自觉。对于自己在学术上的错误，从不宽恕，在给潘耒信上说：读书不多的人，轻易写书，一定会害了读者，像我《跋广韵》那篇文章便是例子。现在把它作废，重写一篇，送给你看，也记住我的过失。我生平所写的书，类此的也还很多，凡是存在徐家的旧作，可以一字不存。自己思量精力还不很衰，不一定就会死，再过些年，总可以搞出一个定本来。

对搜辑资料，也付出极大的努力。例如他在《金石文字记序》所说：我从年轻时就喜欢访求古人金石文字，那时还不很懂。后来读了欧阳修的《集古录》，才知道可以和史书相证明，阐幽表微，补阙正误，不止是文字之好而已。这二十年来，周游各地，所到名山、大镇、祠庙、伽蓝，无不寻求，登危峰，探窈壑，扪落石，履荒榛，伐颓垣，畚朽壤，只要发现可读的碑文，就亲手抄录，要是得到一篇为前人所没有看到的，往往喜欢得睡不着觉。对写作文字，态度也极为谨严，他立定宗旨，凡是文章不关联到学术的，和当代实际没有关系的，一概不写。并且慨叹像韩愈那样的人，假如只写《原道》、《原毁》、《争臣论》、《平淮西碑》、《张中丞传后叙》这几篇，其他捧死人骨头的铭状一概不写，那就真是近代的泰山北斗了！可惜他没有这样做。

他主张为人要"行己有耻"。有耻就是有气节，有骨头，做学问要"好古敏求"，要继承过去的遗产，努力钻研。对明代末期和当时的学风，他是很不以为然的，在《与友人论学书》里说："呜呼！士而不先言耻，则为无本之人，非好古而多闻，则为空虚之学。以无本之人而讲空虚之学，吾见其日从事于圣人而去之弥远也。"也正因为他这样主张，这样做，所以有些人叫他为怪，和他合不来。

炎武于康熙二十一年（公元1682）正月，因上马失足坠地，病死于山西曲沃，年七十岁。

（原载《人民日报》，1962年2月7日）

戚继光练兵

戚继光（公元1528—1587）是十六世纪后期抗倭的名将，谁都知道。但是他后来在北边十六年，训练边兵，保障国境安宁这一段史事，却为他自己以前抗倭的功绩所掩盖了，不大为人所知。

隆庆二年（公元1568），戚继光以都督同知被任命为总理蓟州、昌平、保定三镇练兵事，负责北边边防。

在抗倭战争时代，卫所官军腐朽了，不能打仗了。戚继光招募浙江金华义乌一带农民，教以击刺法，长短兵迭用；又以南方多水田薮泽，不利于驰逐，就根据地形，制定阵法；讲求武器精利，练成一支敢战能战的精兵，当时戚家军屡战屡胜的威名，是全国皆知的。

现在，他到北方来了，面对的地形有平原，有半险半易的地形，有山谷仄隘，各种地形都有。敌人呢，是擅长骑马射箭的，也和倭寇不同。用在南方打仗的一套办法来对付新的情况行吗？

经过调查研究，深思熟虑，他制定了一套新的训练办法。首先针对边军畏敌、争功的毛病，把军队重新加以组织，节制严明，有功必赏，有过必罚。行伍、旌旗、号令、行军、扎营都逐一规定了制度。每天下场操练，务要武艺娴熟。他指出："教练之法，自有正门，美观则不实用，实用则不美观。"专拿应付上官检阅那一套来对付敌人是不行的。

为了在防御战上取得优势，他采用了骑、步、车、辎重结合的战术。还制定了阵法，在不同地形都可运用。吸收了和倭寇作战的经验，采用了敌人的武器倭刀和鸟铳，把原来的火器"大将军"、佛朗机、快枪、火箭等都加以改进和提高。长短兵迭用的原则进一步得到发挥。

更重要的是使将士和全军都有共同的目标和信念，在练了两年兵，修筑了防御工事以后，他大会诸将，登坛讲话，三天之内把所有问题都讲透了，要诸将回去以后，传与军士，要人人信服，字字遵守，万人一心。同时编了一部书叫《练兵实纪》分发给每队，每队择一识字人诵训讲解，全队口念心记，充分地做好思想教育工作。

为了给废弛已久的边兵以纪律的榜样，他调来浙江兵三千，刚到便在郊外等候检阅，恰好这天下大雨，从早到晚一刻不停，三千兵像墙一样站着，没有一个乱动的，边军看了，大吃一惊，才懂得什么叫军令、军纪。

在戚继光以前，守边的将军十七年间换了十个，大都是打了败仗换的。戚继光在边镇十六年，敌人不敢入侵，北边安定。他走了以后，继任者继承他的成规，也保持了边方几十年的安定。

经验是从实践得来的，经过总结，提高成为理论。但是实际情况又千差万别，拿此时此地的经验硬应用于彼时彼地，就非碰壁不可。这里又有因时、因地、因人制宜的问题。戚继光在南方、北方军事上的成功，原因是善于从实践总结经验，更重要的是不以成功的经验硬用于不同的地点和敌人，而宁愿从头做起，以具有普遍性的理论原则来指导实践。在这一点上，戚继光练兵的故事在今天说来也还是可以给我们一些启示的。

（原载《人民日报》，1962年5月29日）

献身于祖国地理调查研究工作的徐霞客

要做好任何工作，都要有调查，有研究。

我国古代有不少著名学者，他们之所以能够取得成就，就是因为认真做好了调查研究工作。

十七世纪前期的地理学家徐霞客，以他的一生贡献给地理、地质科学的调查研究工作，写的《徐霞客游记》不但科学性强，文艺水平也很高，是研究祖国自然面貌的最珍贵的遗产。

徐霞客（公元1586—1641），名宏祖，字振之，霞客是他的别号，江苏江阴人。他家世世代代都是大地主，曾祖分家时分得田一万二千五百九十七亩，到祖父时家道中落，父亲和母亲时又成为大地主。霞客因为家庭生活优越，才能和当时的许多名人学者结交，收藏很多书籍，旅行各地，专心作地理、地质科学的调查研究工作。

霞客从二十二岁（公元1607）这年开始，便出外旅行，到过太湖、泰山、北京、南京、落迦山、天台山、雁宕（荡）山、白岳、黄山、武夷、九曲、庐山、仙游、嵩山、太华山、太和山、荆溪、勾曲、福建、罗浮山、盘山、五台山、恒山、江西、湖南、广西、贵州、云南等地，其中有些地方还去过多次，一直到死前几个月才因病从云南回家。概括地说，他的调查研究工作一直坚持了三十四年之久。

他有文学修养，文章和诗都写得好，但是，和一般地主家庭子弟不同，不参加考试，也不想做官。从儿童时起便喜欢读书，特别是地理书籍，心想到长大了便去游历名山大川，增长知识。到成年以后，认为过去的山经、地志，其中有些记载，由于没有经过实际调查，错误不少。特别是边疆地区，问题更多。要认识祖国的真正面貌，科学地记录地形地貌，一定要经过亲身观测考察。怀抱着这样的志愿，他开始了长期的艰苦的旅行生活。

他身体瘦长，面孔黑黑的，平时说话很少，但只要谈到山经、水脉、地理形势，便滔滔不绝了，像换了个人似的。有人告诉他什么地方应该去，他不说一声，第二天拔腿就走，过些日子回来，人家才知道他又旅行了一次了。在途中每天都写日记，详细记载这天所看到的事物，有时连续赶路，来不及每天写，也是抓住间息的机会补写。从他的游记看，五十二岁那年，还每天记千把字。当时著名学者钱谦益劝朋友印他的书，赞扬他："闻其文字质直，不事雕饰，又多载米盐琐屑，如甲乙账簿，此所以为世间真文字，万万不可改换，失却本来面目也。"从游记的文字看来，确是文字质直，生动流利，够得上世间真文字的评价。至于多载米盐琐屑如甲乙账簿，则不是事实。

潘耒序他的游记也说："向来山经地志之误，厘正无遗；奇踪异闻，应接不暇。然未尝有怪迂侈大之语，欺人以所不知，故吾于霞客之游，不服其阔远而服其精详，于霞客之书，不多其博辨而多其真实。"精详、真实、实事求是地记录所见，是徐霞客研究学问最可宝贵的特色。

当时交通条件是很困难的，除了水路坐木船，陆路有时可以骑马以外，主要是靠步行。霞客身体好，很能走路。一根手杖，一副被服就上路，不一定走官路，只要有值得去的地方，便迂回屈曲去找，先看清山脉如何去来，水脉如何分合，了解大势以后，再一丘一壑，支搜节讨。登山不一定要有路，荒榛密菁，穿着过去；渡水也不一定在渡口，冲湍恶泷，走着过去；越是危峰，越要爬到峰顶；越是深洞，也不放过一个支洞，像蛇行猿挂那样，都要走到；走到没有路时也不害怕，耽误了时间不后悔；没地方睡就睡在树底下，石头边边，饿了吃草木的果实；不避风雨，不怕虎狼，不算时间，也不要伴侣；也能忍饿几天，不挑嘴吃，什么东西都可以吃饱。遇见困难不丧气，在西南旅行时，几次被强盗抢劫，跟的人也偷跑了，盘缠没有了，也不肯半途而废。同游僧静闻被强盗杀伤病死，遗嘱希望葬在云南鸡足山，不管怎样困难，他完成了亡友的志愿。沿途遇见正直的文人、官吏、僧侣都一见如故，政治品质不好的便拒绝来往。盘缠断绝了，接受朋友的馈赠，但是，有一个官僚要送他使用国家交通工具的邮符（免票），却毫不迟疑地拒绝了。

徐霞客有坚定的决心和毅力，不达目的决不罢休。游雁宕（荡）山时，拿一根手杖，在深草中攀援，一步一喘，爬到顶上。游黄山时，山上很陡，雪很深，背阴处结了冰，滑得无法上，他首先上去，拿手杖凿冰，凿了一个孔，容一只脚，再凿一个容另一只脚，就这样，一面凿孔一面上，终于上了最高峰。游武夷山时，看到一个岩山很奇怪，上下都是绝壁，只有一个横坳可以通过，他便伏身蛇行，盘旋而入，胸背都抵住岩石，毕竟爬过去了。游嵩山时，到了炼丹台，再上便是石脊，没有寸土，危崖万级，他手脚并用，爬了七里，才到主峰。游湖南时，为了调查潇郴二水的水源，上了三分岭石麓，峻削得站不住脚，只好攀援深菁，不能抬头，也不能平行，爬了十里路，天快黑了，只好找棵松树，除去丛菁，开辟块巴掌大地方休息。山高没有水，有火也煮不了饭，只好砍除大木，烧起营火，到天黑时，吼风大作，火星飞舞空中，火焰忽高忽低，忽左忽右，确是奇观，连肚子饿也忘记了。一会儿下雨了，雨越大，风越强，伞遮不住，幸亏火大，还受得住，一直下到快天亮，火也灭了。这一年霞客已经是五十二岁的人了。到云南游石房洞，远远看到层崖上面，有个东向的洞，想爬上去没有路，不上去呢又舍不得，还是决心仰攀而上，崖面陡削，爬了半里之后，土松站不住脚，就用手攀草根，过一会草根也松了，幸而有了石头，可是不扎实，踩着就碎，抓住也碎，费了好大事，爬上一块稍粘的石壁了，全身贴着，一动也不能动，要上抓不住东西，想下也下不来。霞客一辈子经历过多少危险，都比不上这次，因为别处有峭壁，却没有这样松的土，流土也有，却没有这样松的石头。紧张了好一会，试着两手两脚挨的石头都不动了,才悬空移一只手,跟着悬空移一只脚,再接着移一只手、一只脚,幸好石头不松了,但是,全身力气却使完了,要掉下来了,这时,霞客使尽全身力气,拼命攀登,最后,他上去了。

他不信神鬼,例如游茶陵麻叶洞时,找了向导,拿了火把,却没有人敢带路,说是洞里有神龙奇鬼,没有法术是进去不得的。最后用很多钱说服了一个向导,要脱衣服时,向导知道霞客是读书人不是法师,吓了一跳说:我以为你是法师,才敢领路,你不是,我这条命赔不起!又不干了。霞客不管,就自己拿火把进去,作了精密的观察。回到洞口时,火把也灭了,在洞口看的几十人都说奇怪,以为霞客好久不出来,准是被鬼吃掉了。霞客向众人道了谢,却认为这个洞入口虽窄,里面的情况,却好到从来没有见过,不知道本地人为什么这样害怕。游郁林白石山时,记载说山北有漱玉泉,靠晚时庙里敲钟打鼓,泉水就会沸腾起来,钟鼓声停,泉水就安定下来了。霞客认为奇怪,到了白玉寺,才知道寺里的人连漱玉泉的名字都不知道,更不用说泉水沸腾了。

曲靖的白石江,流量少,只有几丈宽,霞客在亲身检验了以后,指出历史记载明初沐英在这里战败敌军,关于地势险要的描写是夸大的,不符合实际的。

在西南地区的考察,广西、贵州、湖南西南部、云南东南部的山都是纯质石灰岩,支水多潜流,山成圆锥形,他用"石峰离立,分行竞奋"来形容这种现象。从南宁到新宁的水路,他注意到:"不特石山最胜,而石岸尤奇,盖江流击山,山削成壁,流回沙转,云根进出,或错立波心,或飞嵌水面,皆洞壑层开,肤痕縠绉,江既善折,岸石与山辅之恐后,益使江山两擅其奇。"说出了河流侵蚀的原理。

经过实地调查研究,他写了有名的《盘江考》,有了新的发见,改正了过去记载的若干错误。又指出腾越的打鹰山,山顶有潭,是火山的遗迹。

由于到云南丽江、大理等地的考察,他第一次发见礼社(红河)、澜沧、潞江是三个江，分道入南海。知道了金沙江的北源。订正了旧记载上许多水系的错误。特别是他的《江源考》第一次指出金沙江是扬子江的上游，是我国地理学地图学上最重要的发见。综合这些发见，他指出弄清水系的一条原理："分而歧之名愈棼，会而贯之脉自见。"

徐霞客是个乐观主义者，在云南各地旅行时，曾两次绝粮，毫不着急，有朋友请他喝酒，他回信说，一百杯酒抵不上一升粮，还是送点吃的吧。爬石房山这一天，他只有三十个铜钱，只够一天吃的。不料爬山下来，钱丢光了。只好拿身上的褶、袜、裙三件东西，挂在寓所门口拍卖。等了好久，才有人拿二百多钱买了绸裙子去。霞客很高兴，立刻买酒买肉，吃饱了，又趁傍晚去探尖峰之胜了。

在云南鸡足山时，跟他多年的顾姓家人，突然把他的所有东西都卷逃了，有人劝派人去追，他说："不必，一来追不上，二来追上了也不能强迫使其回来，只好算了。只是离家三年了，两人形影相依，忽然把我丢在万里之外，也未免太狠心了。"据游记的题记说，游记有一段缺了十九天，这些天的情况，曾经问过霞客从游的人。由此看来，这个顾姓是逃回家去的，徐霞客回去以后，看来也没有对这件事加以追究。

徐霞客的一生精力，完全用于地理、地质科学的调查研究上，他细心，认真，实事求是，刻苦钻研，走遍万里路，扩大了眼界，提高了当时这门科学的水平，正如潘耒所称赞的："亘古以来，一人而已。"又说他在西南地区的考察，"实中土人创辟之事"。是前人所从来没有做过的事业。

今年是徐霞客逝世的三百二十周年，我们纪念这个著名的学者，就应该学习他的献身于学术研究，认真作调查研究工作，实事求是，努力提高科学水平的优良学风，和文字质直、生动流利的文风。

（原载《北京日报》，1961年5月5日）

赵括和马谡

我国历史是无比丰富的宝藏，其中包括有成功的经验，也包括有失败的经验。

只有书本知识，缺乏或者没有生产、阶级斗争知识的知识分子，是半知识分子。这种人的特点是不从具体出发，不联系实际，夸夸其谈，卖弄书本上的知识，哗众取宠。等到一接触实际，用书本知识生搬硬套，根据主观的愿望、想象去改变客观的实际，结果没有一个不摔跟头的，结果不但害了自己，还害了别人，害了国家。

这里举赵括和马谡两个例子。

赵括的父亲赵奢是赵国的名将，公元前270年，秦攻韩，围阏与，赵救韩，赵奢大破秦军，立下赫赫的战功，赐号为马服君。

十年以后，公元前260年，秦军又大举攻赵，赵国派老将廉颇拒秦军于长平（今山西高平县西北二十里王报村）。廉颇看到秦军攻势凶猛，便下令坚守，秦军挑战，廉颇也不肯应战。廉颇富有军事经验，决定坚壁固守，等到秦军士气疲惫，再找秦军的弱点进攻，这个主张是完全正确，符合双方实际情况的。秦军看到这种形势，不能取胜，便派间谍造谣说，秦军最怕的是马服君的儿子赵括，此人为将，秦军必败，赵王听了，便召回廉颇，派赵括作拒秦的大将。

赵括小时很聪明，学习兵法，说得头头是道，没有人能超过他。有时候和他父亲辩论，赵奢也说他不过。赵奢很不以这个儿子为然，对老婆说：打仗是有关生死存亡的大事，可是赵括说得那样轻易，今后赵国不用赵括作将军，倒也罢了，如用作将军，破赵军的一定是他。赵奢死后，赵括的母亲牢牢记住这番话。

赵王用赵括作大将，大臣蔺相如已经病重，极力反对，对赵王说：你用虚名使赵括为将，正像要鼓瑟却把弦和瑟柱用胶粘合了。赵括只会读他父亲的书传，只有书本、理论知识，却不会在实践中运用、变化，万万不可。赵王不听。

赵括的母亲也坚决反对，对赵王说赵括不可为将，理由是赵奢为将时和将吏团结得很好，所有赏赐都分给军吏士大夫，受命以后，不问家事。现在赵括呢？受命以后，威风得很，会见诸将，诸将不敢仰视，大王赏赐的金帛，都收在家里，成天买田产、房子。你看他比得上他父亲吗？父子两条心，请你不要让他带兵。赵王说，你别管，我的主意打定了。赵括的母亲便提出，你一定要让他去打仗，打了败仗，可不要连累我。赵王答应了。

赵括一到前线，就改变了廉颇的战略、军令，换了领军大将。秦将白起知道了，便派出一支奇兵，假装败走，却从后方断绝了赵军的粮道，把赵国大军切断为二，赵军士卒离心，过了四十多天，军粮断绝，士卒挨饿，赵括只好亲自带领精军搏战，秦军射杀赵括，赵军大败投降，白起下令把赵军一律坑杀，赵军前后损失四十五万人，这便是历史上著名的长平之战。

赵括的母亲因为有言在先，没有因为儿子军败被杀。

另一个例子是马谡，京戏里演的《失街亭》，就是他的故事。

街亭在今甘肃秦安县东北，地势很险要。

蜀建兴六年（公元228），诸葛亮率兵出祁山攻魏，军威很盛，天水、南安、安定诸郡都响应蜀军，蜀军先锋是马谡，魏遣大将张郃拒战。

马谡字幼常，襄阳宜城人。才器过人，喜欢谈论军事。建兴三年诸葛亮进军云南，马谡建议用兵之道，攻心为上，光用兵力消灭对方，不只不人道，而且军退之后，云南人民又会起来反抗的，主要的要做到使南人心服，才能巩固后方。这意见很对，诸葛亮很重视。对孟获的战争就是根据这个策略解决的。但是刘备却看出马谡的弱点，临死前嘱咐诸葛亮：马谡言过其实，不可大用，你要注意。诸葛亮不以为然，用马谡作参军，和他谈论军事，有时谈到天亮。

街亭之役，军中都认为大将魏延、吴壹等有战争经验，该作先锋。诸葛亮不听，以马谡为先锋。这年马谡三十九岁。

马谡没有战争的实际知识，也没有指挥军队、临机应变的经验，自以为精通兵法，不听诸葛亮所指授的军事措施，率军抢据街亭山头，远离水道，军令前后不一，举措烦扰，副将王平据理力争，也坚决不听。魏将张郃率军隔断了蜀军的水源，四面包抄，蜀军大败，只有王平所领千人，整顿部队，大擂战鼓，张郃疑有伏兵，不敢进逼，王平领军徐徐而还。这一仗打败了，诸葛亮进无所据，只好退军回到汉中。追究战败责任，按军法把马谡杀了，诸葛亮十分痛惜，哭了一场，军士们也禁不住哭了。

这两件事都是历史上有名的教训，赵括和马谡都是好人，不是坏人，他们的主观愿望都是要办好事情的。却吃了主观主义的亏，吃了教条主义的亏，自以为是，光凭书本知识、理论知识，不顾客观形势，不听有实践经验人们的劝告，结果是摔了大跟头。这是典型的知识分子空谈因而失败的教训，知识分子不联系实际，结合实际的教训，知识分子缺乏实际斗争经验，光凭书本上的理论，自以为是，因而失败，害己、害人、误国的教训。时间虽然隔得很久了，今天来重温这些教训，看来还是有益的。

（原载《前线》第2期，1962年）

文天祥的骨气

我们中国人是有骨气的。

有骨气是我们优良的民族传统，历史上有数不清的有骨气的人物，文天祥是其中之一。

公元1276年，元将伯颜统军进攻临安（今浙江杭州，南宋首都），驻军皋亭山（离杭州三十里）。宋朝宰相陈宜中逃跑了。文天祥受命于民族危机最严重的时刻，拜右丞相，奉命到元军讲和，他毅然决然到敌人军中，和伯颜当面争论，被拘留押送去大都（今北京）。途中经过镇江，设计逃脱，经历了许多艰险，回到浙江台州，又立刻招募军队，进行抗敌的坚决斗争。

南宋景炎二年（1277年）七月，文天祥兵败于江西永丰空坑，妻女都被俘虏。但他并不丧气，跌倒了，爬起来，揩干血迹，再干。又组织队伍，继续斗争。祥兴元年（1278年）十二月从广东潮阳移驻海丰的途中，被敌军袭击，军溃被俘。

文天祥早有了准备，宁死也不肯屈服。被俘后立刻服了脑子（毒药），他原来害眼病，不料大泻了一场，不但没有死，连眼病也好了。

在从广州被押解到大都的路上，他绝食了八天，没有死。过长江时，设计逃跑没有成功。到大都后，被囚在一个低窄的土室里，阴暗污浊，下雨时水漂床脚，暑热时像个蒸笼，秽气触鼻，人不能堪，他就在这里被拘囚到至元十九年（1282年）十二月，始终没有低头，在柴市就义。

被俘后，元将张弘范要他写信招降宋将张世杰，天祥说："我不能救国，难道还能教人叛国？"弘范还是强迫他写，天祥就写了一首《过零丁洋》诗，末两句是："人生自古谁无死，留取丹心照汗青。"弘范只好作罢。

崖山军溃，陆秀夫、张世杰殉国，宋亡。张弘范大会诸将庆功，劝文天祥说，宋已亡了，你的责任也尽了。要是你能够以事宋的忠心来事元朝，元朝的宰相不是你，还有谁呢？天祥痛哭流涕，誓死拒绝。

在大都被拘留期间，元朝派宰相孛罗、阿合马，劝他投降，最后派投降的宋朝皇帝瀛国公来，都说不动他。宋朝降官留梦炎求说降，被文天祥痛骂一顿。至元十九年（1282年）十二月初八日，元朝皇帝忽必烈亲自来当说客了，说，"汝在此久，如能改心易虑，以事亡宋者事我，当令汝中书省一处坐。"答应他当宰相，天祥答以不愿事二姓。忽必烈问他愿作什么，天祥说："愿与一死足矣。"第二天，他便被杀了。衣带中藏有预先写好的赞："孔曰成仁，孟曰取义，惟其义尽，所以仁至，读圣贤书，所学何事？而今而后，庶几无愧！"

文天祥是宋朝的状元宰相，声望很高。他一向生活豪侈，自奉甚厚，歌儿舞女，不离左右，到了元军大举过江，临安危急的时候，立刻改变生活方式，朴素节约，把所有家产都作为抗元军费，一心一意保卫家国，屡败屡起，毫不气馁，对当时的知识分子和爱国人民号召力很大。元朝政府想利用他的声望，许以高官厚禄，来收拾南宋的人心，减少抵抗，文天祥却不为所动，第一坚决不投降，第二只要求一死，对于连死都不怕的人，敌人的一切威胁、折磨、利诱的手段，便毫无作用了，在这一点上，失败的是元朝政府，文天祥是胜利者，表现了我们民族的英雄气概。

文天祥不止在政治大节上表现了坚强的骨气，在礼节和生活上也和敌人进行了顽强的斗争。

在封建社会里，幼少对尊长，下属见长官，跪拜是当然的礼节。

但是文天祥藐视敌人，无论如何不肯屈膝。在皋亭山和元将伯颜见面时，只是长揖。被俘后见张弘范，断然决然地说，我只能死，不能拜，弘范只好以客礼相见。到大都后，见孛罗丞相，要他跪，他说：南人不能跪。孛罗的左右按着他跪，他索性坐在地上，许多人按他的脖子，牵他的手，用膝盖顶他的背，还是不跪。阿合马来说降，只是长揖。阿合马说：你知道我是谁？天祥说：他们说是宰相。阿合马说：既知是宰相，何以不跪？天祥说：南朝宰相见北朝宰相，为什么要跪？阿合马对左右说：此人生死尚由我。天祥说：亡国之人，要杀便杀，道甚由你不由你。阿合马只好默然而去。最后和忽必烈见面，还是长揖不拜，卫士们一定要他跪，按着他不行，用金挝敲他的膝盖，天祥受了伤，还是坚立不动。他在强大的敌人面前，始终一贯地表现了英雄气概。

甚至在生活上也进行了斗争，他不吃敌人供应的饭。

他一到大都，元朝政府十分款待，住的吃的都像对上宾一样。天祥不睡不吃，坚决抵抗。后来囚在土室，敌人把他所带的银钱封存，每天从他自己的存款中拨钞一钱五分为饮食费，就这样过了四年。宋朝降官王积翁感他的忠义，经常给他送钱。宋福王与芮也托王积翁送来一百两银子。王积翁还向忽必烈建议说：文天祥是宋朝状元宰相，忠于所事。假若把他放了，好好礼待，亦可以为人臣好样子。忽必烈想了一会，说：且令千户所好好与茶饭者。天祥知道了，叫人告诉王积翁：我几年来都不吃敌人供应的饭，你这样做，我只好绝食了！王积翁怕他真的绝食，再也不敢说了。

总之，文天祥在被拘囚的几年内，利用一切机会，对敌人进行了顽强的不屈的斗争，表现了伟大的民族气节。

孟子说过："富贵不能淫，贫贱不能移，威武不能屈，此之谓大丈夫！"这三句话文天祥是完全当之无愧的，他是我国历史上的大丈夫，是继承民族优良传统的有骨气的人，是民族英雄。

（原载《中国青年报》，1962年9月4日）

谈曹操

一、谈的意义

这些天来，一碰见人就谈曹操，大家兴致很高，甚至在会场上，会前，会后，中间休息的时候，谈的都是曹操。有的说他是好人，有的说是坏人，也有人说一半一半，一半好人，一半坏人。议论很多，文章也不少，人人各抒己见。正是春暖花开的时候，有了谈曹操这样一个好题目，学术界也在百花齐放了，春色满园关不住，好得很。

好人坏人的争论，不止是曹操，历史上许多人物都有。不止是大人，小孩子也有。小孩看戏，红脸白脸上场，故事没看懂，先问这是好人坏人，弄清楚了再决定喜欢哪一个。有些剧中人，凭脸谱可以信口回答，但是一问到曹操，就不是那么简单了。

历史上著名人物很多，数不清，也记不清。有些人物尽管大，但是人们还是不熟悉。曹操可不一样，名气最大，从北宋一直到今天，数他的熟人多，从小孩到大人，从城市到乡村，只要听过故事看过戏的，谁都认得他那副大白花脸。风头最足，挨骂也最久。"说曹操，曹操就到"这句话，在哪儿都可以听到。

记载曹操事迹的书，主要是《三国志》，但是看的人不很多。自从北宋的讲史，说三国故事，元明以来的《三国演义》，清朝后期的三国戏流行以后，曹操便成为妇孺皆知的人物了。印刷术和戏剧事业发展了，识字的人看小说，不识字的人看戏，通过这些，广大人民吸取了有关祖国发展的历史知识。文学家和艺术家们逐步地塑造成功现代舞台上的曹操脸谱，使得曹操这一名字在群众语言中有了特定的含义。

描写曹操的小说、戏剧，成功地影响了人民群众；人民群众的爱憎又反回来影响了小说、戏剧，这种不断的反复影响，曹操在人民群众中成为定型的人物，坏人的典型。说也奇怪，尽管坏，却并不讨人厌，人们喜欢看曹操的戏。

我们的祖先骂了曹操一千年，如今，我们却来翻案。

这个案不大好翻，因为曹操有悠久的深远的广大的群众基础，小说和戏文已经替他定了型，换一个脸孔，人家会不认得，戏也不好演。譬如《捉放曹》这出戏，曹操如改成须生出场，便只好和吕伯奢痛饮三杯，对唱一场，拱手而下，没有矛盾了，动不得武，杀不得人，还成什么《捉放曹》？

不好翻则不翻之，乱翻把好戏都翻乱了，要不得，我看，旧戏以不翻为好。况且，何必性急，曹操已经挨了一千年的骂，再多挨些年，看来也没有什么不可以。而且，还有一个办法，唱对台戏，与其改旧戏，何如写新戏，另起炉灶，新编说曹操好话的戏，新编我们这个时代的曹操戏，有何不可。

另一面，说不好翻，也好翻。我们需要一本好历史书，历史上有许多许多问题都需要翻案。应用新的观点，从历史事实本身，重新估价曹操在历史上的地位，肯定他在历史上的作用，研究曹操，研究三国时代的历史，发表些文章，写些书，逐渐改变人民群众对曹操的看法，不也就翻过来了？

再过些时候，舞台上的曹操也会跟着起变化，我相信会是这样的。

从曹操这个人物的重新评价开始，将会引起历史上其他人物的重新评价，从讨论曹操这个人物开始，将会引起人们对祖国历史的学习兴趣，那么，为什么不谈呢？

二、奸雄、能臣

最早对曹操评论的两个人，一个是桥玄，一个是许劭。桥玄称他为命世之才，能安天下。许劭说他是治世之能臣，乱世之奸雄。两人的说法不同，意思是一样的，总之，都很佩服他。

奸雄这一鉴定是许劭的创造，后来许多关于曹操的评论，大体和这一创造有关。

这两句话的意义，第一，治和乱是相对的，能臣和奸雄却指的是同一个人。第二，无论乱世治世指的都是曹操所处的时代。第三，曹操的人格有两面性，有能臣的一面，有奸雄的一面，也就是有好的一面，坏的一面，有优点，也有缺点。

我基本上赞成他们的话，认为公道。问题只是一个奸字。

奸是对忠而说的。对谁奸、忠呢？从当时当地的人来说，对象是汉朝皇帝，是刘家。从当时当地汉朝的臣民说，对汉朝、对刘家不忠的是奸臣。但从整个历史，从此时此地的人来说，一非汉朝臣民，二非汉帝近属，硬派曹操奸臣帽子，为汉献帝呼冤，岂非没有道理之至。

但是，问题也不简单，尽管过了多少朝代，甚至到了今天，还是有人对曹操夺取刘家政权有意见，岂不可怪。

说怪，其实不怪，其中有个道理。

原来国家这一观念是近代才形成的，古代的人对国家的观念并不那样具体。比较具体的象征是皇帝，有了皇帝，也就有了政府了，有了法制了，也就会有统一的安定的局面。没有皇帝，没有政府，没有法制，天下就大乱了。因此，忠君爱国四个字总是连用的。要爱国就得忠君，不忠君也就是不爱国，皇帝没有了，也就失去了忠、爱的对象，也就失去了和平、统一、安定的秩序。至于皇帝是什么人，什么样子，那倒关系不大。重要的是要有一个统一的政府和法制。

从秦始皇统一以来，二世残暴，统治时间短，秦亡，没有听说有人要复秦的。但从汉朝起，情况不同了，刘家统治了几百年，维持了几百年和平、统一、安定的生活秩序。在这几百年中，在人民中建立了这样一个信念，要生活安定，就得统一，要统一就得要有皇帝，而且只有刘家的才算。王莽也作过皇帝，但是不行，搞得天下大乱。后来刘秀起来了，是刘家子孙，又维持了许多年代。东汉末年，政治腐烂得实在不像话，人民忍受不住，起来闹革命，黄巾大起义，被政府军队和地主武装残酷镇压，失败了，造成地主武装割据地方，连年混战的局面。到处是屯、坞、堡、壁，这一州，那一郡，这一个军事集团，那一个军事集团，打来打去，百姓流离，饿死道路，妻离子散，田畴荒芜，人民吃够了苦头，普遍的要求是统一、安定和平的生活。在这种情况下，汉朝皇帝这一象征成为人民向心的力量。忠于皇帝也就是爱国。

曹操掌握了汉献帝这一工具，组织了强而有力的政府，颁布限制豪强的法令，也就适应了广大人民要求统一和平的愿望，符合了时代要求。当时的中原豪族，衣冠子弟，中小地主都被吸引在曹操周围，挟天子以令诸侯，造成了瓦解敌人的军事优势，壮大了力量。巩固了统治。同时，通过这一工具的利用，也继承了汉朝的政治遗产，利用了汉朝的政治机构和人才，逐步建立安定的秩序，颁布法律，发展生产，得到人民的护拥。

同样，江东孙权这一家，虽然割据江东，却还用汉朝官号，用这块招牌办事。四川的刘备更是自称汉朝子孙，用这牌号来骂曹操是国贼。直到曹丕称帝以后，这两家才先后称帝。

以后历史上，唐朝亡了，少数民族的李存岛还称唐，宋亡后几十年，韩林儿起义还冒称是宋徽宗子孙，明亡了，鲁王、桂王还在沿海和西南地区继续抵抗，并且都取得人民支持，道理就是这样。

要说曹操挟汉帝就是奸臣，那么，反过来，曹操不挟，汉朝早完了。曹操用上这块招牌，从公元196年到220年，汉朝多延续了二十五年。要是曹操不挟,如他自己所说的,正不知有几人称帝,几人称王,中原地区的分裂割据局面延长了,对人民有什么好处?

正因为人心思汉,汉家这块牌号还可以继续利用,曹操一生不称帝,周文王是他的榜样。到曹丕继位,经过曹操二十多年的经营,内部巩固了,另一面,吴、蜀一时也打不下来,才摘了旧招牌,另起牌号。

总之,曹操这顶奸雄帽子,是扣死在和汉献帝的关系上面的。过去九百多年都骂他作奸臣,是由于过去的封建体制、封建道德所起的作用。今天,评价曹操,应该从他对当时人民所起的作用来算账,是推动时代进步呢,还是相反?

我以为奸雄的奸字,这个帽子是可以摘掉的。这个案是可以翻的。

至于曹操镇压黄巾起义的问题,也有不同的意见。镇压、屠杀黄巾是坏事,是罪恶。但是,也应该分别来看,第一不能以曹操曾经镇压黄巾就否定他在这一时代所曾起的作用;第二曹操的对手刘备和孙家父子都是镇压黄巾起家的;人们骂曹操,却同情刘备,称孙家父子是英雄,同样的凶手,袒刘、孙而单骂曹操,这是不公道的。

除此以外,曹操还犯了不少罪,一是攻伐徐州,坑杀男女数万口于泗水、屠虑、睢陵、夏丘诸县;二是官渡之战,坑杀袁绍降卒八万人;三是以私怨杀崔琰、华佗等人。

至于《捉放曹》杀吕伯奢全家这一件恶名昭著的坏事,倒应该有所分析。据《三国志》注有三说。一是《世语》,说吕伯奢不在,五个儿子在家招待,曹操疑心他们谋害,夜杀一家八人逃走。一是孙盛《杂记》,说是曹操听见吕家吃饭家具响声,以为要暗害他,就杀人逃走。还自言自语说:"宁我负人,无人负我。"《捉放曹》是综合这两说编成戏的。其实孙盛的话就有漏洞,人都杀光了,自言自语的两句话是谁听见的?第三说是《魏书》,说吕伯奢的儿子和宾客抢劫曹操的马匹衣物,被曹操杀了几个人。这一说对曹操最有利,但偏偏不用。从历史事实说,裴松之是很小心的，把《魏书》的说法引在第一，三说平列，不加论断。从时代先后说，孙盛是晋朝人，他记的史事一定就比《魏书》正确，也是值得怀疑的。

三、统一的努力

从秦到汉末，四百多年时间，全国的经济中心是中原地区。不论是农业生产、水利、蚕桑、冶铁等等方面，都占全国较大的比重。由于经济的发展，文化水平也相应地提高，讲经学的、文学的、艺术的人才荟萃，汉末的郑玄、卢植、蔡邕、管宁、邴原等人都是门徒千百数，他们所住的地方，都成为一时的学术中心。政治中心如洛阳、长安、邺、许都在北方，集中了全国各方面的人才。

东汉后期的政治局面，是以皇帝为中心的统治阶级内部的两个集团的互相倾轧。一个集团是宦官领导的，有些寒门的地主阶级分子在他们的周围，极盛时连名门的人也钻进去了。另一个是地方豪族、名门和太学生，名望高，人数众多，却没有军事实力。曹操、袁绍、袁术等人都参加了后一集团。袁绍、袁术家世显贵，是名门豪族，号召力量很大，曹操的家世虽然有人作官，却因为出自宦官，算不得名门，有点寒伧，抬不起头。名门豪族有政治威望，有的要自立门户，有的勉强敷衍，不肯和他合作。以此，曹操有了军事实力以后，便有意识地打击当时的名门豪族，扶植培养寒门子弟和中小地主，作为他依靠的力量。

曹操的军事力量，主要的是他自己的部曲。公元189年他东归到陈留，散家财，合义兵，陈留孝廉卫兹也以家资帮助，有兵五千人。其中夏侯惇、夏侯渊、曹仁、曹洪等名将都是他的亲戚、子弟。其次是各地地主的部曲，如李典从父乾合宾客数千家在乘氏，吕虔将家兵守湖陆，许褚聚少年及宗族数千家坚壁，这些地主都是和黄巾作战的，打不过就投奔到武装力量较大的曹操这边来。部曲战时从征，平时的给养得自己想办法，不归郡县管辖，称为兵家。另一支较大的兵力叫青州军，是把黄巾军改编的。跟他打了二十多年仗，220年曹操死，青州军惊惶失措，以为天下又要大乱了，打起鼓来就向东开发，回到老家去，差一点出乱子。

总之，曹操的军事力量是以部曲为主组成的，部曲首领都是地主，数量最大的是中小地主。

吴、蜀的情况也是一样。

吴、蜀地区和中原相比，是比较后开发的地区。从汉武帝以后，这两个地区的经济情况在逐步上升。黄巾起义以来，中原残破，中原人士成批地流亡到南边来，人力的增加和生产技术，文化、学术的传播都促进了这两个地区的发展。东吴开发山越地区，政令直达交州，有海口，发展对外贸易；刘蜀安定后方，取得少数民族支持，屯田前线，进可以攻，退可以守。在经济上文化上都有了很大的进步，可以站得住脚了。

这样，曹操统一的努力，就遭遇到极大的阻力。打了三十年仗，只能够完成部分的统一事业。

中原地区的农民是渴望统一的，不但是为了安定的秩序和正常的生产，也为的是不打仗了，可以不服兵役，可以减轻军事供应负担。上层的文官谋士是要求统一的，不但统一的观念深入人心，对他们来说，统一也只会带来好处。部曲主是坚决主张统一的，统一了会更壮大自己的队伍，提高地位，有利于部曲的给养。农民、豪族、官僚、武将虽然彼此间的利害不同，但是对于统一的要求是一致的。

吴、蜀的情况正好相反，换了一个新主人，当地的农民已经有了比较安定的生产环境了。部曲主则坚决反对统一，因为统一的结果将使他们丧失部曲和分地，将使他们送家小到曹操那儿作抵押，离开故乡故土。吴、蜀的统治者也是一样，失去统治地位，听人安排。只有一部分从中原来的文士官僚们，他们在哪儿都作官，投降了还可升官封侯，因之，他们是主张投降的,但数量很少,形成不了一种强大的力量。

曹操努力统一全国的事业,虽然得到中原地区人民的支持,但是,面对着吴、蜀的坚决抵抗,终于不能成功。

尽管曹操不能及身完成全国统一事业,但是,他毕竟在他所统一的地区做了不少好事,不但安定了秩序,也促进了生产,繁荣了文化,推动了时代进步。

和袁绍相比,袁绍是代表大地主阶级利益的,曹操正好相反。袁绍宠信审配、逢纪等人,这些有权势的人拼命搜括,邺破时,这些家都被抄家了,家财货物都以万数。曹操指责袁绍:"袁氏之治也,使豪强擅恣,亲戚兼并,下民贫弱,代出租赋,衒鬻家财,不足应命。"他制定制裁豪强兼并之法,并规定收田租亩四升,户出绢二匹、棉二斤。其他的不许擅兴发,责成郡国守相检察。百姓很高兴。

曹操安定冀州的例子,说明了他在中原地区的基本措施。当时农民从大地主的兼并下解放出来,有了定额的租赋,无论如何,比之过去代出大地主租赋,郡国守相要什么就得供应什么的情况,是不同了,这对于当时的生产力的发展,无疑是起了很大作用的。

除在政治上抑豪强之外,他还进行了许多增产措施,如屯田,如推广稻田,改进工具等等。

从公元196年开始,曹操大兴屯田。募民许下耕种,得谷百万斛,以后逐步推广到沛、扬州、淮南、芍陂等地;郡国创制田官,有典农中郎将、典农都尉等,专职领导,自成系统。"五年中仓廪丰实,百姓竞劝乐业。"明帝时人追说屯田之利说:"建安中仓廪充实,百姓殷足。"屯田的成绩不但供应了前线的军食,还增加了生产,减轻了农民的负担,节省了农民远道运输的劳力。百姓比以前富足了。

和屯田并举的是推广稻田。如郑浑在下蔡,课民耕桑,兼开稻田,又于阳平、沛二郡兴陂竭,开稻田,功成后亩岁增租八倍。刘馥在扬州,治芍陂及茹陂、七门、吴塘诸竭,以溉稻田。刘靖在河北,修戾陵渠大竭,灌蓟南北,种稻田,边民蒙利。后来皇甫隆在敦煌,教农民用水灌溉,作耧犁,省了一半劳力,增加了一半收成。

生产工具的改进,如监冶谒者韩暨改马排为水排,省马排用马百匹,利益三倍于前等等。

这些措施都是对人民有利的。

在这基础上,公元202年,曹操下令兴建学校,县满五百户,置校官,也正是在这基础上,他奖励文学艺术的创作,招集文士。他自己手不释书,白天讲武,晚上研读经传,登高必赋,制造新诗,被之弦管。建安文学的形成,他是有诱掖奖进的功劳的。

在政治上,他也采取抑豪强的方针,东汉两个最大的家族,袁杨两家,都是四世作公的。袁家兄弟破灭,杨家杨修有才,又是袁家外甥。孔融是孔子之后,也有重名,都借细故把他们杀了。相反,不是名门大族出身的广陵陈琳为袁绍作檄文痛骂曹操,连祖宗八代都臭骂一通。后来陈琳投降,曹操对他说:"你替袁本初骂人,骂我也就可以了,恶恶止其身,怎么连祖宗八代都骂起来呢?"陈琳谢罪,也就算了。还重用他,军国书檄,多出陈琳手笔。

用人只挑才干,不问门族品德,他有意识地反抗汉末说空话的风气,几次下令求贤,提到不管什么生活不检点的,即使偷窃、盗嫂的都可以用。如满宠出身郡督邮,张辽、仓慈、徐晃、庞真、张既都出身郡吏,都做到大官。汉末三公充位,政归台阁,秘书(中书)监、令掌管机密,最为亲重。刘放、孙资都不是名门大族,用为监、令,曹操极为信任。

曹操有意识地打击豪门,用人唯才,不管家世,用有才干的人管机密,作郡国守相,加强了统治机构的力量,也有效地贯彻了他的治国方针,发展了生产,巩固了统治。从政治制度上说,曹魏的秘书(中书)监、令,一直继续沿用到元朝。明清两朝也还受到影响。

曹操这个人的才能是多方面的，他是当时最伟大的军事家，第一流的政治家，第一流的诗人，此外，他还是艺术家，写一笔好草字，懂音乐，有很高的文化水平。刘备、孙权都远不如他。

他对当时人民有很大功绩，他推动了历史进步，在历史上占有重要地位。

他也犯了不少罪过，这些罪过排列起来一条条都很大。但就曹操整个事业来说，却是功大于过。

曹操是个当时杰出的大人物，有功劳，也有罪过，决不是十全十美的完人。十全十美的完人，在历史上是没有的。

我的意见是曹操这个历史人物，在历史地位上应当肯定，应当在历史书和历史博物馆中占有相当的地位。但是，历史人物的讨论不应该和艺术作品中的人物完全等同起来，旧戏中的曹操戏照样可以演。某些已经定型的曹操戏最好不改，而且，与其改也，毋宁新编，历史题材多得很，何必专从改旧戏打主意呢？

1959年3月13日

论赤壁之战里的鲁肃

最近上演的新编京剧《赤壁之战》，替鲁肃翻了案，很好。

公元208年冬天的赤壁之战，是历史上有名的一次大会战。这一仗由于孙权、刘备两家联盟，把曹操打败，定下魏、蜀、吴三国三分鼎峙之局。直到公元280年，西晋平吴，中国才又重新统一。这七十二年的分裂局面是和赤壁之战直接有关的，这一仗之所以特别受到人们重视，道理也就在这里。

诗人歌咏："东风不与周郎便，铜雀春深锁二乔。"词人怀古："大江东去，浪淘尽，千古风流人物。"小说家描写这一战役，《三国演义》一共一百二十回，赤壁之战就占了八回。戏剧家把它写成《群英会》，搬上舞台，成为三国戏中最受欢迎的剧目之一。通过小说和戏文，曹操、刘备、孙权、诸葛亮、鲁肃、周瑜、蒋干这些历史人物，便有血有肉地保留在广大观众的记忆中，成为人们祖国历史知识的组成部分，教育意义是很大的。

《群英会》的内容根据《三国演义》，《三国演义》基本上取材于陈寿的《三国志》，大体上是符合历史事实的。但是，旧戏也有缺点，第一是把孙、刘联盟的主谋和组织者鲁肃写成老实而无用的老好人，第二把大政治家的诸葛亮写成妖里妖气的老道，第三把言议英发、雅量高致的周瑜写得过于褊狭局促，第四把当时杰出的军事领袖曹操写得很容易上当受骗，糊涂得可笑。总之，在描画这些主要人物的性格方面，都不很恰当，不很符合历史实际的。虽然小说也罢，戏剧也罢，都不等于历史，可以容许有虚构、假想成分。但是，既然是历史小说、历史戏剧，取材比较符合历史实际而又能够增加政治意义和艺术气氛，怕毕竟要好一些吧。

新的《赤壁之战》首先替鲁肃翻了案。

鲁肃字子敬,是临淮东城(今安徽定远)的大地主,生下来的时候父亲就死了,由祖母抚养成人,年轻时就当家作主,这时正值汉末大乱,他散财结士,人缘很好。钱不够就"摽卖田地",赈济穷人。由此可见他年轻时就是一个有主意的人。

周瑜作居巢(今安徽巢县)长,带几百人到东城拜访鲁肃,要求接济军粮,虽然鲁家的田地已经卖了不少,但还存着两囷米,一囷三千斛,鲁肃随便指着一囷送给周瑜,周瑜很惊异,从此两人成了好朋友。"指囷相赠"的故事很出名,这件事也表明了鲁肃不但有主意,而且是有决断的人。

袁术兵势强盛,请鲁肃作东城长。鲁肃看出袁术不成器,成不了事业。便携带老弱,率领百多个青年勇士南到居巢投奔周瑜。周瑜介绍鲁肃给孙权,鲁肃指出当时形势,一、汉室不可复兴;二、曹操力量壮大,消灭不了;三、只能鼎足江东,看形势发展作打算。孙权极为契重,送他母亲东西,安下家业,依然像过去一样富足。由此可以知道,他不跟袁术跟孙权,看出汉朝必然崩溃,曹操必然代汉的前途,不但有主意,有决断,而且是个有见识的政治家。

公元208年,荆州刘表死,虽然孙刘两家有世仇,鲁肃建议吊丧,观察形势。这时刘备失败,寄寓荆州。他认为如刘备能和刘表二子团结一致,便该和刘备结盟,共拒曹操,如情况相反,另作打算。还必需先走一步,免得被曹操走到前头。不料鲁肃才到夏口,曹操已向荆州,鲁肃连夜赶路,才到南郡,刘表子刘琮已经投降曹操,刘备正没办法,鲁肃乘机劝他和孙权联兵共同抵抗曹操。刘备很赞成,派诸葛亮作代表到孙权处商议军事,鲁肃的目的达到了。由此可见鲁肃在曹操取荆州之前,已经定计,和刘备结成军事联盟,并且还努力争取时间,和曹军赛跑,虽然没有能够阻止刘琮投降,却及时地争取了刘备,在战略上壮大了自己的力量,取得了主动。在赤壁战役中,他是一个决策的人物,是坚决主战派的首领。

鲁肃回来复命，曹操声言东下，来信恐吓，孙权的谋臣都主张投降，只有鲁肃反对。这时周瑜出使鄱阳，鲁肃劝孙权追还周瑜，拜为都督，鲁肃作赞军校尉（参谋长），大破曹操。

刘备要求都督荆州，鲁肃极力劝说孙权，指出力量对比：江东不如曹操；曹操初占荆州，还没有巩固；正好让刘备占领，安下家业。这样，曹操多一敌人，自己却多一盟军，最为上策。虽然，孙刘两家也有矛盾，但毕竟是次要的。这是在当时具体形势下，最有远见的策略；假如说，前一阶段鲁肃联刘拒曹是三国分立的第一步，那么，借荆州就是奠定三分之局的第二步。

分析汉末形势和鲁肃的阶级出身，可以看出江东群臣中，武臣主战的道理。

第一，在汉末农民大起义，到处都围攻地主庄园的军事斗争中，各地的大地主为了保全自己的家业性命，都组织了武装力量，散财结士，把中小地主和青壮年农民、佃客用军法勒为部曲，和起义军对抗。在军事力量对比发生变化支持不了的时候，就投奔更大的军事首领，求得庇护。三国曹操、刘备、孙坚父子等是当时最大的军事首领，他们的部将大都是带有部曲的地主武装首领。部曲的给养由赏赐的奉邑供应，一般的情况下是由子孙继承的。谋议之臣情况不同，带着家族门客，却不一定都有部曲。

鲁肃、周瑜、黄盖等武臣都是有部曲的地主武装首领。他们反抗农民起义，同样，也反对曹操的统一。因为统一的结果必然要损害他们在当地的经济和政治地位。相反，江东独立建国，他们不但可以保持原来的地位，还可以发展壮大。因之，他们的利益和孙权家族的利益是一致的。

鲁肃在孙权召集诸将会议时，和孙权单独谈话，"像我这样人可以投降，你就不可以，因为我如降了，还可作下曹从事，累官可到州郡。你呢？到哪儿去？"好像是替孙权设想的，其实，这话也正是说他自己；很明显，不降，鲁肃这类人在江东是统治集团最上层的人物，降呢，只能作下曹从事这类小官，听任摆布了。

第二，为了保全以孙、刘为首的地主阶级统治集团的利益，当时的唯一出路是联盟抗曹。鲁肃、周瑜的看法一致，诸葛亮的看法也是如此。这种相同的看法，由于阶级利益的一致，也由于当时的斗争实际的教训。关于这一点，王夫之在《读通鉴论》中有很好的说明。他说：

在汉末群雄的斗争中，曹操挟天子，粉碎四面的敌人，成功的道理何在？

道理在群雄的自相诛灭，不能团结。

吕布反复，忽彼忽此，谁都恨他；袁术和袁绍分立；袁绍又和公孙瓒对立；袁谭、袁尚兄弟相残杀；韩遂和马超相疑；刘表虽通袁绍，却坐视袁绍之败而不救。这样，群雄自相诛灭，给曹操以胜利的机会。

结果，只剩下孙权、刘备两家了。这两家如再自寻干戈，前途就很清楚，不是内部崩溃就是为曹操所灭。

鲁肃和诸葛亮结交定计，合力抗曹，是和曹操争自身存亡，是当时情况下，唯一可能的出路。

论赤壁之战里的周瑜、诸葛亮、张昭

赤壁之战中,周瑜是个最出色的人物。

周瑜字公瑾,庐江舒人(今安徽庐江),出身于官僚地主家庭,从祖景,景子忠都作汉朝太尉的大官,从父尚丹阳太守,父异作过洛阳令。

他从小就精通音乐,奏乐有阙误,他就回顾,当时歌唱他:"曲有误,周郎顾。"

二十四岁就在孙策部下,作建威中郎将,领兵二千人,骑五十匹,青年美貌,吴中都叫他作周郎。

和孙策同年。孙坚起兵讨董卓,把家眷放在舒,周瑜和孙策友好,腾出一所大房子安顿,登堂拜母,孙策的母亲把他当儿子一样看待。随孙策攻皖,得乔公两女,都是国色,孙策娶了大乔,周瑜娶了小乔,两人又成了亲戚。诗人"铜雀春深锁二乔"是有根据的,只是时间略差一些,铜雀台成于公元210年,后于赤壁之战三年。

公元200年孙策死,周瑜将兵赴丧,以中护军和长史张昭共掌众事,此后他就成为江东武将的首领,孙权十分信任。

202年曹操破袁绍,兵威日盛,写信给孙权,要求送子弟作质子,谋臣商议不决。周瑜以为一送质子,便受制于人,最多不过落个封侯,有十几个仆从、几辆车、几匹马的下场。才决定不送质子。208年曹操入荆州,得水军船、步兵数十万。周瑜指出曹操冒险用兵四患:一,北土未平,马超、韩遂尚在关西,曹操后方受威胁;二,青徐步兵,不习水战;三,天气盛寒,马无藁草;四,北方士众,不服水土,必生疫病。自请领精兵三万人,进住夏口,击破曹操。

周瑜部将黄盖献计诈降火攻,曹操船舰相连,首尾相接,正好东南风急，黄盖放船同时发火，延烧岸上营房，烟炎涨天，曹军大败。

这一仗，曹操方面号称八十三万，孙权只有三万人，加上刘备、刘琦的部队也不过五万人左右，以少败众，以弱胜强，在军事史上写下光辉的一页。

当时人对周瑜的评论，刘备说他"文武筹略，万人之英"。蒋干称他"雅量高致，非言辞所能间"。程普以为"与周公瑾交，若饮醇醪，不觉自醉"。孙权痛悼他，以为"有王佐之资，雄烈胆略兼人，言议英发"。《三国志》说他"性度恢廓"，气量很大。

赤壁战后，周瑜领南郡太守，屯江陵，刘备领荆州，屯公安。刘备来见孙权，周瑜建议留下刘备，以为刘备枭雄，又有关羽、张飞熊虎之将，必不能久屈为人用，要用美人计，替他大造宫室，多其美女玩好，娱其耳目。分关、张各置一方，配备在周瑜等部下，挟以攻战，大事可定。如割以土地，三人都在一起，恐不可制。议论恰好和鲁肃相反。孙权采纳了鲁肃的政策，为曹操树敌，为自己结援，也怕刘备制服不了，没有听他的话。

由此可见，周瑜和鲁肃对联刘抗曹，在赤壁战前是完全一致的。在战后却有分歧，对联刘的政策鲁肃一贯坚持，周瑜却主张吞刘自大。这两派不同的主张，一直反映到以后吴蜀几十年的和战关系中，也反映到魏对吴、蜀二国的对外关系。

诸葛亮也是官僚地主家庭出身，父亲作过太山郡丞，从父是豫章太守。

刘备屯新野，三顾茅庐，问以大计，诸葛亮以为曹操拥百万之众，挟天子以令诸侯，不可与争锋。孙权据有江东，已历三代，国险民附，善用贤才，只可为援而不可能消灭他。只有荆、益可取。结好孙权，相机北伐，可成霸业。和鲁肃的见解，虽然时、地、对象不同，却完全吻合。

他奉命求救于孙权，用话激孙权拒曹，最后分析曹操兵势，第一曹操兵虽多，却远来疲敝；第二北方之人，不习水战；第三荆州人民附操，是慑于兵势，并非心服；第四刘备虽败，还有关羽水军精甲万人和江夏战士万人，有相当兵力。只要合力破操，便荆吴之势强，鼎足之形成矣。和周瑜的论调也大体相似。

正如鲁肃坚决主张吴蜀联盟一样，诸葛亮在蜀国，一直到他死，坚决贯彻联吴抗魏的方针，主张和吴国和好结援。

在赤壁之战的反面人物，鲁肃的对立面是张昭。这个人物是旧的，但在戏里却是新的，添得甚好。

张昭是彭城（今江苏徐州）人，会写隶书，治左氏春秋，博览众书，是个中原学者。汉末避难渡江，孙策任为长史抚军中郎将，文武之事，一以委昭。策死，以弟孙权托昭，仍任长史，极被尊重。

在赤壁之战中，他是个投降派。

《江表传》说他："孙权称帝，大会百官，归功周瑜。"张昭刚要说话，孙权拦住他，说："当时要是听张公的话，现在只好讨饭了。"

裴松之有不同的看法，认为张昭的主张从另一方面说，还是有道理的。他以为张昭原不主张鼎足三分，是主张统一的。由此看来，当时形势，对吴国的地主、官僚来说，分立有利，但对整个历史，对当时人民来说，曹操的统一，利益更大。另一面，吴蜀分立，对当时东南、西南的开发，也还是有利的。假使没有赤壁之战，孙权降曹，刘备孤军无援，统一的局面不要等到公元280年，对当时的人民来说，对生产的发展来说，应该是一件更大的好事。

我看，张昭在赤壁之战中虽然以对立面出现，加强了这个戏的气氛，但作为历史人物来说，裴松之的意见还是有些道理的。

最后，把赤壁之战中几个主要人物的年龄，排列一下，也很有趣味。

这一年：

  孙　权　二十七岁

◎ 历史的镜子

诸葛亮　二十七岁

周　瑜　三十四岁

鲁　肃　三十七岁

曹　操　五十四岁

吴、蜀两方的统帅，以鲁肃的年龄为最大，周瑜次之，但都比曹操小。这一仗不但是劣势的军力打败优势的军力，被攻的军力打败了进攻的军力，哀兵打败了骄兵，并且还是青年打败了老将。

论戊戌变法

一、作不了官怎么办？

　　清德宗光绪二十四年（公元1898），以康有为梁启超为中心的变法运动，全盘失败，到今年恰好是五十周年。这一桩历史公案，虽然是半世纪前的事情了，但在今天，似乎还很新鲜，具有现实意义。

　　这一年是戊戌年，通常叫这一次失败的革新运动为戊戌政变。梁启超曾著有《戊戌政变记》一书，是这次运动最主要的史料。

　　这一年二月德国胶州湾租借条约签定，三月帝俄租借旅顺大连。四月许英国在广东九龙设立租界，对日承诺福建省不割让于他国，英国租借威海卫。

　　往前推，光绪二十年中日战争，二十一年订了割地赔款求和的《马关条约》。

　　再往前，光绪十年的中法战争，法国占安南。同治八年（1871年）帝俄占伊犁。咸丰七年到十年（1857—1860）的英法联军，订了《天津条约》和《北京条约》。道光十九年到二十二年（1839—1842）的鸦片战争，订了《南京条约》。

　　外侮纷至沓来，主权日蹙一日，士大夫中的进步人物康有为着急了，光绪二十三年十二月，德占胶州后，驰赴北京，上书极陈事变之急说：

　　　　昔者安南之役，十年乃有东事，割台之后，两载遂有胶州，中间东三省龙州之铁路，滇粤之矿，土司野人山之边疆尚不计矣。自尔之后，赴机愈急，事变之来，日迫一日，教堂遍地，无刻不可起衅，矿产遍地，无处不可要求，骨肉有限，剥削无已。且铁路与人，南北之咽喉已绝，疆臣斥逐，用人之大权亦失。浸假如埃及之管其户部，如土耳其之柄其国政，枢垣总署，彼皆可派其国人，公卿督抚，彼且将制其死命，鞭笞亲贵，奴隶重臣，囚奴士夫，蹂躏民庶，甚则如土耳其之幽废国主，如高丽之祸及君后，又甚则如安南之尽取其土地人民，而存其虚号，波兰之宰割均分，而举其国土，马达加斯加以挑水起衅而国灭，安南以争道致命而社墟，蚁穴溃堤，衅不在大。职恐自尔之后，皇上与诸臣，虽欲苟安旦夕，歌舞湖山而不可得矣，且恐皇上与诸臣求为长安布衣而不可得矣！

士大夫的利害和皇上的利害是一致的，再不想办法，不能"苟安旦夕，歌舞湖山"，甚至不能为"长安布衣"，怎么得了？第二年三月廿七日，京官二百余人在北京粤东会馆召开保国会，主张保地保民保权保教，康有为演说，于列举过去四十天内，失地失权二十事之后，接着说：

夫筑路待商之德廷，道员听其留逐，是皇上之权失，贾谊所谓何忍以帝王尊号为戎人诸侯。二月以来，失地失权之事，已二十见，来日方长，何以卒岁？缅甸安南印度波兰，吾将为其续矣。观分波兰事，胁其国主，辱其贵臣，荼毒缙绅，真可为吾之前车哉！必然之事，安能侥幸而免乎！印度之被灭，无作第六等以上人者。自乾隆三十六年至光绪二年（公元1771至1876），百余年始有议员二人。香港隶英人，至今尚无科第，人以买办为至荣。英人之婆贫者皆可为大班，吾华人百万之富，道府之衔，红蓝之顶，乃多为其一洋行之买办，立侍其侧，仰视颜色，呜呼哀哉！及今不自强，恐吾四万万人，他日之至荣者不过如此也！

元人始来中国，尝废科举矣。其视安南之进士，抱布贸丝，有以异乎？故我士大夫设想他日，真有不可言者。即有无耻之辈，发愤作贰臣，前朝所极不齿者，而西人必不用中人，以西人之官必有专门，非专学不能承乏也。若使吴梅村在，他日将并一教官不能得，安敢望祭酒哉！即欲如熊开元作僧，而西教专毁偶像，佛象佛殿，将无可存，僧于何依？即欲蹈东海而死，吾中国无海军，即无海境，此亦非干净土矣。做贰臣不得，做僧不得，死而蹈海不得，吾四万万之人，吾万千之士大夫，将何依何归何去何从乎！

痛哭流涕说了一场，说的是如中国成为波兰印度，士大夫便做不成官了，即使发愤作汉奸，人家也不要，作和尚没有庙，投海没有海，怎么办啊！怎么办啊！结论只有一条路，"不责在上而责在下，而责我辈士大夫"，也就是韩文公"天王圣明，臣罪当诛"的译文。他要求士大夫向日本高山正芝学习，学他要求变法，学他"在东京痛哭于通衢，见人辄哭"，终于哭出明治维新来。

士大夫的利益寄托于皇家的存在，要保绅权官权，其前提为保皇权。皇帝是无可责备的，蚩蚩庶民轮不到责备，因之该责备，该挺身而起，为皇家画一蓝图，指出一条"新路"的，也就义不容辞，是士大夫之责了。

可惜，康有为早生了五十年，要不，看看今天的希腊、西班牙、日本以及无数的典型例子，他实在用不着担心。而且，在今天，不但不以买办为辱，有若干士大夫还巴不上这地步呢。吴梅村如在，一定可以作祭酒，熊开元可以作外国和尚。至于蹈海，华盛顿之豪华旅舍，巴西之橡树园，"虽不能至，心向往之！"

二、其惟变法乎？

当年所谓变法，也是今日所谓革新。

时代不同了，当然名目不同。时代变了，这些人没有变，没有变的是"不责在上"。

关于变，康有为主张："观万国之势，能变则存，不变则亡，全变则强,小变仍亡。"又说:"不变则已,若决欲变,则势当全变。"就理论说,主张全变,就事实说,所谓全变是相对的,即在上不变,士大夫之利益不变,人民之被剥削被虐待被屠杀不变。

何以明之?

第一,所谓戊戌变法,是少数士大夫抬着清德宗实行新政,是以清德宗为主体的自上而下的变而不乱的改良运动。光绪二十三年十二月康有为上书:

> 伏愿皇上因胶警之变,下发愤之诏,先罪己以励人心,次明耻以激士气,集群材咨问以广圣听,求天下上书以通下情,明定国是,与海内更始……最要者,一曰采法日俄以定国是,二曰大集群材以图变政,三曰听任疆臣各自变法。

并且指出要:"自兹国事付国会议行,采择万国律例,定宪法公私之分。"次年正月上书:"日本维新之始,大誓群臣以定国是,立对策所以征贤才,开制度局而定宪法,皇上若决定变法,请先举此三者。"一句话,他的主张是君主立宪,立宪是为了保障君主的权益,为了巩固士大夫的权益。等到皇家被推翻了,这批改良主义者逻辑上自然成为保皇党。

假定用今天的说法来分析五十年前的局面,慈禧太后、荣禄、袁世凯这个穷凶极恶、反动顽强的集团,宁可将中国送给外国,不与家奴的主张,当然是极右派。孙中山亦即被清廷称为匪徒叛逆、改名"孙汶"所领导的革命党,主张推翻君主,把专制独裁政体连根挖掉,主张实行民主立宪政体的,当然是极左派。至于康有为站在皇帝的立场,反对慈禧的昏庸淫虐,反对满洲亲贵的昏聩无能,是和右派对立的;站在士大夫的立场,对外要保国保权保土保士大夫的利益,对内保皇保教,尤其是保皇这一点,是和左派完全相反的;就保皇而论,和右派一致。所不同的一个是保有位无权的青年皇帝,一个是保有权无位的慈禧太后,一个无权,所以要变法,一个有权,所以不许变法,因而引起正面冲突,造成所谓政变。就立宪而论，又和左派一致，所不同的，康派主张在皇帝领导之下行宪，而革命党则认为立宪的前提为推翻万恶的君主专制独裁制度。正当君主立宪派奔走呼号，大声喊变，开学会，办报馆，演说，请愿的时候，革命党在丢炸弹，搞会党，组民众，声讨那拉氏，正面和清廷斗争。

君主立宪派也就是后来的保皇党，要宪法又要君主的，正是所谓中间路线。

历史的记录证明孙中山先生所领导的路线是正确的，那拉氏和君主立宪派而今安在哉！

第二，如何变呢？据梁启超《新政诏书恭跋》编一简表：

  四月二十三日 上谕定国是，举办京师大学堂。

    二十五日 上谕引见康有为、张元济、黄遵宪、谭嗣同，梁启超着总理衙门查看具奏。

  五月初二日 废八股，科举四书文改试策论。

    十五日 官书局译书局并入大学堂，梁启超赏六品衔，办理译书局事务。

    十六日 论振兴农务，着各督抚劝谕绅民，兼采中西各法，切实兴办，不准空言搪塞。

    十七日 悬赏劝奖鼓励工艺新书新法新器，准予专利售卖，并创建学堂，开辟地利，兴造枪炮等厂，照军功例，给予特赏。

    二十一日 裁并绿营练勇，改练西法洋操。

    二十二日 令地方兴办中学小学，保护教堂，不准再有教案。

    二十三日 举办经济特科。

    二十八日 水陆各军，裁空粮，节饷需。

  六月初一日 制定科举章程。

    初八日 上海《时务报》改为官报。

十一日	各省学堂特派绅士督办。删改衙门则例。
二十三日	上谕褒奖湖南巡抚陈宝箴讲求新政,锐意整顿。筹办水师铁路矿务等专门学堂。
二十九日	于京师设立农工商总局,各省府州县,皆立农务学堂,开农会,刊农报,讲农器。各省设农工商分局。
七月初十日	上海设立编译学堂,书籍报纸,一律免税。
十三日	各省设立商会,上海设总商会。
十四日	裁撤冗官,詹事府、通政司、光禄寺、鸿胪寺、太常寺、太仆寺、大理寺归并内阁及礼、兵等部,裁湖北、广东、云南三省巡抚,裁东河总督及粮道、盐道。
二十日	杨锐、刘光第、林旭、谭嗣同赏加四品卿衔,在军机大臣章京上行走,参预新政事宜。
二十三日	设立医学堂。
二十六日	设立茶务学堂及蚕桑公院。
二十七日	筹办速成学堂。劝谕绅民创设报馆。
八月一日	户部编岁出岁入表颁行天下。袁世凯以侍郎候补,责成专办练兵事务。

很明白,变的是形式,把书院改学堂,没有提及经费设备师资图书仪器。废了八股文,改为新式时务八股。练新军以用西法操练为要着。振兴实业,多添了若干新式衙门。兴办农务,创办学堂,建立工厂,都用一纸谕旨交绅士去做。果然,如康有为所建请的"诏令日下",可是"百举"并不维新。

改革不但限于形式,而且只是文字上的。五月二十八日谕旨:"当兹时事多艰,朕宵旰焦劳,力图振作,每待臣下以诚,而竟不以诚相应。

各该疆臣身膺重寄，具有天良，何至谆诫谆谆，仍复掩饰支吾，苟且塞责耶！"七月初十日上谕："近来朝廷整顿庶务，如学堂、商务、铁路、矿政，一切新政，迭经谕令各将军督抚切实筹办，乃各省积习相沿，因循玩懈，虽经严旨敦迫，犹复意存观望。"说明新政的推行，只限于文字，没有丝毫现实的意义和作用。

新政一方面只是形式上文字上的蓝图。另一方面当时最重要的问题，人民的痛苦，没有一字提到，人民的要求，没有一句话说到。谈改革而不顾到人民，设新政而不为人民生活福利着想，即使退一步说，没有政变，这一连串的所谓新政，果真着着推行，也无救乎清皇朝的覆灭，也无法抵抗外来的侵略，这批士大夫还是不免"求为长安布衣而不可得"，只好到海外去保皇！

三、摇身一变

五十年前的士大夫，今天叫作知识分子，摇身一变，人名变了，本质没变。他们仍然主张变，主张变而不乱，主张"不责在上而责我辈士大夫"。五十年的时间不算长，戊戌这一段史实，在今天看起来，还是新鲜的、现实的，具有教育意义的。

刘勉

（原载《中建》半月刊3卷6期，1948年8月10日）

阵图和宋辽战争

在古代，打仗要排阵，要讲究、演习阵法。所谓阵法就是野战的战斗队形和宿营的防御部署；把队形、部署用符号标识，制成作战方案，叫作阵图。

根据阵图在前线指挥作战或防御的带兵官，叫作排阵使。

从历史文献看，如郑庄公用鱼丽阵和周王作战，到清代的太平军的百鸟阵，无论对外对内，无论是野战，或防御，都要有阵法。没有一定的组织形式，几千人几万人一哄而上，是打不了仗的，要打也非败不可。其中最为人所熟知的是诸葛亮的八阵图，"功盖三分国，名成八阵图"的诗句，一直为后人所传诵。正因为如此，小说戏剧把阵图神秘化了，如宋辽战争中辽方的天门阵，杨六郎父子虽然勇敢，但还得穆柯寨的降龙木才能破得了。

穆柯寨这出戏虽然是虚构的，但是就打仗要排阵说，也反映了一点历史的真实性。从公元976年到1085年左右，这一百一十年中，北宋历朝的统治者特别重视阵图。（无论是在这时期以前或以后，关于阵图的讨论、研究、演习、运用，对前线指挥官的控制，和阵图在战争中的作用，都比不上这个时期。）从这一时期的史料分析，北宋的统治者是用阵图直接指挥前线部队作战的，用主观决定的战斗队形和防御部署，指挥远在几百里以至千里外的前线部队。敌人的兵力部署、遭遇的地点、战场的地形、气候等等，都凭主观的假设决定作战方案，即使作战方案不符合实际情况，前线指挥官也无权改变。照阵图排阵打了败仗，主帅责任不大；反之，不按阵图排阵而打了败仗，那责任就完全在主帅了；败军辱国，罪名极大。甚至在个别场合，机智一点而又有担当的将领，看出客观情况不利，不按阵图排阵，临机改变队形，打了胜仗，还得向皇帝请罪。

宋辽战争的形势，两方的优势和劣势，989年熟悉北方情况的宋琪曾作具体分析，并提出建议。他说："每蕃部南侵，其众不啻十万。契丹入界之时，步骑车帐，不从阡陌，东西一概而行。大帐前及东西面差大首领三人各率万骑，支散游奕，百十里外，亦交相侦逻，谓之栏子马。……未逢大敌，不乘战马，俟近我师，即竞乘之，所以新羁战蹄，有余力也。且用军之术，成列而不战，俟退而乘之。多伏兵断粮道，冒夜举火，土风曳柴，馈饷自资。退败无耻，散而复聚，寒而益坚，此其所长也。中原所长，秋夏霖霪，天时也。山林河津，地利也。枪突剑弩，兵胜也。败丰士众，力张也。"契丹以骑兵冲锋为主，宋方则只能凭气候地利取守势。以此，他建议"秋冬时河朔州军，缘边砦栅，但专守境。"到戎马肥时，也"守陴坐甲，以逸待劳……坚壁固守，勿令出战"。到春天新草未生，陈草已朽时，"蕃马无力，疲寇思归，逼而逐之，必自奔北"。最后，还提出前军行阵之法，特别指出，要"临事分布，所贵有权"①。宋太宗采纳了他一部分意见，沿边取守势，作好防御守备，但要集中优势兵力，大举进攻。至于授权诸将，临事分布，则坚决拒绝了。

由于宋辽的军事形势不同，采取防御战术，阻遏骑兵冲击的阵法便成为宋代统治者所特别关心的问题了。在平时，和大臣研究、讨论阵图，如987年并州都部署潘美、定州都部署田重进入朝，宋太宗出御制平戎万全阵图，召美、重进及崔翰等，亲授以进退攻击之略。②997年又告诉马步军都虞侯传潜说："布阵乃兵家大法，小人有轻议者，甚非所宜。我自作阵图给王超，叫他不要给别人看。王超回来时，你可以看看。"③1000年，宋真宗拿出阵图三十二部给宰相研究，第二年又和宰相讨论，并说："北戎

---

① 《宋史》卷二六四，《宋琪传》。
② 李焘：《续资治通鉴长编》卷二八。
③ 李焘：《续资治通鉴长编》卷四○。

寇边，常遣精悍为前锋，若捍御不及，即有侵轶之患。今盛选晓将，别为一队，遏其奔冲。又好遣骑兵出阵后断粮道，可别选将领数万骑殿后以备之。"①由此可见这些阵图也是以防御敌骑奔冲和保卫后方给养线为中心思想的。1003年契丹入侵，又和宰相研究阵图，指出："今敌势未辑，尤须阻遏，屯兵虽多，必择精锐，先据要害以制之。凡镇、定、高阳三路兵，悉会定州，夹唐河为大阵。量寇远近，出军树栅，寇来坚守勿逐，俟信宿寇疲，则鸣鼓挑战，勿离队伍，令先锋、策先锋诱逼大阵，则以骑卒居中，步卒环之，短兵接战，亦勿令离队伍，贵持重而敌骑无以驰突也"②。连远在河北前线部队和敌人会战的地点以及步外骑内的战斗部署都给早日规定了。景德元年（1004年）八月出阵图示辅臣，十一月又出阵图，一行一止，付殿前都指挥使高琼等。③1045年宋仁宗读《三朝经武圣路》，出阵图数本以示讲读官。④又赐辅臣及管军臣僚临机抵胜图。⑤1054年赐近臣御制攻守图。⑥1072年宋神宗赐王韶御制攻守图、行军环株、战守约束各一部，仍令秦凤路经略司钞录。⑦1074年又和大臣讨论结队法，并令五路安抚使各具可用阵队法，及访求知阵队法者，陈所见以闻⑧，出攻守图二十五部赐河北。⑨1075年讨论营阵法，郭固、沈括都提出意见，宋神宗批评当时臣僚所献阵图，以为皆妄相惑，无一可取，并说："果如此辈之说，则两敌相遇，须遣使预约战日，择一宽平之地，仍夷阜塞壑，诛草伐木，如射圃

---

① 李焘：《续资治通鉴长编》卷四七、四九。
② 李焘：《续资治通鉴长编》卷五四。
③ 李焘：《续资治通鉴长编》卷五七、五八。
④ 李焘：《续资治通鉴长编》卷一五四。
⑤ 李焘：《续资治通鉴长编》卷一五六。
⑥ 李焘：《续资治通鉴长编》卷一七六。
⑦ 李焘：《续资治通鉴长编》卷二四一。
⑧ 李焘：《续资治通鉴长编》卷二五四。
⑨ 李焘：《续资治通鉴长编》卷二五六。

教场，方可尽其法耳。以理推之，知其不可用也决矣。"否定当时人所信从的唐李筌《太白阴经》中所载阵图，以为李筌的阵图止是营法，是防御部署，不是阵法。而采用唐李靖的六花阵法，营阵结合，止则为营，行则为阵，以奇正言之，则营为正，阵为奇，定下新的营阵法。沈括以为"若依古法，人占地二步，马四步，军中容军，队中容队，则十万人之队，占地方十余里，天下岂有方十里之地，无丘阜沟涧林木之碍者！兼九军共以一驻队为篱落，则兵不可复分，如九人共一皮，分之则死，此正孙武所谓縻军也"①。可见宋神宗的论断，是采取了沈括的意见的。宋代统治者并以阵法令诸军演习，如宋仁宗即位后，便留心武备，令捧日、天武、神卫、虎翼四军肄习战阵法。②1044年韩琦、范仲淹请于鄜延、环庆、泾原路各选三军，训以新定阵法；于陕西四路抽取曾押战队使臣十数人，更授以新议八阵之法，遣往河北阅习诸军。这个建议被采纳了，1045年遣内侍押班任守信往河北路教习阵法。③到命将出征，就以阵图约束诸将，如979年契丹入侵，命李继隆、崔翰、赵延进等将兵八万防御，宋太宗亲授阵图，分为八阵，要不是诸将临时改变阵法，几乎打大败仗。④1070年李复圭守庆州，以阵图授诸将，遇敌战败，复圭急收回阵图，推卸责任，诸将以战败被诛。⑤

在宋代统治者讲求阵法的鼓励下，诸将纷纷创制阵图，如1001年王超援灵州，上二图，其一遇敌即变而为防阵，其一置资粮在军营之外，分列游兵持劲弩，敌至则易聚而并力。⑥1036年洛苑使赵振献阵图。1041年知并

---

① 李焘：《续资治通鉴长编》卷二六〇；沈括：《梦溪笔谈》。
② 《宋史》卷二八七，《兵志》一。
③ 《长编》卷一四九、一五五。
④ 《长编》卷二〇；曾公亮：《武经总要》后集三。
⑤ 《长编》卷二一四。
⑥ 《长编》卷五〇。

州杨偕献龙虎八阵图。青州人赵宇献大衍阵图。1045年右领军卫大将军高志宁上阵图。1051年泾原经略使夏安期上弓箭手阵图，1055年并代钤辖苏安静上八阵图，1074年定州路副都总管、马步军都虞侯杨文广献阵图及取幽燕之策。这个杨文广就是宋代名将杨六郎的儿子，也就是为人所熟知的穆柯寨里被俘的青年将领杨宗保。①

在作战时，选拔骁将作排阵使。如976年攻幽州，命田钦祚与郭守文为排阵使，钦祚正生病，得到命令，喜极而死。1002年周莹领高阳关都部署，为三路排阵使。1004年澶渊之役，石保吉、李继隆分为驾前东西都排阵使等等。②

由于皇帝事先所制阵图不可能符合客观实际情况，统军将帅又不敢违背节制，只好机械执行，结果是非打败仗不可。1075年宋神宗和朝廷大臣研究对辽的和战问题，张方平问宋神宗，宋和契丹打了多少次仗，其中打了多少次胜仗，多少次败仗，宋神宗和其他大臣都答不出来。神宗反问张方平，张说，"宋与契丹大小八十一战，惟张齐贤太原之战，才一胜耳"。八十一仗败了八十次，虽然失于夸大，但是，大体上败多胜少是没能疑问的。打败仗的原因很多，其中之一是主观主义的皇帝所制阵图的罪过。

相反，不凭阵图，违背皇帝命令的倒可以不打败仗。道理是临机应变，适应客观实际情况。著例如979年满城之战，李继隆、赵延进、崔翰等奉命按阵图分为八阵。军行到满城，和辽军骑兵遭遇，赵延进登高瞭望，敌骑东西两路挺进，连成一片，不见边际。情况已经危急了，崔翰等还在按图布阵，每阵相去百步，把兵力分散了，士卒疑惧，略无斗志。赵延进、李继隆便主张改变阵势，把原来"星布"的兵力，集中为两阵，前

---

① 《宋史》本传，卷一一八、一三二、一三三、一五七、一七〇、一七九、二五四、二五七。

② 《长篇》卷二五九，注引陈师道：《谈丛》。

后呼应。崔翰还怕违背节制，万一打败仗，责任更大。赵延进、李继隆拍胸膛保证，如打败仗，由他两人负责。才改变阵势，兵力集中了，士卒忻喜，三战大破敌军。这里应该特别指出，赵延进的老婆是宋太宗尹皇后的妹子，李继隆则是宋太宗李皇后的兄弟，两人都是皇帝亲戚，所以敢于改变阵图，转败为胜。①另一例子是1001年威虏军之战。镇、定、高阳关三路都部署王显奉诏于近边布阵和应援北平控扼之路。但辽军并没有根据宋真宗的"作战部署"行事，这年十月入侵，前锋挺进，突过威虏军，王显只好就地迎击。刚好连日大雨，辽军的弓以皮为弦，雨久潮湿，不堪使用，王显乘之大破敌军。虽然打了胜仗，还是忧悸不堪，以违背诏令，自请处分。宋真宗亲自回信慰问，事情才算结束。②

　　前方将帅只有机械地执行皇帝所发阵图的责任，在不符合实际客观情况下，也无权临机应变，以致造成屡战屡败，丧师辱国的局面，当时的文臣武将是很深切了解这一点的，多次提出反对意见，要求不要再发阵图，给前方统帅以机动作战的权力。例如989年知制诰田锡上疏说："今之御戎，无先于选将帅，既得将帅，请委任责成，不必降以阵图，不须授之方略，自然因机设变，观衅制宜，无不成功，无不破敌矣。……况今委任将帅，而每事欲从中降诏，授以方略，或赐以阵图，依从则有未合宜，专断则是违上旨，以此制胜，未见其长。"③999年，京西转运副使朱台符上疏说："夫将帅者王之爪牙，登坛授钺，出门推毂，阃外之事，将军裁之，所以克敌而制胜也。近代动相牵制，不许便宜。兵以奇胜，而节制以阵图，事惟变适，而指踪以宣命，勇敢无所奋，知谋无所施，是以动而奔北

---

① 《宋史》卷二七一《赵延进传》，卷二五七《李处耘传附李继隆传》；《长编》卷二〇；《武经总要》后集三。
② 《宋史》卷二六八，《王显传》。
③ 《长编》卷三〇。

也。"①1040年三司使晏殊力请罢内臣监军，不以阵图授诸将，使得应敌为攻守。②同时王德用守定州，也向宋仁宗指出真宗时的失策："咸平景德（时）边兵二十余万，皆屯定武，不能分扼要害，故敌得轶境，径犯澶渊。且当时以阵图赐诸将，人皆谨守，不敢自为方略，缓急不相援，多至于败。今愿无赐阵图，第择诸将，使应变出奇，自立异功，则无不济。"③话都说得很透彻，但是，都被置之不理，像耳边风一样。其道理也很简单，一句话就是统治者对爪牙的不信任。最好的证据是以下一个例子。922年盐铁使李惟清建议慎择将帅，以有威名者俾安边塞，庶节费用。宋太宗对他说私话："选用将帅，亦须深体今之几宜。……今纵得人，未可便如古委之。此乃机事，卿所未知也。"④由此看来，即使将帅得人，也不能像古代那样授权给他们，而必须由皇帝亲自节制，阵图是节制诸将的主要手段，是非要不可的。

王安石和宋神宗曾经几次讨论宋太宗以来的阵图问题，并且比较了宋太祖、太宗兄弟两人的御将之道，说得十分清楚。一次是在熙宁五年（1072年）八月：

神宗论太宗时用兵，多作大小卷（阵图）付将帅，御其进退，不如太祖。

王安石曰：太祖知将帅情状，故能得其心力。如言郭进反，乃以其人送郭进，此知郭进非反也，故如此。所以如进者皆得自竭也。其后郭进乃为奸人所摧，至自杀。杨业亦为奸人所陷，不得其死。将帅尽力者乃如此，则谁肯为朝廷尽力？此王师所以不复振，非特中御之失而已。

---

① 《长编》卷四四。
② 《长编》，卷一二六；《欧阳修文集》三，《晏公神道碑铭》。
③ 叶梦得：《石林燕语》九。
④ 《宋史》卷二六七，《李惟清传》。

神宗曰：祖宗时从中御将，盖以五代时士卒或外附，故惩其事而从中御。

　　王安石曰：太祖能使人不敢侮，故人为用，人为用，故虽不中御，而将帅奉令承教无违者，此所以征则强，守则固也。①

　　指出从中御将，颁赐阵图是惩五代之事，是怕士卒叛变，怕将帅割据，指出宋太祖虽不中御，而将帅奉令惟谨。反面的话也就是宋太宗和他以下的统治者，不能使人不敢侮，因之也就越发不放心，只好从中御将，自负胜败之责了。

　　另一次讨论在第二年十一月：

　　宋神宗问先朝何以有澶渊之事。

　　安石曰：太宗为傅潜奏防秋在近，亦未知兵将所在，诏付两卷文字云，兵数尽在其中，候贼如此，即开某卷，如彼，即开某卷。若御将如此，即惟傅潜王超乃肯为将。稍有才略，必不肯于此时为将，坐待败衄也。但任将一事如此，便无以胜敌。②

　　连兵将所在、兵数多少也不知道的前方统帅，只凭皇帝所发阵图作战。这样的统帅，这样的御将之道，要打胜仗是绝对不可能的。这是宋辽战争中宋所以屡战屡败，不能收复幽燕的原因之一。这也是宋代著名将帅如广大人民所熟知的杨业，所以遭忌战死，狄青作了枢密使以后，被人散布谣言去职忧死的原因。因为这些人都不像傅潜、王超那样，而是有才略、有决断、有经验、有担当的。同时，这一事实也反映了宋代统治阶级内部的深刻矛盾。

---

① 《长编》卷二三七。
② 《长编》卷二四八。

论夷陵之战

夷陵之战发生于蜀章武元年（公元221年）。这年七月，刘备帅军伐吴，孙权写信请和，刘备盛怒不许。到第二年六月，吴将陆逊大破蜀军于夷陵（今湖北宜昌），刘备退屯白帝城，十月，孙权又遣使请和，刘备答应了。这一仗前后历时一年，吴将陆逊坚取守势，捕捉战机，最后以火攻取得大胜，是历史上有名的战役之一。

战事发生的原因是荆州的归属问题。

公元208年赤壁战役之后，曹军败退，留曹仁、徐晃守江陵，周瑜、刘备水陆并进，追到南郡（今湖北江陵县东南），瑜军围曹仁，相持了一年多，曹仁弃城走。孙权以周瑜为南郡太守。刘备推刘琦为荆州刺史，南征四郡，武陵（今湖南常德）、长沙（今湖南长沙）、桂阳（今湖南郴县）、零陵（今湖南零陵）皆降。刘琦病死，诸将推刘备为荆州牧，驻公安（今湖北公安）。刘备从此有了根据地了。

荆州原来不属孙权，赤壁之战，刘备是有功劳的，南征四郡是刘备自己的战果，蜀吴双方怎么会发生荆州的归属问题呢？据《吴书·鲁肃传》："后备诣京见权，求都督荆州，惟肃劝权借之，共拒曹公。"鲁肃死后，孙权评论他："后虽劝吾借玄德地，是其一短。"看来当时兵力，孙强刘弱，孙权兵力可以直取四郡，刘备要求有个立足之地，鲁肃从孙刘联盟，为曹操树敌的战略出发，劝孙权答应，有了这个默契，刘备才能南取四郡，和孙吴成犄角之势，所以"曹操闻权以土地业备，方作书，落笔于地"，给曹操以极大威胁。

公元214年，刘备取益州。第二年孙权就要讨还长沙、零陵、桂阳三郡。刘备不肯。孙权派吕蒙率军争取，刘备也到公安，派关羽争三郡。鲁肃驻益阳（今湖南益阳），和关羽相拒。鲁肃责备关羽不还三郡。关羽说：赤壁之战，刘备和吴军戮力破魏，岂能徒劳？连立足之地都没有！达不成协议。正好这时曹操南定汉中，蜀汉北方受到威胁，刘备赶紧与孙权联合，分荆州为二，江夏、长沙、桂阳属吴；南郡零陵、武陵属蜀，以湘水为界，双方罢兵。暂时妥协了，但问题并未根本解决。

公元219年，关羽率众攻曹仁于樊（今湖北襄阳），水淹于禁七军，斩将军庞德，威震华夏。曹操遣使说孙权，出军攻关羽后路，权将吕蒙诱降关羽在江陵、公安的守将，尽虏羽军妻子。羽军遂散，关羽父子出走，为孙权所杀。

刘备失了荆州，也就失去了向东出川的门户，和曹操抗衡的军事重镇，在战略上是非争不可的。

他和关羽、张飞的关系，从汉灵帝末年，公元184年黄巾起义以后，便相从征伐，"寝则同床，恩同兄弟"。小说上桃园结义之说，便是从这两句话演绎出来的。三四十年的战友、君臣，镇守出川门户的上将，一旦摧折，刘备的感情冲动是可想而知的。公元221年张飞又为部下所杀，持首级奔吴，旧仇加新恨，伐吴报仇便成为他的最后志愿，什么好话也听不进去了。

诸葛亮远在隆中对策时，便指出孙权"可与为援而不可图"。赤壁战前，他和鲁肃共同努力，定下了联合抗曹的大计。他是始终坚持刘、孙两家联合的方针的。但他也深知刘备的个性，对关羽、张飞的感情，和荆州在军事上的重要性，明知用言语是劝阻不了刘备的。夷陵败后，他叹气说：

> 使法孝直（正）若在，则能制主上，令不东行。就复东行，必不倾危矣。

赵云是坚决反对伐吴的，他指出主要的敌人是曹操，不是孙权。如先灭魏，则吴自服。当前形势，决不应该放掉主要的敌人，先和孙吴交兵。广汉处士秦宓也说天时不利，朝臣很多人都反对，刘备一概不听。

蜀吴交兵后，孙权遣使求和。吴将诸葛瑾驻公安，写信劝刘备，要他留意于大,不要用心于小。指出关羽和汉朝的轻重,荆州和海内的大小,虽然都应仇疾,但要分清先后。论点和赵云是一致的,刘备当然不能接受。

交战双方,蜀军由刘备自己指挥,兵四万余人,大将吴班、冯习攻破权将李异、刘阿等于巫,进军秭归。将军黄权自请为先锋,劝刘备为后镇,刘备不听,派他督江北军以防魏师。夷陵败后,交通断绝,他不肯降吴,只好降魏。备军从巫峡、建平连营直到夷陵界,立数十屯,树栅连营七百多里,全军成一条直线,踞高临下,兵力分散。曹丕听说蜀军布置之后,笑道:刘备不懂兵法,岂有立营七百里而可以拒敌的!必败无疑。

吴军以陆逊为大都督,率诸将朱然、潘璋、宋谦、韩当、徐盛、鲜于丹、孙桓等五万人拒守。蜀军远来,利于速战,吴军诸将要迎击,陆逊坚决不许。他指出蜀军锐气方盛,而且乘高守险,不利进攻,如有不利,影响全局。不如坚闭固拒,伺机捕捉战机,以逸制劳,取得胜利。

两军对峙相持了七八个月,蜀军兵疲意沮,陆逊乘机发起攻击,先攻一营,得不到便宜。诸将正埋怨他枉然死了许多人,陆逊却说,我已经找到破敌的方法了,下令诸军每人拿一把茅草,乘风纵火,全线进攻,阵斩蜀大将张南、冯习,连破四十余营,蜀军溃败,刘备退守白帝城。

蜀军败后,吴诸将要求直取白帝,陆逊认为曹丕正在大合士众,不怀好意。下令退军。

这年十一月,孙权遣使到蜀汉聘问,刘备也遣使报聘,两国又恢复和平,重建了对魏的掎角之势。

这次战役,刘备犯了两个大错误:第一是政略的错误,正如赵云、诸葛瑾所指出的,他把大小、轻重摆错了次序,因荆州之失、关羽之死而发动对吴战争,破坏了两国联合共同抗曹的正确策略;第二是战略的错误,不听黄权的忠告,把他一军放在江北,削弱了兵力,又把全军列成纵深战斗序列,战线过长,兵力分散,前军一败,后军动摇,彼此不相呼应,造成全面的败局。

京剧《夷陵之战》是根据历史事实编成的历史剧，剧情是符合历史真实情况的。主题思想是通过战争的失败来批判刘备个人的"义气"，赵云、诸葛亮的谏阻，诸葛瑾的求和，直到马良死后刘备的自责，都表达了这个看法。就演出而论，是成功的。特别是保留了传统剧目哭灵牌一折，造成全剧的高潮。问题也正是出在这里，恰恰因为前半部把刘、关、张三人的关系写得深了，再加上这一哭，又哭得这么好，使观众的同情逐步引到刘备方面，相对地把主题思想削弱了。

剧中次要人物关兴是关羽的次子，作过侍中、中监军的官，早死。张飞的儿子张苞也是早夭的。看来都没有参加夷陵之战。剧本把这两人写成蜀军的大将，通过他们加强刘备主战拒和的决心，是完全可以的。

马良在征吴之役，奉命到武陵招抚当地少数民族，军败后，他也被杀。剧本把他写成掩护刘备，中箭身死，也是可以的。

（原载《北京日报》，1963年6月27日）

明朝历史的基本情况

明太祖的建国

首先，我们应该弄清国家的含义。近几年来的学术讨论中，有人往往把我们这个时代关于国家的含义等同于历史上的国家的含义。这是错误的、不科学的。我们今天所说的国家，包括政府、土地、人民、主权各个方面。由于政权性质的不同，国家可以分为好几类，有人民民主国家、资本主义国家、民族主义国家，等等。历史上国家的含义就跟这不一样。简单地说：历史上的国家只能是某一个家族的政权，不能把它等同于今天我们所说的国家。曹操的儿子曹丕临死前写了一篇遗嘱，说：自古无不亡之国。这里所说的"国"是什么呢？就是指某个家族的政权，是指刘家的、赵家的、李家的或者朱家的政权。这些政权经常更替，一个灭亡了，另一个起来。所以曹丕说自古无不亡之国。但是一个政权灭亡了，当时的国家是不是也灭亡了呢？没有。譬如汉朝刘家的政权被推翻了，曹操的儿子做了皇帝，还是有三国，我们的历史并没有中断。曹家的政权被推翻了，司马氏做了皇帝，国家也没有灭亡。所以，历史上的所谓亡国，就是指某一个家族的政权被推翻，国家还是存在的，人民还是存在的。因此我们所说的明太祖建国，也是指他建立的朱家的政权。这个国跟我们今天的中华人民共和国有本质的不同，它只代表一个家族、一个集团的利益，而不代表整个民族的共同的利益。把这个含义弄清楚，我们才可以讲下面的问题，就是朱元璋的政权依靠的是什么。

1.土地关系问题

要讲土地关系问题，不能不概括地讲讲当时的基本情况。

在14世纪中叶，大致是从1348年到1368年的二十年中间，发生了大规模的农民起义、农民战争。规模之大，几乎遍及全国，从东北到西南，从西北到中南，到处都有农民战争发生。不单是有汉族农民参加，各地的少数民族也参加了，如东北的女真族（就是后来的建州族）、西南的回族都参加了斗争的行列。时间之久前后达二十年。战争激烈的情况，在整个历史上都是少有的。

在二十年的战争中，反对元朝的军事力量大致可以分为两个体系：一支是红军。因为参加起义的人都在头上包一块红布作为标志，在当时政府的文书上称为"红军"，也有个别的叫做"红巾军"。这是反对元朝的主要力量。现在有些历史学家不大愿用"红军"这个名称，大都称为"红巾军"。大概有这样一个顾虑：怕把历史上的红军同我们党建立的红军等同起来。在我的记忆里有这样一件事：大约二十年前，国民党政府的一个什么馆，要我写明史。书写好之后交给他们看，他们什么意见也提不出来，最后说：你这上面写的"红军"改不改？要改就出版，不改就不出版。我说：不出版拉倒！（这本书现在没有出版。）①他们怕红军，不但怕今天的红军，也怕历史上元朝的红军，因此他们要我改掉。我不改，因为根据历史记载，这支起义军本来就是红军，不是白军。这不说明什么政治内容，而只是说他们头上包了一块红布而已。红军又分成两部分：一部分在东边活动，一部分在西边活动。具体说，东边是指今天的安徽、河南、河北一带，西边是指江汉流域（长江、汉水流域）。江汉地区的红军很多，包括"北琐红军"和"南琐红军"。反对元朝的另一支军事力量是非红军系统：在浙江有方国珍，在元末的反元斗争中，他起兵最早；在江苏有张士诚；在福建有陈友

---

①这本书就是现在编入本卷的《明史》（未完稿）。——编者注

定。这几支军队都不属于红军系统。当时为什么能爆发这样大规模的农民起义呢？我想在讲元朝历史的时候已提到了。这里就不再重复。

下面讲讲红军提出了些什么问题。

红军当中的一些领导者，他们在反元斗争展开之后发布了一个宣言（当时叫檄文），里面有这么两句话："贫极江南，富称塞北。"（文件的全文已看不到了，只留下这么两句。）这说明什么呢？说明红军反对元朝的统治，要推翻元朝的统治。这是一个有各族人民参加的阶级斗争。当时元朝的政治中心，一个在大都（今北京），一个在上都。元朝政府经常派出很多官吏和军队到南方去搜刮物资，把这些物资运到北方去供少数人享受。元朝的皇帝在刚上台时，为了取得军事首领、部族酋长的支持，对他们大加赏赐，按照不同的地位给他们金、银、绸缎一类的物资。遇到政治上有困难时，为了获得支持以巩固自己的统治，也采取这种办法。每次赏赐的数目都很大，往往要用掉一年或者半年的收入，国家财政收支的一半甚至全部都给了他们。这些物资是从哪里来的呢？是从全国人民身上搜刮来的。几十年光景，造成了"贫极江南，富称塞北"的局面。这样的统治使老百姓活不下去了，他们就起来斗争，改变这个局面，所以提出了这样鲜明的口号。

红军初期的主要领导人韩山童，是传布白莲教起家的（他家里世世代代都是传布白莲教的）。由于通过宣传白莲教，通过宗教迷信活动可以组织一部分力量，于是他就提出"明王出世"、"弥勒佛降生"的口号。明王是明教的神，也叫"明尊"或"明使"。明王出世的意思是光明必然到来，光明一到，黑暗就给消灭了，最后人类必然走上光明极乐的世界。弥勒佛是佛教里的著名人物。传说在释迦牟尼灭度（死）后，世界就变坏了，种种坏事全部出现，人的生活苦到不能再苦。幸得释迦牟尼在灭度前留下一句话，说再过若干年，会有弥勒佛出世。这佛爷一出世，世界立刻又变得好起来：自然界变好了；人心也变慈善了，抢着做好事，太太平平过日子；种的五谷，用不着拔草翻土，自己会长大，而且下一次种有七次的收成。这种宗教宣传,对当时受尽苦难的农民发生了深刻的影响,他们希望有人来解救他们。所以,在广大农民中间,白莲教就用"明王出世"、"弥勒佛降生"这样的口号作为号召来组织斗争力量。

这种宗教宣传对农民能够发生作用,可是对知识分子就不能够发生作用了,特别是一些念"四书"、"五经"的儒生不相信这一套。因此,对他们必须有另外一种口号。红军的领袖们就利用一些知识分子对元朝统治的不满,对宋朝怀念的心情,提出了"复宋"的口号。他们假托自己是赵家的子孙。韩山童是河北人,起兵之后被元朝政府杀害,他的儿子韩林儿跑掉了。以后刘福通就利用元朝政府治理黄河的机会组织反元斗争。当时黄河泛滥成灾,元朝政府用很大力量调了很多民夫、军队来做黄河改道的工作。民夫和军队都集中在一起,刘福通就乘机组织民夫发动反元斗争。军事行动开始之后,他们就假托韩林儿是宋徽宗的第九代子孙,刘福通是南宋大将刘光世的后代。他们以恢复宋朝的口号来团结一部分知识分子。所以红军有两套口号:一方面宣传"明王出世"、"弥勒佛降生"来团结和组织农民;另一方面以恢复宋朝政权相号召,团结社会上有威信的知识分子。而中心则是阶级斗争,推翻剥削阶级。

刘福通起兵之后,声势很大,得到了各个地方的响应。在江苏萧县有芝麻李起兵响应;安徽凤阳有郭子兴起兵响应,一下子就发展到几十万军队。他们从山里把韩林儿找出来,让他做了皇帝,建立了统治机构。同时分路出兵攻打元朝:一支由华北打到内蒙,以后东占辽阳,转入高丽;另一支打到西北;还有一支打到四川。

以上讲的是东部红军的情况。

西部红军的主要领导人叫彭莹玉,他是一个和尚,原来在江西袁州组织过一次武装起义,失败以后,就跑到淮水、汉水流域,秘密传教,组织力量。后来他找到徐寿辉,组织武装力量,进行反元斗争。徐寿辉被他的部下陈友谅杀掉以后,西部红军的主要领导人就是陈友谅。此外,徐寿辉的另一个部将明玉珍跑到四川，在那里也建立了政权。

从二十年的长期战争中，我们可以看出这样几种基本情况：

第一，不管是东边韩林儿这一支，或者是西边陈友谅这一支，他们遇到的最坚强的敌人不是元朝的军队。这时元朝军队已经失去了建国初期那种勇敢、彪悍的特征，无论是军官也罢，士兵也罢，都腐化了，不能打仗了，在与红军作战时，往往是一触即溃。既然元朝军队不能打仗，为什么战争还能延续二十年呢？原因就在于坚决抵抗红军的是一些地主阶级的武装力量。这些武装力量，元朝政府把它称为"义军"。这些力量很强大，最强的有察罕帖木儿、扩廓帖木儿父子所领导的这一支；此外，李思齐、张思道、张良臣等也都很有实力。至于小的地主武装就举不胜举了。这些地主武装为什么这样坚决地反对农民起义呢？因为红军坚决反对阶级压迫。应该说当时的农民革命领袖并没有消灭地主阶级的思想，若要把现代人的意识强加于古人，那是错误的。那个时代的人不可能有消灭地主阶级的思想，但是，他们恨地主阶级，因为他们世代受地主阶级的剥削、压迫，现在他们自己有了武装力量，就要对这些地主阶级进行报复。在这样情况下，各地的地主阶级都组织力量来抵抗红军。其中最强的是察罕帖木儿和李思齐这两支力量。所以，红军在几路出兵的千里转战中，所遇到的主要敌人不是元朝的正规军，而是这些地主阶级的武装。在红军遭到这些地主武装的顽强阻击而受到损失之后，元朝政府就承认这些地主武装，封给察罕帖木儿、李思齐、张思道、张良臣及其部队以官位和名号。

一方面是红军，他们要改变"贫极江南，富称塞北"的局面；另一方面，顽强抵抗红军的主要是地主阶级的武装力量，其中主要的数量最多的是汉人地主的武装力量。这就是从1348年到1368年二十年战争中的第一个基本情况。

第二，在二十年的斗争中，尽管起义的面很广，战争区域很大，军事力量发展得很快，但是始终没有形成统一的指挥。不管是刘福通这个系统，或者是徐寿辉这个系统，都是各自为政，互不配合。尽管在战争的过程中，东边的胜利可以支持西边，西边的胜利可以支持东边，可是战略上没有统一的部署，缺乏统一的领导。不只是东边这一支和西边这一支二者之间出现这种情况，就是在刘福通领导下的军事力量也是这样。军队从几路分兵出发，不能采取通盘的步骤，而是你打你的，我打我的。尽管他们也有根据地（刘福通建都今开封，陈友谅建都今武汉），但是在当时交通不便的情况下，前方和后方的联系很差，这支军队和那支军队之间的情况互不了解。尽管他们的军事力量都很强大，一打起仗来往往是几百里、几千里的远征，所到的地方都能把敌人打败，所消灭的敌人也很多，可是并不能把所占领的地方安定下来，没能建立起各个地方的政权。因此红军走了之后，原来的蒙古人和汉人地主的联合政权又恢复了。最后，这几支军队都由于得不到后方的接济，得不到友军的配合而逐个被消灭了。他们虽然失败了，但在历史记载上很少发现有投降元朝的，绝大多数都是战斗到最后。相反，不属于红军系统的那些反元力量，像浙江东部的方国珍（佃户出身），以苏州为中心的张士诚（贩私盐的江湖好汉出身），他们也是反抗元朝的，也都有自己的政权，建号称王，可是在顶不住元朝的军事压迫的时候，就投降元朝，接受元朝的指挥。过一个时期看到元朝军事力量不行了，又起来反对元朝。方国珍也罢，张士诚也罢，都这样经常反复。他们虽然反对元朝，但并没有像红军那样提出政治的、宗教的阶级斗争口号。在二十年战争中，最后取得胜利的不是这些人，而是在韩林儿的旗帜下成长起来的朱元璋。

朱元璋出身于红军。他家里很穷苦，没有土地。从他祖父起，就经常搬家，替地主干活。最后，他父亲在安徽凤阳（当时的濠州）的一个小村子里落了户。朱元璋小的时候给人家放牛羊，以后因为遇到荒年，瘟疫流行，他的父母、哥哥都死了，他自己没有办法生活，便在庙里当了和尚。庙里是依靠地租过活的（过去寺院里都有大量的土地），遇到荒年，寺院里也收不到租，当和尚也还是没有饭吃。朱元璋只好出去化缘、要饭。他在淮水流域要了三年饭。这三年要饭的生活对朱元璋一生的事业有很大的关系。因为我们上面讲到的彭莹玉就是在这一带地方进行活动，通过宗教宣传、组织反元斗争的。这样，朱元璋就不能不受到他的影响。同时，这三年的流浪生活也使朱元璋熟悉了这一带的地理、山川形势和风俗民情。三年后，朱元璋重新回到庙里。这时，濠州的郭子兴已经起兵，成为红军的将领之一。因为朱元璋和红军有来往，元朝政府就很注意他。他的处境很危险。但这时朱元璋还很彷徨，两条道路摆在面前：是革命呢？还是反革命呢？经过一番考虑，最后还是投奔了红军，在郭子兴的部下当了一名亲兵。朱元璋自己后来写文章回忆，说他当时参加这个斗争并不很坚决，而是顾虑很多的。参加了郭子兴的部队以后，他很勇敢，也能够出主意，能够团结一些人。后来成了郭子兴的亲信，郭子兴就把自己的养女马氏许配给他，这样他就成了郭子兴的女婿，军队里称他为朱公子。朱元璋在反元斗争中用计谋袭击了一些地主武装，把这些地主武装拉了过来。同时他又回到自己的家乡去吸收了一批人，当时有二十四个人跟他参加了红军，以后都成了有名的将领，开国名将徐达就是其中之一。郭子兴死了之后，朱元璋代替了郭子兴，成为韩林儿旗帜下的一支军事力量的将领。这时，他的力量还并不强大。那么，他为什么能够赢得战争的胜利，取得全国的政权呢？有这么几个因素：

  第一个因素是正当朱元璋开始组织军事力量时，刘福通部下的红军正在跟元朝的军队作战，元朝军队顾不上来打朱元璋。朱元璋占领区的北面都是红军，这样，就把他的军队和元朝的军队隔开了。所以，当红军和元朝军队作战时，朱元璋可以趁此机会壮大自己的武装力量，占领许多城市。

  第二个因素是他取得了地主阶级知识分子的支持。他起兵之后不久，就有一些知识分子投奔他，像李善长、冯国用、刘基、宋濂、章溢、叶琛等。这些人都是浙江、安徽地区的地主阶级知识分子，在地方上有些威望，而且都有武装力量。这些知识分子替朱元璋出主意，劝他搞生产、搞屯田。在安徽时，朱升劝他"高筑墙、广积粮、缓称王"。这就是要他先把根据地搞好，在后方解决粮食问题，一开始不要把目标搞得太大。李善长、刘基劝他不要乱杀人，不要危害老百姓，要加强军队纪律，要巩固占领的城市，并经常把历史上成功的经验和失败的教训告诉他。朱元璋本人也很用功地学习历史，他在进行军事斗争或政治安排时，总是要征求这些人的意见，研究历史上的经验教训。

这里有一个问题，朱元璋出身于红军，他反对地主，而地主阶级为什么要支持他呢？这不是一个很大的矛盾吗？要了解这个问题，必须从当时的具体历史情况来看。朱元璋本人要打击地主，因为他受过地主阶级的压迫。可是在进行军事斗争的过程中，他感到光像过去那样打击地主、消灭地主，不仅很难取得地主阶级的支持，而且会遭到地主阶级的顽强抵抗。所以，在他还没有成为一个军事统帅的时候，他就改变了红军的传统，开始和地主阶级合作，取得他们的支持。这是问题的一方面。另一方面，地主阶级怎么愿意支持他呢？前面不是说过，红军在北上的战争中所遇到的最大阻力不是元朝军队，而是地主阶级的武装吗？原因很简单，就是安徽、浙江地区的地主阶级，他们看到元朝政府已经不能维持下去了，他们不能再依赖元朝政府的保护，而他们自己的武装力量又无论如何也抗拒不了朱元璋的进攻；更重要的是他们理解到朱元璋欢迎他们，采取跟他们合作的方针。他们与其坚决反抗朱元璋而被朱元璋消灭，还不如依靠朱元璋，得到朱元璋的保护，以维护自己的阶级利益。所以，当朱元璋派人去请刘基的时候，刘基开始拒绝，可是经过一番考虑之后，最后终于接受了。

朱元璋的军队加入了这样一批力量之后，它的性质逐渐改变了。所以在他以后去打张士诚时所发布的一个宣言中，不但不再承认他自己是红军，反而骂红军，攻击红军，把红军所讲的一些道理称为妖言。尽管这时他在形式上还是接受韩林儿的命令，用韩林儿的年号，他的官爵也是韩林儿封的，但实质上他已经叛变红军。到了1368年，他已把陈友谅、张士诚消灭，派大将徐达进攻北京，这时又发布了一个宣言。在这个宣言中像红军所提出的"贫极江南，富称塞北"的口号都没有了。主要提些什么问题呢？夷夏问题。就是说少数民族不能当中国的统治者，只能以夏治夷，不能以夷治夏。他要建立和恢复汉族的统治。在这样的情况下，战争的性质改变了，不再是红军原来的阶级斗争的性质，而是一个汉族与蒙古族的民族战争。

1368年，朱元璋的军队很顺利地打下了北京。元顺帝跑到蒙古，历史上称为北元。元顺帝虽然放弃了北京而回到蒙古，可是他的军事力量并没有受到太大的损失，还仍然保持着比较强大的军事力量和完整的政治机构。他并不认为自己统治的王朝已经结束了，他经常派兵来打北京，要收复失地。所以在明朝初年明朝和北元还有几次很激烈的战争。到了洪武八年（1375年），北元的统帅扩廓帖木儿死了，蒙古对明朝的威胁才减轻了一些，但仍然没有结束。这时北元和高丽还保持着密切的关系，高丽的国王还照样是北元的女婿（每一个高丽国王都要娶蒙古贵族女子做妻子），在政治上仍然依附于北元。这种关系一直维持到洪武二十五年（1392年）。这一年，高丽内部发生斗争，大将李成桂为了取王朝而代之，他依靠明朝的支持，在国内发动政变，推翻了旧的王朝，建立了一个新的朝代。从此，高丽臣服于明朝。同时，李成桂在求得明太祖的同意之后，把国名高丽改为朝鲜。此后一直叫朝鲜，不再称高丽了。朝鲜国内的政治变革，反映了明朝和北元的斗争关系和势力的消长。

总结上面所说的历史情况，得到这样的结论：经过二十年长期的战争，一方面是红军（包括东、西两部分）和非红军（像方国珍、张士诚）；另一方面是元朝军队，更重要的是各个地方的汉人地主武装力量，在战争过程中这些汉人地主武装大部分被消灭了。也由于二十年的长期战争，各地人口大大减少，土地大量地荒废。因此1368年明太祖建国之后，他就不能不采取一些措施，改变这种情况。一个以农业为主要生产手段的国家，农业生产得不到保证，他就不能维持下去。因此，在明朝初年采取了一系列的办法：

第一，大量地移民。例如移江浙的农民十四万户到安徽凤阳，迁山西的一部分人口到河南、河北、安徽去。移民的数量是很大的，一移就是几万家、甚至十几万家。迁移的民户到了新的地方之后，政府分配给他们土地。这些土地是从哪里来的呢？就是一些在战争中被消灭的大地主的土地和无主荒地。此外，政府还给耕牛、种子、农具，并宣布新开垦的荒地几年内不收租，鼓励他们的生产积极性。

第二，解放匠户。元朝有所谓匠户制度。成吉思汗定下了这样一种办法：每打下一个城市之后，一般的壮丁都杀掉，但是有技术的工人，无论是铜匠、铁匠或其他行业的工匠都保留下来。把每个大城市的技术工人都集合在一起为官府生产，这些人就称为匠户。这些匠户几乎没有人身自由，世世代代为官府服役。明太祖把他们部分地解放了，给他们一些自由，鼓励他们生产。匠户数目很大，有几十万人。

第三，凡是战争期间，农民的子弟被强迫去当奴隶的，一律解放，给予自由。这样，增加了农业生产的劳动力。

第四，广泛地鼓励农业生产。明太祖采取了很多措施：规定以各地农业收成的好坏作为考核地方官工作成绩的重要标准之一，地方官每年要向中央报告当地人口增加多少，农作物的产量增加多少；大力鼓励农民种植桑树和棉花，规定每一户的土地必须种多少棉花、多少桑树和果树。而且用法令规定：只要能够种棉花的地方就必须种棉花，能够种桑树、果树的地方就必须种桑树、果树。这样，农民的副业收入增加了。关于朱元璋鼓励种棉花的措施特别值得提一下。在朱元璋以前，更具体地说，在1368年以前，我们的祖先穿的是什么衣服呢？有钱的人夏天穿绸、穿缎，冬天穿皮的（北方）或者穿丝棉。老百姓穿的是什么呢？穿的是麻布。有一本看相的书，就叫《麻衣相法》。当时棉花很少，中国自南北朝的时候就有棉花进口，但数量少。到宋朝时棉布还是很珍贵。可是到了明太祖的时候，由于大力提倡种植棉花,以及当时由于种种原因,纺纱、织布的技术提高了,因而棉布大量增加。这样,我们祖先穿的衣服就改变了,过去平民以穿麻衣为主,现在一般人都能穿上棉布衣服。并且形成了几个产棉区和松江等出产棉布的中心。也是在这个时期,棉花种子从中国传入了朝鲜。结果在不太长的时间内,朝鲜人也穿上了棉布衣服。

在农业生产发展,农业经济恢复的基础上,朱元璋采取了支持商业的方针。在南京和其他一些地方,都专门为商人盖了房子,当时叫做"塌房",以便他们进行商业活动。

所以,经过从1348年到1368年的二十年的长期战争,由于战争延续的时间长,涉及的区域广,战争的情况又极为残酷,使得社会上人口死亡很多,荒芜了很多土地。但是,经过洪武时期二十多年的努力以后,社会生产逐渐恢复并发展了,经济繁荣了。

那么,最后,问题归结到什么地方呢?朱元璋的政权依靠谁呢?

上面说过,元朝的大地主在战争中基本上被消灭了,在这种情况下,土地关系发生了重大的变化:第一种情况,过去土地比较集中,一个大地主占有很多土地,拥有很多庄园。现在这些大地主被消灭了,他们的土地被分配给了无地、少地的农民,或者是新来的移民。这样,一家一户几亩地,土地分散了,这是基本的情况。土地分散的后果是什么呢?在政治上是阶级矛盾的缓和。原来那些人口密度很高的地区(江苏、浙江一带),现在一部分地主被消灭了,一部分人口迁徙出去,留下来的农民有了部分土地,有了一些生产资料,这样,阶级关系就比过去缓和了。第二种情况与这相反,就是那些没有被消灭的地主,像李善长、冯国用、刘基、宋濂这些人,他们原来的土地不但保留下来了,而且有了发展。他们大都成为明朝的开国功臣,作了大官。第三种情况是出现了新的地主阶级。像朱元璋回家招兵时,跟他出来的二十四个人后来都成了他的大将、开国功臣,朱元璋给他们封公、封侯。这些人在政治上有了地位,经济地位也跟着提高了。明朝初年分配土地的结果,他们都成了新的地主阶级。

情况这么复杂,那么,整个说来,农民的土地问题解决了没有呢?没有解决。封建剥削还是存在,农民还是要向地主交租,还是受地主阶级的压迫,在某些地方甚至还有所加强。明太祖是红军出身,是反对地主阶级的,现在他自己成了全国最大的地主。因此,就发生了前面所提到的那种情况:明太祖建国之后,农民的反抗斗争就随之开始,一直到明朝灭亡。什么原因呢?因为阶级关系没有改变,土地问题没有解决。但是由于元末大地主阶级的土地分散的结果,使得在一定的历史时期内,某些地区的阶级斗争有所缓和,在这个基础上才有可能出现以后的郑和下"西洋"的事情。

上面所说的,牵涉到最近史学界讨论的一个问题,就是农民起义能不能建立农民政权的问题。这个问题有不少争论,涉及所谓皇权主义问题。中国的农民有没有皇权主义?有的人说有,有的人说没有。我们现在从朱元璋这个具体的人,以及从当时的具体历史事实来研究这个问题。我想,可以得出这样的结论:历史上任何农民战争最后必须要建立一种政权。政权有大有小,有的农民起义领袖自称为将军,因为他只知道将军是最大的;有的自称为"三老";有的称王;有的称皇帝。他们能不能采取别的称号呢?能不能不利用这些当时实际存在的、为大家所熟悉的名称,而采取跟当时历史实际没有关系的名称呢?或者说农民有没有这种可能,就是他们在建立政权时,不采取他们所反对的政权形式,而另外创立一种跟原来的政权完全不同的政权形式呢?没有!他们只能称将军,称"三老",称王,称帝,不可能称几百年、几千年之后的苏维埃共和国,不可能称总统或者主席。

因此,在谈到农民革命能不能建立政权的问题时,结论只能是:(1)它必然要建立政权。没有政权怎么办事?大大小小总要有一个机构;(2)它组织的政权跟当时现行的政权不可能完全相反,它只能运用它所熟悉的东西,而不能采取它所不知道的东西;(3)这个政权不可能是为农民服务的政权。因为它为了使自己能够长期存在下去,所能采取的办法只可能是封建国家压迫农民的办法,而不可能有其他办法。如果它要真正成为农民自己的政权,它就必须解决这样的问题:推翻地主阶级的统治,实行土地革命。但是这样的思想认识,在长期的封建社会里是不可能有的。任何国家的封建社会都没有发生过。它只能对个别地主进行报复,你这个地主欺侮过我,杀了我的人,我现在也把你杀掉,把你的房子烧掉,把你的东西抢来。这些都是可能做到的。但是要把整个地主作为一个阶级推翻,这在当时是不可能的。要知道,反封建这种口号的提出,还是近代的事情。而且就是在今天世界各国,除了我们已经完成了这个任务之外,还有很多地区没有解决这个问题。印度也算是一个共和国,但是它不反封建,印度的地主阶级照样存在。我们不能以19世纪、20世纪才出现的思想去要求封建社会的农民。而且从理论上来说,农民政权要建立起来,而且要巩固下去,它的收入从何而来?它的财政开支从何而来?那时没有现代化的大工业,国家财政开支只能取之于农民。除此之外,别无出路。所以,它只能采取封建国家对农民压迫的形式,而不可能有别的形式。因此,历史上所有的农民革命没有例外地在它取得政权之后,必然变质,他们从反对地主阶级开始,结果是自己又变成了地主阶级,新的地主阶级代替旧的地主阶级。这就是历史上农民革命不断起来的根本原因。

在土地比较分散的基础上,尤其是在这样一个空前的大国的情况下,朱元璋建立了一个高度中央集权的政权。关于政治机构问题,当时要完全改变明朝以前的政治机构,既不容许这样做,也没有必要这样做。元朝的中央政权机构有中书省(相当于我们现在的国务院),中书省的长官有左丞相、右丞相、平章、参知政事等官。中书省下面有管具体事情的各部。为了统治全国,元朝政府把中书省分出一部分到地方上,代表中央管理地方工作,叫行中书省,简称行省。行省的职权很大,民政、财政、军事一切都管。掌管监察的机关叫御史台,地方上有行御史台,简称行台。在这样的情况下,发生了权力分散的问题。所以后来元朝政府对地方的统治愈来愈弱。明朝初年（洪武元年到洪武十三年）继承了元朝的这个制度，中央还设有中书省，地方上设立行中书省。这就是上面所说的，农民革命不能创造出新的东西来，它只能模仿和继承已有的东西。

这种局面给朱元璋提出了一个问题，就是如何巩固和加强自己的统治问题。明初政权逐渐产生了很多矛盾，第一，明朝的政权是地主阶级的政权，但明初地主阶级分为旧地主和新兴地主两派。朱元璋起兵于淮河流域，而刘基等则是参加了红军的江浙地主。两个地主集团之间存在着矛盾。当时有一首诗说："城中高髻半淮人。"衣服穿得漂亮的、有钱的，多是两淮流域的人。两淮流域的新兴的地主阶级、官僚贵族，其中绝大多数不但拥有广大的庄园，而且还有大量的奴隶、家丁。有些将军还有假子。假子是朱元璋兴起的办法。他在起兵时把一些青年收作自己的儿子，像沐英、李文忠都是他的干儿子，也是他手下最有名的将领。他往往在派一个将军出去作战时，同时派一个假子去监视。在这种作风的影响下，他下面的许多将军也有很多假子，他们拥有武装力量，有土地，有很多奴隶。这样，就形成许许多多小的军事力量。他们往往不遵守政府的规定，违法乱纪。明太祖要把这些劳动力放在国家的控制下，他们却要放在自己的庄园里。这是第二个矛盾，两淮流域新兴的地主集团和国家，即和朱元璋的统治之间的矛盾。这两个矛盾从1379年到1381年逐步展开。两淮流域地主集团的代表人物胡惟庸在这个斗争中被杀了。除了上面所说的两个矛盾之外，还有第三，胡惟庸个人和朱元璋之间的矛盾，这是君权和相权之间的矛盾。皇帝应该管什么事，宰相应该管什么事，历史上没有明文规定过。在设置中书省的情况下，许多事情都由中书省掌握，中书省认为这件事情有必要请示皇帝就请示，认为没有必要请示的，就自己办了。胡惟庸这个人有野心，也很有才能，他在中书省多年，排斥了一些人，也提拔了一些人，造成他在中书省的强固地位。有许多事情他自己办了，明太祖根本不知道。以后明太祖发现了就很生气。这样，矛盾就发生了，而且日益尖锐。洪武十三年（1380年），这三个方面的矛盾终于全面爆发。按照明朝的规定，军队指挥权掌握在皇帝手中。这样，明太祖在这个斗争中取得了胜利，他假借一个罪名把胡惟庸杀了，还牵连杀了不少人。

　　胡惟庸被杀以后，明太祖根本改变了元朝以来的中书省、行中书省制度，取消了中书省。而且立了个法令，规定以后子子孙孙都不设宰相这个官。谁来办事呢？把原来中书省下面的六个部（吏、户、礼、兵、刑、工）的地位提高，来管理全国的事情，直接对他负责。结果他自己代替了过去的宰相，相权和君权合二为一，大大加强了中央集权。在地方上则取消了行中书省，把原来行中书省的职权分开，即民政、司法、军事分别由三个机构管理：布政使司（主管官叫布政使）管民政、财政，按察使司（主管官叫按察使）管司法，都指挥使司（主管官叫都指挥使）管军事。这三司都直接对皇帝负责。这种把一切权力都揽在皇帝个人手中的高度集权的状况，是在明朝以前没有过的。所以，封建专制主义经过一千几百年的发展，到了朱元璋的时候，形成了一个历史上从来没有过的高度中央集权制的政治系统。这样的政治制度跟当时的土地形态基本上是相适应的。过去土地很集中，皇帝权力的支柱是大地主。现在土地分散了，朱元璋依靠谁呢？依靠粮长。他收粮时，不是采取各地方官收粮的办法，而是采取粮长制。即某一个地方，谁的土地最多、纳粮最多的，就让他当粮长。每年收粮万石的地区就派纳粮最多的地主四人当粮长，由粮长负责这个地区的租粮的收运。政治制度的这种改变，适应了土地比较分散的情况，也保证了朱元璋的经济收入。因此，他对粮长很重视，每年都把这些人召到南京去，亲自接见，和他们谈话。发现了其中某些有能力的人，就提拔他们。他的政权依靠什么呢？就依靠这些人。他的统治基础就在这里。所以，明朝初年相当长的一个时期内一些官职的任用是来自粮长。粮长之外，各地还有很多富户和耆民，朱元璋也经常把他们找来，发现有才能的，就任用他们为官。所以，他的政权是以中小地主作为支柱的。政治机构的这种发展变化，是和当时的土地形态、经济关系相适应的。

可是，在这样高度集权的情况下又发生了另一个新问题：皇帝到底是一个人，不是机器，什么事都要自己管，什么报告都得看，国家这么大，事情这么多，他怎么管得了呢？他只有每天看公文，变成文牍主义者。我曾给他做过统计，从1384年（洪武十七年）9月14日到21日，八天内他收的文件有1666份，计3391件事情。他平均每天要看200份文件，处理400多件事情。这怎么可能长久搞下去呢？非变成官僚主义者不可。因此就发生了这样的矛盾：一方面他非看文件不可，怕别人欺骗他；另一方面，愈看愈烦，特别是那些空泛的万言书，更使他恼火。有一次，一个官员上了一份万言书，他看了好几千字，还没有看出什么问题，生了气，就把这个官员找来打了一顿屁股。打完之后又叫人继续念这个报告，念到最后五百字才提出一些问题，提出几条建议，而且还不错，这才知道打错了人。第二天，他向那个官员承认错误，他说：不过你的文章不该写这么长，最多写五百字就够了，为什么要写一万字呢？所以他就发起了一个反对文牍主义的运动，提出了一个写文章的格式，要求简单，讲什么事就写什么事，不要东扯西拉，从上古说到今天，没完没了。他希望通过这个办法使自己能够处理实际事务。结果还是不行。他一个人怎么能管那么多的事？以后他又另外想了个办法，找了一些有文才，能办事的五、六品官到内阁来做机要秘书，帮他做事。为了勉励这些人，就给他们一个称号，叫做大学士。上面加上宫殿名称，如武英殿、文渊阁、东阁、文华殿等等。这时，内阁还只是宫殿的名称，不是政治机构的名称。因为这些人是在内廷里办事，所以就叫殿阁大学士。后来，明成祖的时候，把这个办法制度化了，国家大事都集中在内阁办。内阁大学士在这里办事愈久，政治权力就愈大，官位就愈高，有的做到六部的尚书。这样，内阁大学士虽然没有过去丞相的名称，但事实上等于宰相。入阁也就是拜相。内阁大学士中的第一名称为首辅，就是第一个辅助皇帝的人。这时，内阁便正式成为政治机构了。

这个改变,在历史上是个很大的改变。皇帝的权力高度集中,提高了六部的地位,以后又设立内阁。明朝一直继承着这个制度。清朝也实行这个制度。所以,在政治制度上清朝是继承了明朝的。

随着经济的发展变化,土地占有形态也发生了变化。明朝前期土地比较分散,经过几十年之后,土地又慢慢集中了。到了明朝中叶,土地集中的情况已经很严重。到了万历时,土地集中到这样的程度,在张居正的信件里有一份材料,说一个姓郝的地主拥有土地七万顷。明朝建国时的土地不过是八百五十万顷,现在这一家的土地就等于建国时全国土地的百分之一。从明武宗(就是《游龙戏凤》中的那个正德皇帝)之后,皇帝大搞皇庄,左占一块地,右占一块地。北京附近的皇庄就有很多。不但是皇帝搞庄园,就是贵族也搞庄园。嘉靖的时候,封皇子到各地去作亲王,有一个亲王就有二万顷土地。万历封福王到河南洛阳,准备给他四万顷土地。这些土地是从哪里来的呢?都是从老百姓手里夺来的。把原来的自耕农变成了亲王的佃户。土地集中愈来愈严重,农民的生活愈来愈困难。凡是有皇庄的地方,不但皇庄内部的佃农要受管理皇庄的太监的统治,甚至周围的老百姓也要受皇庄管事人员的压迫和各种超经济剥削。你要过桥就要交过桥税,要摆渡就要交摆渡税。京戏《打渔杀家》中有一个肖恩抗鱼税。明末有一个大地主钱谦益,做大官,文章写得很好,却是一个没有骨头的人,后来投降了清朝。他占有几个湖,要湖边的老百姓向他交税。老百姓气极了,就把他的房子烧了,他的一个收藏了很多古书的"绛云楼"也被烧掉。所以《打渔杀家》这样的事在历史上是有根据的。

由于土地形态的变化,一方面使原来的政治机构不能适应,结果造成明朝政治上停滞的状态。明朝后期有这么两个皇帝:一个是嘉靖皇帝(明世宗),一个是万历皇帝(明神宗)。这两朝有共同点:明世宗做了很多年皇帝,但是他经常在宫廷里,不跟大臣们见面。万历皇帝也是如此。闹得有一个时期,六部很多长官辞了职,没人管事。他也不管,使朝廷很多问题不能解决。另一方面，由于土地高度集中，也促使农民起义以更大的规模开展起来，最后形成以李自成、张献忠为首的全国规模的大起义。

2.明太祖为什么建都南京？

明太祖之所以建都南京，主要是因为江苏、浙江、安徽这些地方比过去繁荣，是经济发达的地区，是粮食和棉花的产区。他建立了中央政权以后，有很多官员和军队，这些人吃什么呢？这就不能不依靠东南地区的粮食来养活。建都别的地方行不行？不行。以往的朝代建都洛阳、开封、西安，但这些地方交通不方便，粮食也供应不了。为了经济上的原因，他决定建都南京。可是这样发生了另外一个问题：军事上的问题怎么解决？元顺帝虽然跑掉了，但是他的军事实力并没有受到严重损失，他还保存着相当多的军队，并且时时刻刻在想办法反攻。因此，加强北边的防御，防止蒙古的反攻是非常必要的。不这样做，他的政权就不能巩固。但是建都在南京，对于在北方进行防御战争就比较困难了。当然，北边有一道万里长城，可是长城也要有人守才能发挥作用。因此，必须在北方驻重兵防守。可是把军队交给谁呢？交给将军行不行？不行，他不放心。如果他把十多万军队交给某个将军，一旦这个将军叛变，他就没有办法了。因此，他采取了分封政策，把自己的儿子封到沿边地区。第四个儿子燕王朱棣封在北京，其余的，宁王封在热河，晋王封在山西，秦王封在陕西，辽王封在辽东，代王封在大同，肃王封在甘肃。这些都叫做塞王。每一个王府都配有军队。亲王除了指挥自己的军队之外，在接到皇帝的命令以后，还可以指挥当地的军队。在有军事行动时，地方军队都要接受当地亲王的指挥。这样，就把每一个边防地区的军队都直接控制在中央的指挥之下了。

明太祖一方面建都南京，这样来解决粮食问题、服装问题；另一方面派自己的儿子到沿边地区去镇守，防止蒙古族南下；而且每年派亲信将领到北京来练兵，视察各个地方的军事情况，指挥军队，过一二年回去，然后又派人来，这样来巩固北方的边防。他自己认为这个办法是比较稳妥的。但是在他死后，情况发生了变化。他的大儿子早死了。孙子建文帝继位。当时他的第四个儿子燕王在北京，军事力量很强大，结果就发生了皇室内部的斗争。建文帝依靠的是一些知识分子，这些人认为亲王的军权太大，中央指挥不动，可能发生叛变，像汉朝时候的"七国之乱"一样。因此他们劝建文帝削藩，削减亲王的权力，把违法乱纪的亲王关起来或者杀掉。这样就引起了各个藩王的恐慌，最后燕王起兵打到南京。南京政权内部发生了变化，有的将军和亲王投降了燕王，建文帝自杀。（关于建文帝的问题，我们以后还可以讲讲。）建文帝被推翻以后，燕王在南京作了皇帝，就是明成祖。可是北方的军事指挥权交给谁呢？为了解决这个问题，明成祖决定把都城迁到北京。

我们讲了明太祖建国的问题。围绕这个问题，对当前正在争论的一些问题提出了一些看法。现在就农民起义、农民战争到底能不能建立自己的政权的问题进一步提供一点意见。

农民战争、农民起义到底能不能建立政权呢？答复是肯定的。既然农民战争是要推翻旧的政权，它必然要建立一个新的政权。这个政权有大有小，有地区性，名称可以是多种多样的。但是，这个政权是不是农民自己的政权呢？是不是跟封建地主阶级的政权相对立的政权呢？从所有历史上的农民战争来看，不能得出这样的结论。农民战争在建立政权以前，它是要摧毁、冲击或者削弱旧的地主阶级的政权的；但是，等到它自己建立了政权之后，它不可能不根据旧的地主阶级政权的样子来办事，它不可能离开当时为人们所熟悉的、行之多年的一套政治机构。要知道，摧毁旧的国家机器这样的理论，在《共产党宣言》里还没有提到，是在巴黎公社之后才总结出来的。无产阶级革命必须打碎旧的国家机器，建立新的国家机器，是只有在有了科学的共产主义理论，有了巴黎公社的经验之后才能得出的结论。既然是这样，中国历史上的农民战争怎么可能先知先觉，在还没有巴黎公社的经验的情况下，就能摧毁旧的国家政权，建立起农民自己的政权呢？这是不可能的。因此，在农民战争取得胜利之后，它所建立的政权必然变质。这也是一个历史规律，无论对谁都是一样的。汉高祖刘邦还不是变质了？！朱元璋还不是变质了？！明朝末年，李自成打到北京做了皇帝，他还不是变质了？！李自成在进入北京以前，能取得广大农民支持的原因之一，就是过去明朝政府收租很重，人民负担很重，他现在不收租了，叫做"迎闯王，不纳粮"，以不纳粮为号召。可是能不能持久呢？老百姓都不交粮了，他的军队吃什么？他的政权的经济基础、财政基础放到哪里？他难道能够喝空气过日子？不行，维持不下去。因此，他进北京后没有待多久就失败了。即使当时清军不入关，他的政权也不能延续多长时间，也不能巩固。因为他没有生产作基础，没有经济基础。农民种地不纳粮了，对农民来说很好；可是那时候没有大工业，一旦农民不纳粮，不但他的军队没有吃的，连政府的经费也没有来源了。这样，那个政权是不能维持下去的。它要维持下去，也非采取明朝的办法不可，就是向农民收租。

上面讲的是第一个问题。

第二个问题，中国历史上的农民战争有没有皇权主义。有不少人说俄国的农民有皇权主义，中国的农民没有，好像中国的农民是另外一种农民。中国的农民没有皇权主义，那么他们有什么主义呢？任何一次农民战争，它要建立一个政权不可能不根据现存的政权来办事，它不能离开现实。农民起义的领袖们只能够把当时为他们所熟悉、所理解的政权形式作为自己的政权形式。可是有些人硬要把中国的农民战争区别于其他国家的农民战争。当然，这个国家和那个国家的农民战争是有很多不同之点的。但是，从皇权主义这一点来说，不能不是相同的。理由是它们都不能够离开现实政治。当时的农民除了他们所熟悉的政权形式之外，不可能创造出当时还不可能有的政权形式来。不只是农民战争如此，连旧时代的一些神话、传说也是如此。大家都熟悉的《西游记》，孙悟空大闹天宫，天上的组织形式，玉皇大帝的那一套机构还不是反映了人间的机构。龙宫中龙王老爷的机构同样不能离开当时的现实，都是当时社会现实的反映。

　　第三个问题，对明太祖这个历史人物的评价问题。明太祖这个人到底是好人还是坏人？是应该肯定还是应该否定？当然应该肯定。因为他做了好事，他结束了长达二十年的战争混乱局面，统一了中国。统一这件事，在历史上是了不起的事情。而明太祖的统一中国，在历史上还有另外一种性质和意义。当时以北京和大同为中心，包括河北、山西及内蒙古一部分的这个地区，从唐末以来叫"燕云十六州"。从唐玄宗天宝末年，具体地说，从公元755年起，这个地区发生了"安史之乱"。以后虽然用很大的力量把这个战争结束了，但这个地区还是分裂了，少数民族化了。五代十国的时候，这个地区被一个卖国的奴才皇帝石敬瑭割让给了辽。从此，北京就成为辽的南京。在辽和北宋对立的时期，北宋从宋太祖起一直到宋神宗，曾经多少次想收复这个地方，几次出动军队，结果都失败了，没有能够统一。北宋末年，金灭掉辽，并继而推翻北宋政权，这样，便出现了金和南宋对峙的局面。后来元朝统一了。这时，不但是燕云十六州少数民族化，而且是整个国家都在蒙古族的统治之下。明太祖通过二十年的大规模的农民战争，把历史上长期没有解决的问题解决了，即把从公元755年起，一直到1368年长期在少数民族统治或者影响之下的北方广大地区统一了。过去多少世代没有能够完成的任务，到明太祖完成了，这是一个很大的历史功绩。所以，从那个时候起，北京一直是中国的政治中心。在这样的基础上，我们中华人民共和国才有条件建都北京。

　　其次，朱元璋统一中国之后，采取了许多鼓励生产的措施。因而，三十多年以后，人口慢慢增加了，开垦的土地面积也慢慢扩大了。到他晚年的时候，全国已开垦的土地有800多万顷，合8亿多亩。今天我们的耕地是多少呢？大概是16亿亩，也就是说，明太祖时期的耕地相当于我们现在的一半。人口增加了，耕地扩大了，生产发展了，人民生活也比过去好了，这应该说是他做了好事，在历史上起了进步作用。

还有一点，他建立了一个高度的封建中央集权的国家。这样一种政治制度，明清两代基本上没有什么改变。

因此，我们可以得出这样一个结论：明太祖在历史上是一个有地位的、了不起的人物，是应该肯定的。

反过来说，这个人是不是一切都好呢？不是的，他有很多缺点，做了不少坏事。不要说别的，我们就举这样一条：他订了一些制度，写成一本书叫《皇明祖训》。定制度是可以的，可是有一点，他不许他的后代改变。这个作法就有了问题，时代变了，情况不同了，可是老办法不许改变，用老办法适应新形势。这样，就影响到以后几百年的发展，把后代的手脚都捆住了。蒋介石有一句话，叫做"以不变应万变"。明太祖就是这样，以不变应万变。这是一种唯心主义的办法，很不合理。以后在政治上、经济上往往不能不改变，可是又不敢改变。原因何在？就是被这个东西捆住了。他定了这样的制度：把他的儿子封为亲王，封在那个地方以后，国家给这个亲王多少亩土地，每年给多少石粮食。这个制度定下来以后，过了一百多年，中央政府就不能负担了。像河南省征收来的粮食，全部给明太祖封在河南的子孙都不够，成为当时最大的一个负担。到了明朝末年，朱元璋的子孙有十几万人，这些人一不能做官，二不能种地，三不能搞手工业，四不许作生意，只能坐在家里吃饭，而且要吃好饭。这样，国家就养不起了。当然，他在其他方面的缺点还很多，我们今天不能做全面的评论。

现在我们讲第一部分的第二个问题。

明成祖迁都北京

上一次讲了明太祖定都南京。到了第三代明成祖（十三陵长陵埋的那个皇帝）时，把朝廷搬到北京来了。这件事情在历史上有什么意义？他当时为什么非迁都不可？

前面讲到，明太祖的军队打到北京以后，元顺帝跑掉了，元朝失去了在长城以内地区的统治权。尽管如此，元顺帝的军事力量、政治机构都还存在。因此，他经常派遣军队往南打，要收复失地。他认为这个地方是他的，他们已经统治了八九十年。而当时明朝的都城是在南京。为了抵抗蒙古的进攻，明太祖只好把他的许多儿子封在长城一线作塞王。可是现在情况变了，明成祖自己跑到南京去了；此外，原来封在热河的亲王叫宁王，宁王部下有大量蒙古骑兵。明成祖南下争夺帝位之前，先到热河，见到宁王就绑票，把宁王部下的蒙古骑兵都带过来了。他利用这些蒙古骑兵作为自己的军事主力，向南进攻取得了胜利。从此之后，他就不放宁王回热河，而把他封到江西去。这样一来，在长城以北原来可以抵抗蒙古军进攻的力量便没有了。原来他自己在北京，现在自己到了南京，因而就削弱了明太祖时代防御蒙古军进攻的力量，防御线有了缺口，顶不住了。因此，他不能不自己跑到北京来指挥军队，部署防御战。因为他自己经常在北京，当然政府里的许多官员也都跟来北京，北京慢慢变成了政治中心。于是他开始修建北京，扩建北京城，大体上是根据元朝的都城来改建的。元朝时北京南边的城墙在哪里呢？在现在的东西长安街。明朝就更往南了，东西长安街以南这个地区是明朝发展起来的。德胜门外五里的土城是元朝的北城，明朝往南缩了五里。明成祖营建北京是有个通盘安排的，他吸取了过去多少朝代的经验。所以街道很整齐，几条干线、支线把整个市区划成许多四四方方的小块。有比较完整的下水道系统，有许多中心建筑。从明成祖到北京以后，前后三十多年，重新把北京建成了。和这个时期的世界其他各国比较，北京是当时世界各国首都中建筑比较合理的、有规划的、最先进的城市。没有哪一个国家的首都比得上它。有人问：北京还有外城，外城是什么时候建筑的？外城的修建比较晚，是在公元1550年蒙古军包围北京的紧急情况下，为了保卫首都才修建的。但是因为这个工程太大，只修好了南边这一部分，其他部分就没有修了。至于现在的故宫、天坛那些主要建筑，也都是在那个时代打下的基础。应该说明，现在的故宫并不是原来的故宫，认为明成祖修的宫殿一直原封未动地保留到现在是错误的。故宫曾经经过多次的扩建和改修。过去三大殿经常起火，烧掉了再修。起火原因很简单，就是太监放火。宫廷里有许多黑暗的事情，太监偷东西，偷到不可开交的时候，事情包不住了，就放火一烧了事。烧掉了再修，反正是老百姓出钱。明清两代宫廷里经常闹火灾就是这个道理。故宫的整个建筑面积有17万平方米左右，光修故宫就用了二十年的时间。我们人民大会堂的建筑面积是17.4多万平方米，比整个故宫的有效面积还大。明朝修了二十年，我们只修了不到一年的时间，这个比较是很有意思的。由于从明成祖一直到明英宗连续地营建北京，政治中心就由南京转到北京来了，北京成为国都了。

以北京作为一个政治、军事的中心，就近指挥长城一线的军事防御，抵抗蒙古族的军事进攻，保证国家的统一，从这一点来说，明成祖迁都北京是正确的。如果他不采取这个措施的话，历史情况将会怎样，就很难说了。

即使明成祖迁都北京，并集中了大量的军队在这里，但在明朝历史上还是发生了两次严重的军事危机。一次是在公元1449年，一次是在1550年，中间只相隔一百零一年。

第一次危机叫"土木之役"。土木是什么意思呢？在今天官厅水库旁边的怀来县，有一个地方叫土木堡。当时蒙古有一个部族叫瓦剌，它的领袖叫也先。也先带兵来打明朝，他的军事力量很强大，从几方面进攻，一方进攻辽东，一方攻打山西大同。那时明朝的皇帝英宗是个年轻人，完全没有军事知识。他相信太监王振。王振也是完全没有军事知识的。王振劝他自己带兵去抵抗，他就糊里糊涂带了五十万大军往当时正被瓦剌部队包围的大同跑。还没有到那里，大同的镇守太监郭敬就派人来向皇帝报告，说那里情况很严重，不能去。于是就班师回朝。王振是河北蔚县人。他想

◎ 历史的镜子

要英宗带着五十万大军到他家乡去玩玩，显显自己的威风。刚出发，他又一想，五十万大军所过之处，庄稼不就全踩完了！对自己的利益有损害，又不愿去了。这样来回一折腾，走到土木堡那个地方，敌人就追上来了。当时正确的办法应该是进入怀来城内坚守。下面的将军也要求进城。王振不干，命令部队就地扎营。但是这个地方附近没有水源，不宜于坚守。结果五十万大军一下子被敌人全部包围了，造成了必败的形势。在这个高地上待了两天，五十万人没吃没喝。到第三天他让部队改变营地。部队一改变营地，敌人就趁机冲锋。结果全军覆没，皇帝被俘虏了，王振也死于乱军之中，造成了很严重的军事危机。这是历史上最不光彩、最丢人的一次战争。

这时候北京怎么办呢？没有皇帝，五十万大军全部被消灭了，北京只剩下一些老弱残兵。情况很紧张。许多官员纷纷准备逃难，家在南方的主张迁都南京，认为北京反正守不住了。在这种情况下，比较有见解的兵部侍郎（相当于现在的国防部副部长）于谦反对迁都，他认为北京能够守住。如果迁都到南京去的话，北方没有一个政治中心，那么整个黄河以北的地区便都完了。他坚决主张抵抗，反对逃跑。他的主张得到了人民的支持，也得到了明英宗的兄弟郕王（不久即帝位，就是明景帝）的支持。于是就由于谦负责组织北京的保卫战。于谦组织了军事力量，安排了防御工作，跟人民一起保卫北京；并且在政治上提出了一套办法，他告诉所有的军事将领：我们现在已经有了皇帝，要坚守地方。这样，加强了全城军民保卫北京的决心。果然，也先把俘虏去的明英宗带到城外诱降，说：你们的皇帝回来了，赶快开门。他以为这样可以不战而取得北京城。但是守城的官兵们依照于谦的指示，坚决地回答说：我们有了新的皇帝了。各地方都是坚决抵抗，没有一个受骗的。结果明英宗在也先手里成了废物，不能起欺骗作用了。由于依靠了人民群众，北京的保卫战取得了胜利。这时，各地的援军也不断前来。也先见占不到便宜，便只好退兵。这样，北京保卫住了，整个黄河以北的地区保卫住了。

明英宗在也先手里起不了作用，有人就替也先出主意：明朝的皇帝留在这里没有用，还要养他。不如把他送回去，在明朝中央政权内制造弟兄俩之间的矛盾。这样，也先就把明英宗送了回来。明英宗回来后不能再做皇帝，被关起来了。八年之后，明景帝生了病，政府里有一派反对明景帝和于谦的人，还有一些不得志的军人、政客，他们把景帝害死，把英宗放出来重新做了皇帝。英宗出来之后，就把于谦杀害了。

明景帝和于谦对于保卫北京立下了很大的功劳，对人民是有功的。景帝是个好皇帝，他的坟墓不在十三陵。七八年以前，我和郑振铎同志一起在颐和园后面把他的坟墓找到了，并重新修理了一下。作为一个公园。因为他是值得我们纪念的。

从以上说的情况可以看出，如果不是建都在北京，那么1449年也先军队的进攻是很难抵抗的。

过了一百零一年，即1550年，蒙古的另外一个军事领袖俺答又率兵包围了北京。情况也非常严重。也是因为北京是一个首都，是一个政治和军事中心，经过艰苦的斗争，俺答也像也先一样，由于占不到便宜而退回去了。

北京在明朝历史上经受住了这样两次考验。由此可以说明明成祖迁都北京是必要的和正确的，无论从军事上和政治上来说，他都做对了。

但是，仅仅只把政治、军事中心建立在北京还是不够的。当时东边从辽东起，西边到嘉峪关止，敌人从任何地方都可以进来。当然，从山海关往西有一道万里长城。可是城墙是死的，没有人守还是不能起作用。所以，必须要在适当的军事要点布置强大的军事力量。因此，明朝政府在北方沿边一线设立了所谓"九边"。"九边"是逐步发展起来的。开始只建立了四个镇，即辽东、宣府、大同、延绥。跟着又增加了三个镇：宁夏、甘肃、蓟州。以后又加上太原、固原二镇。这九个军事要塞，在明朝合称"九边"，是专门对付蒙古族的。每一个军事中心都有很多军队，譬如明朝后期，光在蓟州这个地方就有十多万军队。

九边有大量的军队，北京也有大量的军队。这些军队吃什么呢？光依靠河北、山东、山西这几个地区的粮食是不够供应的，必须要从南边运粮食来。要运粮食，就要有一条运输线。当时没有公路、铁路，只能通过运河水运，把东南地区的粮食集中在南京，通过运河北上。一年要运三四百万石粮食来北京养活这些人。所以运河在当时是一条经济命脉。这种运输方法，当时叫做漕运。为了保护这条运输线的安全，明朝政府专门建立一个机构，派了十几万军队保护运河沿线。明朝是如此，清朝也是如此。

把军事、政治中心放在北京，北方的问题解决了。可是发生了另外一个问题：南方发生了事情怎么办？于是就把南京改为陪都。陪都也和首都一样，除了没有皇帝之外，其他各种组织机构，北京有一套，南京也有一套。北京有六部，南京也有六部。因为南京没有皇帝，便派一个皇帝亲信的人做守备。当时的大学叫国子监，国子监也有两个：一个叫"北监"，一个叫"南监"。北监在北京，就在孔庙的旁边。北监、南监都刻了很多书，叫北监本和南监本。当然，陪都和首都也有区别，首都的六部（吏、户、礼、兵、刑、工，六部的部长叫尚书，副部长叫侍郎）有实权，而陪都的六部没有实权。所有的事情都集中在首都办。南京的这些官清闲得很，没有什么事情可做。这些人大都是些政治上不得志的人，在北京站不住脚，有的年纪大了，做不了什么事，就要他到南京去做一个闲官，有饭吃，有地位，可是没有什么事情可做。我们研究这个时代的历史要了解这一点。那么，他在南方搞一套机构的目的是什么呢？第一，以南京为中心来保护运河交通线；第二，以南京为中心，加强对南方人民的统治。南方各个地区发生了人民的反抗斗争，就可以就近处理、镇压。

明成祖迁都北京，这不但是抵抗蒙古族南下的一个最重要的措施，同时也为北京附近地区生产的发展、文化水平的提高、都市的繁荣创造了有利的条件。有了这个基础，清朝入关后才能继续建都北京。我们在全国解放之后，才有条件继续建都北京。这是一个历史发展的过程。我们国家建都北京，是经过了慎重、周密的考虑的。当时在讨论这个问题时，也有人提出不同的意见，他们认为北京是一个学术中心，首都最好建在别的地方，不要建在北京。北京一建都，就成为政治中心了。这些人认为政治是很不干净的东西，所以反对建都北京。甚至在我们建都北京之后，还有不同的论调。一些人认为旧北京城不能适应我们今天的政治要求，因此应该在复兴门外建一个新北京，把旧北京甩开。他们举了很多条理由。但是我们有一条：北京在1949年有一百几十万人口，你要把国家的中央机关放在复兴门外，孤孤单单地和人民脱离了，这在政治上是错误的。过去十几年以来，不断有这样的争论。现在事实证明：第一，今天建都北京是正确的；第二，在北京的旧基础上来扩建新北京也是正确的。中央机关——无产阶级的最高政权机关脱离人民行不行呢？当然不行，那是原则性的错误。当然还有其他方面的争论，今天不能多讲了。这是从明成祖迁都北京，顺便讲到我们今天的北京。

"北虏"、南倭问题

这里谈谈另外一个问题，就是如何对待明朝和蒙古族的关系问题。明朝和蒙古族的关系始终是敌对的。从1368年之后，一直到明朝灭亡，几百年间始终是敌对的关系。我们今天来研究过去的历史，应该实事求是地处理这个问题。在历史上是敌对的关系，你就不能说那个时候我们已经贯彻了民族政策，汉族和兄弟民族都是友好相处的。这是一方面。另一方面，今天我们国家是各民族团结的大家庭，实行民族团结的政策，各民族互相尊重，友好相处。在这样的情况下，我们怎么来看待历史上的民族关系？譬如明朝和蒙古族的关系，北宋和契丹的关系，清朝满族和汉族的关系，等等。对这些问题，有不少人感到难以处理。其实很简单，从今天学习历史的角度来说，从几千年各个民族发展的历史来说，我们应该把我们国家历史上的民族关系当作内部矛盾来处理。无论是蒙古族或者契丹，无论是西夏或者女真，都是这样。经过几年的研究，我们得出这样的看法：就是凡是今天在我们中华人民共和国的疆域之内的各民族，不论是哪一个民族，历史上的关系，都是我们自己内部的问题，不能当作敌我矛盾来处理，不能把它们当作外国。要是当作外国，那问题就严重了。我们不能继承解放以前那些历史书、教科书和某些论文中的带有民族偏见的错误观点。总之，我们今天的看法可以分为两个方面：一方面必须实事求是，历史是怎么样就怎么样写。明朝和蒙古族是打了几百年的仗，这个历史事实不能改，在当时是敌对关系，这一点不能隐讳，也不能歪曲。另一方面，凡是我国疆域以内的各民族，不管它在历史上是什么关系，今天我们看都是内部问题，内部矛盾。两个兄弟吵架，不能作为侵略和被侵略来处理。今天，蒙古族是我们五十几个兄弟民族里面的一个，我们今天来讲这段历史的时候，就不能像当时那样对蒙古族采取诬蔑、谩骂、攻击的语言。要互相尊重。明朝是骂蒙古族的，蒙古族也骂明朝，这是历史事实。但这是他们在骂，不是我们在骂，我们应该实事求是地记录。如果我们也用自己的话来骂就不对了。你有什么道理骂蒙古族？你根据什么事情骂？所以要正确处理历史上的民族关系。

至于区别战争的性质问题，是正义战争还是非正义战争的问题，我们不能把少数民族打汉族的战争不加区别地都说成是正义的，也不能把汉族为了自卫而进行的战争都说成是非正义的。应该就事论事，就战争发生的原因、经过情况、是非来判断战争的性质。比如说，汉朝和匈奴的关系。匈奴来打汉朝，他抢人家的东西，屠杀人畜；汉朝为了自卫，就应该还击，这当然是正义的。唐朝和突厥的关系也是一样。突厥经常来打，唐朝为了自卫进行还击，也是正义的。明朝和蒙古族的关系。蒙古族要南下，明朝组织力量反抗，这同样也是正义的。但是，历史上汉族与少数民族之间的战争，也不是正义都在汉族的一边，这需要根据当时历史情况做出具体分析，不能一概而论。汉族经常欺侮一些小民族，打人家，这是非正义的。少数民族中的一些统治阶级为了自己的阶级利益，闹分裂，闹割据，打汉族，也同样是非正义的。所以要具体分析，不能笼统地对待。不是哪个民族大、哪个民族小的问题，也不是简单的谁打谁的问题，而是要根据战争的情况、双方人民的利益来判断战争的正义性与非正义性。

明朝和蒙古族的关系始终是敌对的关系，这个问题以后到清朝才解决。清朝打明朝经过了长期的战争，在这个战争中清朝采取联合蒙古族的政策，取得了蒙古族的支持。在入关之后，清朝对待蒙古族的政策是通过婚姻关系来保持满、蒙两个民族之间的和平，清朝皇帝总是把自己的女儿嫁给蒙古族的酋长。乾隆过生日时，来拜寿的一些蒙古族酋长都是他的女婿、孙女婿、曾孙女婿。所以，万里长城在清朝失去了意义。秦始皇修筑万里长城在历史上是起了作用的。早在战国时代，北方一些国家，像燕国、赵国为了抗拒外族的侵略，已经修筑了一些城墙。秦始皇统一六国之后，把这些国家所修的城墙联结起来加以扩展，就成为万里长城。我们现在看到的长城是经过许多朝代修建的，特别是青龙桥八达岭这一段不是秦始皇修的，而是明朝后期修的。我们在评论历史上某一件事情的好坏时，应该用辩证的方法。秦始皇修万里长城花了很大的力量，死了不少人，这是坏的一方面；可是另一方面，长城在漫长的历史过程中也的确起了作用。虽然它不能完全堵住北方各民族向南发动战争，但是，无论如何，它起了一部分作用，至少因为有了这样一个防御工事，使得长城以南众多的人口可以从事和平的生产。把长城的作用估计过高，认为有了这一条防线，北方的少数民族就进不来了，这是错误的。它们还是进来了，而且进来不止一次。但是，由于有了这个防御工事，使得北方一些少数民族的军事进攻受到阻碍，这种作用，直到明朝还是存在的。所以明朝还继续修缮长城。只有到了清朝，这样的作用才不再存在了。当然，清朝和蒙古族也有几次战争，不过跟明朝的情况比较起来就不同了。明朝和蒙古族始终是敌对的关系。清朝不是这样，清朝和蒙古族只是个别时候发生过战争。今天情况就更不同了，国家性质改变了，我们采取民族团结、民族区域自治的政策，内蒙古自治区是我们中华人民共和国组成部分之一，现在长城只是作为一个历史文物而保留着。世界上有七大奇迹，长城是其中之一，是世界上最伟大、最古老的工程之一。

明朝和蒙古的关系，是明朝历史上的一个特征，跟过去的情况不一样，跟以后的情况也不一样。此外，明朝和倭寇的关系，即所谓南倭问题，也是这个时代很突出的一个问题。明朝以前没有这样的情况，明朝以后也没有这样的情况。

研究明朝和倭寇的关系，光从中国的情况、中国的材料出发，还不可能得到全面的理解。还必须研究日本的历史。不研究日本的历史就很难理解当时为什么会有那么一些人专门从事抢劫，进行海盗活动，而且时间是如此之长，破坏是如此之严重。但是看看当时日本国内的情况，问题就很容易理解了。所以我们先讲讲日本的情况。

明朝的历史是从1368年开始的。而日本从1336年起，内部分裂为南朝、北朝。京都是北朝的政治中心，吉野是南朝的政治中心。这个分裂的局面，长达六十年之久。一直到1392年南朝站不住了，才投降了北朝。分裂期间，日本有两个天皇：京都有一个天皇，吉野有一个天皇。正当日本南北朝分裂的时候（1336—1392），明朝建立起来了。明朝建立初年，正是日本南北朝分裂的后期。

当时日本的政治形势怎么样呢？日本有天皇，可是那个天皇是虚的、无权的，是一个傀儡。不只是那个时候的天皇是傀儡，凡是明治维新以前的天皇都是傀儡，地位很高，可是政治上没有实际权力。掌握实权的是谁呢？是将军。当时的将军称为征夷大将军。将军有幕府，当时的幕府叫室町幕府，也叫足利幕府。那时日本处在封建社会，有很多封建领主，这些封建领主有很多庄园，占有很多土地，有自己的军事力量，他们不完全服从幕府的命令，各自在自己的势力范围内实行封建割据。足利幕府建立之后，由于他的经济基础很薄弱，不能完全控制他们。所以，在足利幕府时代，由于地方经济的发展，封建领主势力强大，在幕府控制下的中央财政发生了困难。怎么办呢？它就要求和明朝通商，做买卖。足利幕府的第三代叫足利义满，他派人到明朝来，要求和明朝通商。明朝政府当然欢迎，但是对日本的情况不了解，对国际形势缺乏知识，不知道日本国内已经有了天皇，糊里糊涂地就封足利义满为日本国王。足利义满希望通过和明朝通商来加强自己的经济地位，减少财政困难。但是，由于当时日本是处在一种分裂割据的状态，那些大封建领主并不听他的话。而在那些大封建领主下面有一批武士，由于得不到土地，生活困难，于是他们就到海上去抢劫，成为倭寇。这就是倭寇的来源。所以当时的情况是，一方面幕府和明朝有交往；另一方面幕府下面那些封建领主一批批地来破坏这种交往，到处抢劫。幕府不能控制那些诸侯、封建领主，最后发生了内战。从1467年到1573年这个时期，是日本历史上的"战国时期"。这个时期延续了一百多年，日本国内到处打来打去，战争频繁，人民不能正常地进行生产，因而土地荒废，粮食不够。这样，就使更多的人参加到倭寇的队伍中来。这就是日本在"战国时代"，也就是明朝中期（1467—1573）之后，倭寇侵略更加严重的原因。

　　从中国的情况来说，中国遭受倭寇的侵犯从明朝一开始就发生了。在明朝建国以前，倭寇已经侵略高丽。那时候，高丽王朝的政治很腐败，没有能力抵抗。接着倭寇南下骚扰我国沿海各地，从辽东半岛到山东半岛，到江苏、浙江、福建、广东，到处侵犯。洪武二年（1369年）明朝政府派海军去抵抗倭寇。1384年之后又派了一个大将在山东、江苏、浙江沿海地区修了59个军事据点防御倭寇。1387年又在福建沿海地区修建了16个军事据点。所以，从洪武时代起，倭寇就已在危害中国。在永乐时代，1419年倭寇大举进攻山东沿海地区。明朝军队狠狠地打了它一下，把这一股倭寇全部消灭了。倭寇的侵扰引起了明朝政府内部在政治上的争论。当时明朝政府专门设立了三个对外贸易机构，叫做"市舶司"。这三个市舶司设在广州、宁波和泉州。这些地方是当时的对外通商口岸，外国人可以到这里来做买卖。当倭寇侵略发生之后，有的人认为，倭寇之起是由于对外通商的缘故，因为你要做买卖，所以日本海盗就来了。最好的办法就是把市舶司封闭掉，对一切国家一概不做买卖。这种论调在明朝政府中占了优势，结果在1523年把三个市舶司撤销了。

撤销市舶司之后发生了另外一个问题。浙江、福建、广东等东南沿海地区，人口密度高，人多耕地少，不少人没有生产资料。这些人作什么呢？在通商的时候他们借一点资本出去做买卖，买一些外国货到中国来卖；把中国的土产卖出去。因此，这些人是依靠通商来维持生活的。这是一种情况。另外还有一种情况，就是东南沿海的一些大地主，他们看到对外通商的收入比在农业生产上进行剥削要多好几倍，因此从事对外贸易。他们自己搞了很多海船载运中国土产出国；同时把外国商品带回来卖。沿海大地主依靠通商发财，这在当时叫做"通蕃"。"通蕃"的历史已经很久了，宋朝后期就有许多大地主组织船队出海通商的事。宋代关于这一类事情的记载很多。元朝也有。民间有这样一个传说，说明朝有一个大富翁叫沈万三，他家里有一个聚宝盆，这个盆里可以出很多宝贝。这是传说，事实并不是这样。事实是他搞对外贸易发了财。有人说他富到这样的程度，明太祖修建南京城时，有一半是他出的钱；此外，每年还要他出很多钱。因为在明朝和元朝作斗争的时候，他曾经站在元朝这一边。所以后来明太祖干脆把他的家产全部没收了，把他充了军。有的说是充军到云南，也有的说是充军到东北。这个故事说明，当时是有这么一部分人是依靠通商和对外贸易来发财的。所以，当时东南沿海地区的情况是，一方面许多贫民依靠对外通商来维持生活，其中有一些穷苦的人长期停留在国外，这一批人就成为华侨。现在南洋各个地方都有华侨，大体上以广东、福建人为多；另一方面，沿海一些大地主依靠通商来发财。因此，当1523年，由于倭寇不断骚扰沿海，明朝政府封闭了市舶司，断绝了对外通商关系时，就发生了新的问题：一方面很多穷苦人失去了生活来源；另一方面，沿海大地主失去了发财机会。他们要求恢复通商。在这种情况下，某些地主集团便采取反抗手段。你禁止通商，他就秘密通商。他们自己组织船队出去，其中有一些照样发了财，有一些就遭到倭寇的抢劫；而另外一些则采取和倭寇合作的办法，他们也变成了倭寇。他们组织船队出去，能够做买卖就做买卖，不能做买卖就抢。因此，倭寇主要是日本海盗，但其中也有一部分是中国人。

除了倭寇之外，当时还有一种情况，即在16世纪初年（1513年），葡萄牙人到东方来了。这些葡萄牙人一方面进行通商活动；另一方面也进行海盗活动。不但进行海盗活动，而且占据了我国福建沿海的一些岛屿。

1546年，也就是日本的"战国时代"，倭寇对沿海的侵略更加严重了，浙江宁波一带受到严重的损害。明朝政府派了一个官员总管浙江、福建两省的军事，防御倭寇。这个官员叫朱纨，他坚决执行禁海方针，任何人都不许出去。坚决用军事力量打击倭寇，打击葡萄牙海盗。把抓到的九十多个海盗头目——有日本人，有葡萄牙人，也有中国人——都杀掉了。这样一来引起政治上的一场轩然大波。因为被杀的这些人里面，有一些是沿海的大地主派出去的，把这些人杀了，就损害了沿海大地主阶级的利益。这些大地主集团在北京中央政权机构里的代言人（主要是一些福建人）大叫起来了，他们向皇帝控告朱纨，说他在消灭海盗时，错杀了良民和好百姓。这样就展开了政治斗争。在政府里和地方上形成两派：一派要求对外通商；一派反对通商。大体上沿海一些大地主坚决主张通商，而内地一些大地主反对。为什么内地的大地主反对呢？因为他们不但得不到通商的好处，而且海盗扰乱的时候，还要出钱。他们吃了亏。通商派和反通商派的斗争很激烈，代表闽浙沿海大地主利益的许多官员都起来反对朱纨。朱纨也向皇帝上疏为自己辩护，并且很愤慨地说："去外国盗易，去中国盗难；去中国濒海之盗易，去中国衣冠之盗尤难。"这样，浙江、福建沿海的大地主集团更加恨他，对他的攻击更厉害了。结果明朝政府就把他负责的浙江、福建两省的军事指挥权撤销了，并且派了一个官员来查办这件事。最后朱纨在"纵天子不欲死我，闽浙人必杀我"的情况下自杀了。

朱纨失败了，倭寇问题没有解决。1552年之后，情况更加严重。在浙江沿海一带，倭寇长驱直入。一直到1563年的十一年中间，不但江苏、浙江、福建的许多城市、农村受到倭寇的烧杀、抢劫，倭寇甚至还打到南京城下，打到苏州、扬州一带。

这个时候，明朝的军事力量已经腐化了。明朝在地方的军事制度是卫所制，一个卫有5 600人，一个千户所有1 120人，一个百户所有120人。军队和老百姓分开，军户和民户分开。军人是世袭的，父亲死了以后，儿子接着当兵。明朝初年的军事力量是相当强大的，因为它有经济作基础。那时，明朝实行屯田政策，军队要参加生产。办法是国家拨一部分土地给军队，军队里抽一部分人，参加农业生产。自己生产粮食供应军队的需要，国家再补贴一部分。所以，尽管军队的数量很大，最多时达到二百多万人，可是国家的财政开支并不大。以后由于许多地主官僚把屯田吞没了，把军队的钱贪污了，所以屯田的面积愈来愈小，粮食收入愈来愈少。同时，有些军官把士兵拉来替他搞私人劳动，在家里服役。此外，由于军队和老百姓是分开的，军户和民户是分开的，军人的服装、武器要自备；把河北人派到云南去，山东人派到浙江去，世世代代当兵，结果部队中逃亡的比例愈来愈大。从明朝初年一直发生军队减员的现象，以后愈来愈严重，往往一个单位的逃亡比例达到十分之七八，一百人当中只剩下二三十人。怎么办呢？明朝政府就采取这样的办法：张三如果逃跑了，就把他的弟弟、侄子抓去顶替。如果他家里没有人可以顶替，就抓他的邻居去代替。但是这些被抓去顶替的人又逃跑了。所以军队数量愈来愈少，质量愈来愈低。军官也腐化了。

从明太祖到明成祖,在沿海建立了许多军事据点,组织了海军,建造了一些战船。到这时这些战船因为用的时间太久了,破破烂烂,不能再用了。按照规定,船过一定时期要修一次。可是由于修船的钱也被军官贪污了,没办法修,所以战船愈来愈少。

由于上面这几方面的原因,明朝的军事力量腐化了,军队不能打仗了。在1552年之后,往往是数量不多的倭寇登陆之后,一抢就是几十个城市,抢了就跑。各地方尽管有很多军队,但是不能抵抗。人民遭受到深重的灾难。特别应该指出的是,倭寇所侵犯的这些地区都是粮食产区,是最富庶的地方。像江苏(包括长江三角洲)、浙江及福建沿海地区,都是最富庶的地区,经济最发达的地区。这些地方长期遭到抢劫一直到什么时候呢?一直到1564年才改变这种局面。这时,出现了戚继光、俞大猷等有名的军事将领。戚继光看到原来的军队不能作战了,就自己练兵。他了解浙江义乌县的农民很勇敢,便招募了义乌县的农民三千人,成立了一支新军,进行严格的军事训练。他根据东南地区的地形,组织了一个新的阵法,叫做"鸳鸯阵法"。这个阵法的主要特点是各个兵种互相配合,长武器和短武器结合使用。更重要的是他有严格的军事纪律,对兵士进行严格的军事训练。经过二三年之后,他的这支军队便成了最有战斗力的军队。当倭寇侵入浙江的时候,在台州地区,戚继光的军队九战九胜,把浙江地区的倭寇消灭光了。以后把福建地区的倭寇也消灭了。他和俞大猷及其他地区的军事将领经过十年左右的努力,彻底解决了倭寇问题。

可是,在倭寇问题解决之后,又发生了新的问题。这时日本国内的情况发生了变化,原来的幕府被推翻了,新的军阀起来了。这就是丰臣秀吉。丰臣秀吉用军事力量统一了国内。不过这是表面上的统一,实际上国内各地还是一些封建领主在统治着。这些封建领主拥有强大的军事力量,他不能完全控制。为了把尚未完全控制的封建领主(大名)的目标转向国外，并消耗他们的实力，以稳固自己的统治，于是丰臣秀吉就发动一次侵朝战争，派军队去打朝鲜。他写信给朝鲜国王，说他要去打明朝，要朝鲜让路，让他通过朝鲜进入我国东北，他的军事野心非常狂妄，准备征服整个中国，然后把他的天皇带到中国来，以宁波为中心，建立一个庞大的帝国。步骤是：第一步占领朝鲜；第二步占领中国；第三步以中国为中心，向南洋群岛扩张。面临着这样的形势，明朝政府怎么办？有两种主张：一种认为日本打朝鲜与中国无关；另一些人看到了唇亡齿寒的关系，认为朝鲜是我们友好的邻国，丰臣秀吉占领朝鲜以后就会向中国进攻，因此援助朝鲜也就是保卫自己。经过一番争论，后一种意见占了优势，明朝派了军队出去援助朝鲜。这时候，朝鲜已经很混乱，大部分地区被日本军队占领，国王逃跑。明朝政府动员全国的力量来帮助朝鲜，前后打了七年（1592—1598）。由于中国人民的援助，朝鲜军队的奋勇抗战，特别是朝鲜海军名将李舜臣使用一种叫"龟船"的战舰，发挥了很大的作用，最后把日本侵略军打败了。1598年，丰臣秀吉病死。日本侵略朝鲜的军队跑掉了，战争结束了。

所以，我们和朝鲜的历史关系很深远，在甲午战争前三百年，中国就出兵援助过朝鲜，共同反抗外来的侵略。在中华人民共和国建立之后，我们的经济还没有恢复，美帝国主义就越过"三八线"，向朝鲜民主主义人民共和国进攻。情况很严重。我们又进行了抗美援朝运动，派出了志愿军支援了朝鲜人民。

这一段历史使我们得到这样的认识：日本军国主义者不是这个时代才有，而是有其长远的历史原因。它总是要侵略别人的，从倭寇起，以后不断地向外侵略，1598年侵略朝鲜，甲午战争时期占领我国东北，1937年以后占领了我国大部分地方。我们进行了抗日战争才取得了胜利。要了解和熟悉日本的情况，必须要了解和熟悉我们自己的历史情况，这样才能对我们很接近的国家有正确的看法。当然，说日本的军国主义有长远的历史原因，绝对不等于说日本人民都是侵略者。如果得出这样的结论，那就是错误的。但是日本的统治者，不管是过去的封建主，或者是近代的军国主义者，都是侵略成性的。中国与日本是一衣带水的邻邦，两国之间有着悠久的历史文化联系。但是在近代的半个多世纪中，由于日本军国主义的侵略，给中日两国人民带来了灾难。现在中日两国人民，都要从惨痛的历史中吸取有益的经验教训，使惨痛的历史永不重演，建立和巩固两国人民的友好关系。

明朝的历史情况与过去不同。与倭寇的斗争，与蒙古贵族的斗争贯穿着这个时代。明朝以前没有这样的情况，明朝以后也没有这样的情况，这是明朝历史的特征。要抓住这个特征才能够了解明朝人民的负担为什么那么重。因为北边有蒙古问题，沿海有倭寇问题，就要有军队打仗。军队要吃饭，要花钱，这些负担都落在人民身上。所以明朝的农民受着无比深重的苦难。在这样的情况下，从明朝开国一直到灭亡，都不断发生农民战争。农民战争次数之多，规模之大，时间之久，分布地区之广，在历史上没有任何一个时期可以和明朝相比。

东林党之争

东林党之争是明朝末年历史上的一个特征。

首先应该明确这样一个问题，历史上所谓党与我们今天所说的党是两回事，不能把历史上所说的党和今天的政党混同起来。历史上所说的党并没有什么组织形式，参加哪个党是没有任何形式的，既不要交党费，也没有组织生活，更没有党章和党纲。然而在历史上又确实叫做党。历史上所谓党是指的什么呢？是指政治见解大体相同的一些人的集团，也就是统治阶级内部某些人无形的组合。明朝的东林党，它的情况大致是这样：在江苏无锡有个书院叫东林书院，这是一所学校。当时有两个政府官员，叫顾宪成和顾允成，两兄弟在北京做官的时候，由于他们的政治见解与当时的当权人物相抵触，便辞官不做，回家后在东林书院讲学。他们很有学问，在地方上声望很高，为人也正派。这样，和他们意气相投的人跟他们的来往便越来越多了。不但在地方上，就是在北京，有一些官员跟他们的来往也比较多。他们以讲学为名，发表一些议论朝政的意见。这样，从万历二十二年（1594年）开始，一直到明朝被推翻，前后五十年间，在明朝政治上形成了一批所谓东林党人，和另外一批反对东林党的非东林党人。非东林党人后来形成齐（山东）、楚（湖北）、浙（浙江）三派，与东林党争论不休。这五十年中间，在几件大事情上都有争论。你主张这样，他反对；他主张那样，你反对。举例来说，党争中最早的一个问题，就是所谓"京察"问题。"京察"这两个字大家都认识，但是不好懂。这是古代历史上的一种制度，就是政府的官员经过一定的时期要考核，相当于现在的考勤考绩。主持考勤考绩的是吏部尚书、吏部侍郎（相当于现在的内务部部长、副部长），他们主管文官的登记、资格审查、成绩考核及任免、升降、转调、俸给、奖恤等事。当时考取进士以后，有一部分进士就安排做科道官。科就是六科给事中，道就是十三道御史。六科就是按照六部（吏、户、礼、兵、刑、工）来分的。道是按照行政区划来设置的。当时全国有十三个布政使司，设了十三道御史，譬如浙江道有浙江道御史。科道官都是监察官，当时叫做"言官"。他们本身没有什么工作，只是监察别人的工作，提出赞成的或者反对的意见。他们的任务就是说话，所以叫"言官"。每次"京察"，吏部提出某些人称职，某些人不称职。1594年举行"京察"的时候，就发生了争论，这一部分人说这些人好，那一部分人说不好。凡是东林党人说好的，非东林党人一定说不好。争论中掺和了封建社会的乡里（同乡）关系。譬如齐、楚、浙就是乡里关系。不管这件事情正确不正确，只要是和我同乡的人，都是对的。还有一种同门的关系。所谓同门就是指同一个老师出身的。不管事情本身怎么样，只要跟我是同学，就都是对的。至于对亲戚、朋友则更不用说了。就在这样的封建关系组合之下，从1594年"京察"开始，一直争吵了五十年。

继"京察"问题之后，接着发生了"国本之争"。所谓"国本"就是国家的根本。我们今天说国家的根本就是人民，没有人民就没有国家。当时并没有这样的概念。那时候所谓"国本"是指皇帝的继承人问题。万历做了多年皇帝，按照过去的惯例，他应该立一个皇太子，以便他死后有一个法定的继承人。可是他不喜欢他的大儿子，他所喜欢的是他的小老婆（郑贵妃）生的儿子福王（以后封在河南洛阳），所以他就迟迟不立太子。有些大臣就叫起来了，他们认为国家的根本很重要，也就是说第二代的皇帝很重要，应该早立太子。凡是提议立太子的，万历就不高兴，他说：我还活着，你们忙什么！这样，有人主张早立太子，有人反对立太子，争吵起来了，这就叫"国本之争"。

跟着又发生了一个案子叫"梃击案"。有一天早晨，突然有一个人跑到宫里来见人就打，一直打到万历的大儿子那里去了。当然，这个人马上被逮住了。可是这里发生了一个问题，是谁叫他到宫里来打万历的大儿子的？当时有人怀疑是郑贵妃指使的。这是宫廷问题，却成了当时政治上的一个大问题，引起了争吵，东林党与非东林党大吵特吵。

万历做了四十八年皇帝，死了。他的大儿子继位不到一个月又死了。怎么死的呢？搞不清楚。据说他在病的时候，有一个医生给他红丸药吃，吃了以后就死了。这样就发生了一个问题，这个皇帝是不是被毒死的？是谁把他毒死的？因此又发生了所谓"红丸案"。各个集团之间又争吵起来了。

正在争吵的时候，发生了另外一个问题：就是这个只作了个把月的皇帝死了以后，他的儿子继位，还没成年。这个短命皇帝有个妃子李选侍，她住在正宫里不肯搬出来。她有政治野心：想趁这个小孩做皇帝的机会把持朝政。这样，又发生了争论，有一些人出来骂她：你这个妃子怎么能霸着正宫？逼着她搬出去了。这个案件叫"移宫案"。京戏里有一出戏叫

《二进宫》，就是反映这件事的，不过把时代改变了，把孙子的事情改成了祖父的事情。

"梃击"、"红丸"、"移宫"是当时三大案件，成为当时争论最激烈的事件。在这样的情况下，政治上出现了什么现象呢？每一件事情出来，这批人这样主张，那批人那样主张，争论不休，整天给皇帝写报告。到底谁对谁不对？从现在来看，东林党与非东林党之争，一般地说，道理在东林党方面。东林党的道理多，非东林党的道理少。但是，东林党是不是完全对呢？在某些问题上也不完全对。这样争来争去，争不出个是非来，结果只有争论，缺乏行动，许多政治上该办的事没人去管了。后来造成这种现象：某些正派的官员提出他的主张，这个主张一提出来，马上就有一批人来攻击他，他就不能办事，只好请求辞职。皇帝不知道这个人对不对，不作处理，把事情压下来。这个官既不能办事，辞职也辞不成，怎么办？干脆自己回家。他回家以后政府也不管，结果这个官就空着没人做。到万历后期政治纪律松懈到这样的地步：哪个官受了攻击就把官丢了回家，以至六部的很多部长都没人做了。万历皇帝到晚年根本不接见臣下，差不多一二十年不跟大臣见面，把自己关在宫廷里，什么事情也不管。大臣们有什么事情要跟他商量也见不着。政治腐化，纪律松懈，很多重要的问题得不到解决，却专搞无原则的纠纷。大是大非没人管了，成天纠缠在一些枝节问题上面。

这种无休止的争吵影响到一些重大的政治事件的发展。譬如日本侵略朝鲜，中国到底应不应该援助朝鲜，在这个问题上发生了争论。后来还是派兵去支援了朝鲜，第一个时期打了胜仗，收复了平壤。后来又派兵去，由于麻痹大意，打了败仗。打了败仗以后，政府里又发生争论了，主和派觉得和日本打仗没有必要，支援朝鲜意义不大，不如放弃军事办法，转而采取政治办法来解决问题。他们主张把丰臣秀吉封为日本国王，并答应和他做买卖。历史上封王叫做朝，做买卖叫做贡，所谓朝贡，说得通俗一点，就是你带些物资来卖给我，我给你一些物资作交换。在这种情况下，明朝政府只好一面按照主战派的主张，继续派兵援助朝鲜；一面派人暗中往来日本进行和议。后来明军与朝鲜军大败日本侵略军。日本愿和了。明朝政府便按照主和派撤兵议和的主张，允许议和。并派人到日本去办外交，封丰臣秀吉为国王。但日本国内本来已经有天皇，因此丰臣秀吉不接受王位，而且提出了很强硬的条件。结果外交失败了。日军重新侵略朝鲜。明朝政府只好再次出兵，最后打败了日军。由于追究外交失败的责任，又引起了争论。

这种影响在"封疆案"的问题上表现得更加明显。万历死后，东林党在政府做官的人越来越多了。这时北京有一个"首善书院"（在北京宣武门内），在这里讲学的也是东林党人。这些人在政治上提出意见时，非东林党人就起来攻击，要封闭这个书院。东林党人当然反对封闭。这样吵了二三十年。这个争论最后演变成什么局面呢？当时万历皇帝的孙子熹宗（年号天启，是崇祯皇帝的哥哥）很年轻，不懂事，光贪玩。他宠信太监魏忠贤，军事、政治各个方面都是太监当家。一些地主阶级的知识分子由于在魏忠贤门下奔走而当了官。凡是属于魏忠贤这一派的，历史上称为"阉党"。阉党里面没有什么正派人。东林党是反对阉党的。因此，党争发展到这个时候，就变成了地主阶级的知识分子与宦官的斗争。这个斗争影响到东北的军事形势。在万历以前，东北的建州女真已经壮大起来了，不断进攻辽东，占领了许多城市。到天启时代，明朝防御建州女真的军事将领熊廷弼提出一系列的军事上和政治上的主张，他认为跟建州女真进行军事斗争时，明朝军队不能退回到山海关以内，而应该在山海关以东建立军事据点。当时前方的另一个军事将领叫王化贞，他不同意这个意见，他认为只能依靠山海关来据守。熊廷弼虽然是统帅，地位比王化贞高，但是没有军事实权。而王化贞得到了魏忠贤的支持。这样，熊廷弼的正确意见因为得不到支持而不能贯彻，结果打了败仗，王化贞跑回来了，熊廷弼也跑回来了，山海关以东的很多地方都丢了。北京震动，面临着很严重的军事危机。在这种情况下又发生了有关"封疆案"的争论。当时追究这次失败的责任，到底是熊廷弼的责任，还是王化贞的责任？从当时的具体军事形势来看，熊廷弼是正确的，但他没有军队来支持。王化贞有十几万军队，坚持错误的主张，因此王化贞应该负责。但是因为熊廷弼得罪了很多人，结果把这个责任推到他身上，把他杀了。很显然，这样的争论和处理大大地影响了前方的军事形势。

"封疆案"以后，跟着就是魏忠贤对东林党人的屠杀。因为一些在朝的东林党人认为魏忠贤这样胡搞不行，就向皇帝写信控告他的罪恶。当时有杨涟等人列举了他的二十四条罪状。这些东林党人的行为得到了其他官员的支持。这样，东林党和阉党就面对面地斗争起来。由于魏忠贤军权在握，又指挥了特务，而东林党人缺乏这两样武器，结果大批的东林党人被杀。当时被杀的有杨涟、左光斗、周顺昌、黄尊素、缪昌期等。其中周顺昌在苏州很有声望，当特务逮捕他的时候，苏州的老百姓起来保护他。最后这次人民的斗争还是失败了，人民吃了苦头，周顺昌被带到北京杀害了。

熹宗死了以后，明朝最后的一个皇帝——崇祯皇帝比他哥哥清楚一点，他把魏忠贤这伙人收拾了，把一些阉党分子都杀了（魏忠贤是自己上吊死的）。但是这场斗争是不是停止了呢？没有停止，东林党人跟魏忠贤的余孽在崇祯十七年（1644年）的时候还在继续斗争。崇祯五年（1632年），一些东林党人的后代跟与东林党有关系的地方上的知识分子组织了一个团体，叫做"复社"，以后又有"几社"，有大批青年知识分子参加。表面上他们是以文会友，写文章、写诗，是学术研究组织，实际上有政治内容。大家可能看过《桃花扇》这出戏，这出戏里的侯朝宗、陈贞慧、吴应箕、冒辟疆四公子都是复社里面的人。当时李自成已经占领了北京，崇祯上吊死了，这个消息传到了南方，没有皇帝怎么办？这时一些阉党人物就想拥小福王（由崧）来做皇帝。原来万历把最喜欢的那个儿子福王（常洵）封在河南洛阳，这是老福王。这个人很坏，在他封到洛阳时，万历给他四万顷土地，河南的土地不够，还把邻省的土地也给他。老百姓都恨透了。李自成进入洛阳以后，把老福王杀掉了。小福王由崧（这也不是个好东西）逃到南京。当时在南京掌握军事实权的是过去和魏忠贤有关系的阉党人物马士英，替他出主意的也是一个阉党分子，叫阮大铖，他们把小福王抓到手中，把他捧出来做皇帝。可是政府里面另外一批比较正派的人，像史可法、高弘图、姜日广等主张立潞王（常淓）做皇帝。这个人比较明白清楚。但马士英他们先走了一步，硬把福王捧出来做了皇帝。这样，在南京小朝廷里又发生了东林党与非东林党之争。因为马士英和阮大铖是当权的，史可法被排挤出去，去镇守扬州。在清军南下的时候，史可法坚决抵抗，在扬州牺牲了。马士英和阮大铖在南京搞得不像样，清军一步步逼近南京。这时候小福王在做什么呢？在跟阮大铖排戏。也就在这个时候，上面说的四公子就起来反对阮大铖，他们出布告，揭露阮大铖过去是魏忠贤的干儿子，名誉很不好，做了很多坏事，不能让他在政府里当权。号召大家起来反对他。南京国子监的学生也支持他们的主张，这样就形成一个学生运动。侯朝宗这些人虽然得到广大知识分子的支持，但是他们根本没有实力。而马士英、阮大铖有军事力量。结果有的人被逮捕了，有的人跑掉了。不久之后，清军占领南京，小福王的政权也就被消灭了。

党争从1594年开始，一直到1645年，始终没有停止过。无论是在政治问题上，还是在军事问题上，都争论不休。这种争论是什么性质的呢？这是地主阶级内部的矛盾。开始是东林党和齐、楚、浙三党之争，后来演变为东林党与阉党之争。由于东林党的主张在某些方面是有利于当时的生产的发展的，因此他们得到了人民的支持。但是反过来说，所有的东林党人都反对农民起义。这是他们的阶级本质决定的。譬如史可法这个历史人物，从他最后这段历史来说是应该肯定的。那时候，清军南下包围扬州，他的军事力量很薄弱，也得不到南京的支持，孤军据守扬州。但他宁肯牺牲不肯投降。这是有民族气节的人，也就是毛主席所说的有骨气。我们中国人是有骨气的，史可法就是这种有骨气的代表人物。但是他以前的历史就不好追究了。他以前干什么呢？镇压农民起义。在阶级斗争极为尖锐的时候，这些人的阶级立场是极为清楚的，反对农民起义，镇压农民起义。即使在他抗拒清军南下的时候，还要反对农民起义。有没有同情农民起义呢？没有。不可能要求统治者来同情被统治者的反抗。

对于这样一段党争的历史，要具体分析，具体研究。党争跟明朝的政治制度有关系。明太祖在洪武十三年（1380年）取消了宰相，取消了中书省，搞了几个机要秘书到内廷来办事情。到明成祖时搞了个内阁，这是个政府机构。内阁的权力越来越大，代替了过去的宰相，虽然没有宰相之名，但是有宰相之实。至于给皇帝个人办事的有秘书，就是在宫廷里面设立一个机构，叫做"司礼监"。这是一个内廷机构，不是政府机构。司礼监有一个秉笔太监，皇帝要看什么政府报告，让秉笔太监先看；皇帝要下什么书面指示，也让秉笔太监起稿。皇帝年纪大一些、知识多一些的，还能辨别是非，是不是同意，他自己有主见。可是一些年轻的皇帝就搞不清楚，结果司礼监的秉笔太监就操纵政治，掌握了政权。因为用人和行政的权力都给了司礼监，结果形成了明朝后期的太监独裁。在明朝历史上有很多坏太监，像明英宗时代的王振，明武宗时代的刘瑾，天启时代的魏忠贤等。太监当家的结果，就造成了政府与内廷之争，也就是统治阶级内部地主阶级知识分子与太监争夺政权的斗争。明朝后期五十年的东林党之争就是在这样的背景之下进行的。

随着太监权力的扩大，不但中央被他们控制了，地方也被他们控制了。洪武十三年（1380年）以后，地方上设有三司（都指挥使司、布政使司、按察使司）。三司是各自独立的，都受皇帝的直接指挥。到了永乐时代，当一个地区发生了军事行动，像农民起义或其他的群众斗争爆发的时候，这三个司往往意见不统一，各管各的，结果只好由中央政府派官员去管理这个地方的事。这个官叫巡抚：巡抚是政府官员，常常是由国防部副部长即兵部侍郎担任。巡抚出去巡视各个地方，事情完了就回来。可是由于到处发生农民战争和民族与民族之间的战争，这个官去了以后就回不来了，逐渐变成一个地方的常驻官了。因为巡抚是中央派去的，所以他的地位在三司之上。过去三司使是地方上最大的官，现在三司使上面又加了一个巡抚。但这能不能解决问题呢？还是不能解决问题。为什么呢？因为巡抚只能指挥这一个地区的军事行动，比如浙江的巡抚就只能管浙江这一个地方。可是遇到军事行动牵涉到几个省的时候，这个巡抚就不能管了。于是又派比巡抚更高的官，即派国防部长——兵部尚书出去作总督。总督管几个省或一个大省。有了总督之后，巡抚就变成第二等官了，三司的地位则更低了。可是到了明朝后期，总督也管不了事。为什么呢？因为战争扩大了，农民战争和辽东的战争往往牵涉到五六个省。五六个省就往往有五六个总督，谁也管不了谁。结果只好派大学士出去作督师。总督也归他管。这是一方面。另一方面，明朝为了镇压各地人民的反抗，就派军官到各地去镇守，叫做总兵官，也就是总指挥。统治者对总兵官不放心，怕他搞鬼，因此总是派一个太监去监督，叫做监军。哪个地方有总兵官，哪个地方就有监军。监军可以直接向皇帝写报告，因为他是皇帝直接派出去的。因此，不但总兵官要听他的话，就是像巡抚这一类的地方官也要听他的话。这样，就形成了中央和地方都是太监当家的局面，明朝的政治变成太监的政治了。此外，明朝的皇帝贪图享受，为了满足自己生活上的欲望，哪个地方收税多就派一个太监去，哪个地方有矿藏也派一个太监去，叫做"税使"、"矿使"。全国的主要矿区，东北起辽东，西南到云南，以及武汉、苏州等大城市都有税使、矿使搜刮民脂民膏。这些太监很不讲道理，他们的任务就是弄钱。他们根本不懂得什么矿，更不懂得怎么开采，却要开矿。只要听说这个地方有金矿就要开，而且规定要在这里开三百两、五百两。如果开不出来怎么办？就要这个地方的老百姓来赔。老

◎ 历史的镜子

百姓要反抗，他就说你的房子下面有矿，把房子拆了开矿。收税也很厉害。苏州有很多机户，纺织工人数量很大。他们要加税，每一张织机要加多少钱。老百姓交不起就请愿。请愿也不行。结果就起来反抗，把太监打死，形成市民暴动。苏州市民暴动出了一个英雄人物，叫做葛贤。这个人后来被杀了。因为明朝政府要屠杀参加暴动的市民，他挺身出来顶住了。不仅在苏州，在武汉、辽宁、云南各个地方都发生了市民暴动。有的地方把太监赶跑了，有的地方把太监下面的人逮住杀了。市民暴动是明朝后期历史的一个特征。人民的生活日益困难，不但农民活不下去，城市工商业者也活不下去了，他们便起来反对暴政。

因此，当时一些比较有见解的政治家，就在政治上提出了一些主张。譬如大家知道的海瑞就是这样。他提出了什么主张呢？他作苏州巡抚，管理江苏全省和安徽一部分。这个地区的土地情况怎样呢？前面说到明朝初年土地比较分散，阶级斗争比较缓和。可是一百多年以后，情况改变了，土地全部集中在大地主、大官僚的手中，而且越来越集中。就在海瑞所管辖的地区松江府，出了一个宰相叫徐阶，他就是一个大地主，家里有二十万亩土地。土地都被大地主占有，农民没有土地，只能逃亡。土地过分集中的结果，使农民活不下去，阶级矛盾越来越尖锐。海瑞看出了毛病，他想缓和这种情况。当然，他不能也不知道采取革命的手段。他采取什么办法呢？他认为要解决人民的生活问题，要使人民不去搞武装斗争反对政府。就必须使这些穷人有土地可种。土地从哪里来呢？土地都在大地主手里，而大地主所以取得这些土地，主要的手段是非法的强占。因此他提出这样一个政治措施：要求他管辖地区内的大地主阶级，凡是强占的土地一律退还给老百姓，使老百姓多多少少有一些土地可以耕种，能够活下去。这样来缓和阶级矛盾。他坚决主张这种作法，这一来，大地主阶级就联合起来反对他，结果这个苏州巡抚只做了半年多就被大地主阶级赶跑了。海瑞的办法能不能解决当时的土地问题？当然不可能。把大地主阶级强占的一部分土地归还给老百姓能不能稍微缓和一下阶级矛盾呢？可以缓和一下。可是办不到，因为地主阶级不肯放弃他们已经到手的东西。海瑞是非失败不可的。类似海瑞这样的政治家当时还有没有呢？有的。他们也感到了阶级矛盾和阶级斗争的严重性，认为这个政权维持不下去。但是能不能提出一个解决的办法呢？谁也没有办法。不但统治阶级，就连农民起义的领袖也提不出解决的办法来。

阶级矛盾日益尖锐的结果，最后形成了明末的农民大起义。崇祯时代，各地方的农民都起来斗争，最后形成两支强大的军事力量，一支以李自成为首，一支以张献忠为首。他们有没有明确地提出解决阶级矛盾的办法呢？也没有。李自成后期曾经提出"迎闯王，不纳粮"的口号争取广大农民的支持，结果他的队伍一下子就发展到一百多万，农民、小手工业者、城市贫民都跟着他走。但是不纳粮也不能解决问题。现在有一个材料，就是山东有一个县，李自成曾经统治过那个地方，当时有人主张分田给百姓。分了没有呢？没有分。他提不出明确的办法，不但提不出消灭地主阶级的根本方针，甚至连孙中山那样的"平均地权"的办法也提不出。所以消灭封建剥削，消灭地主阶级这个根本问题，在古代历史上的任何时期都不能解决。不但地主阶级知识分子、官僚提不出解决办法，就是反对封建地主阶级的农民起义领袖也提不出解决的办法，这个问题只有在我们这个时代才能解决。我们研究过去的农民革命、农民起义时，不能把我们今天的思想意识强加于古人。我们这个时代能办到的事，不能希望古人也能办到。否则就是非历史主义的观点。目前史学界在有些问题上存在一些偏向，总希望把农民起义的领袖说得好一些，说得完满一些，不知不觉地把自己所理解的东西加在古人身上。这是不科学的、非马克思主义的观点。我们只能根据历史事实来理解、来解释、来研究和总结历史，而不可以采取别的办法。

附带讲一个小问题。前面提到巡按御史，到底巡按御史是个什么官？

我们经常看京戏，很多京戏里都有这么一个官。所谓八府巡按，威风得很。他是干什么的呢？我们前面讲过御史，就是十三道御史，是按照行政区划设置的。每一道御史的职务就是监察他这个地区的官吏和政务。同时，中央有一个机构叫都察院。都察院的官吏叫左、右都御史，左、右都御史下面是左、右副都御史，左、右副都御史下面是左、右佥都御史，再下面就是御史和巡按御史。巡按御史是由都察院派出去检查地方工作的。凡是地方官有违法失职的，他们有权提出意见来。他们还可以监察司法工作，有的案子判得不正确，他们可以提出意见。老百姓申冤的，地方官那里不能解决问题，可以到巡按御史这里来告。这就是戏上八府巡按的来源。御史的官位大不大呢？不大，只是七品官。当时县官也是七品官。知识分子考上进士以后，有一批人就分配做御史。御史管的事情很少，可是在地方上有很高的职权。为什么呢？因为他代表中央，代表都察院，是皇帝的耳目之官。建立这样一种制度的目的是什么呢？目的是想通过巡按御史的监察工作，来缓和当时人民和政府之间的矛盾，解决一些问题。贪官污吏，提出来把他罢免；冤枉的案子帮助平反。于是老百姓对这样的官员寄予很大的希望，希望他们能帮助自己申冤。这种愿望，在当时的一些文学作品中得到了反映。虽然这些人在实际政治生活中并没有解决什么问题，但是一些文学家、艺术家在一定程度上反映了人民的要求，创作了许多这类题材的作品，特别是明清两代有很多剧本是反映这个思想的。这些作品大体上有这样一些共同的内容：一类是描写老百姓受了冤枉，被大地主、大官僚陷害，被关起来或者判处了死刑，最后一个巡按给他翻了案。或者是描写皇庄的庄头作威作福，不但庄田范围以内的佃农，就是庄田附近的老百姓也受他们的欺侮。姑娘被抢走了，家里面的东西被抢走了，后来遇上侠客打抱不平，或者清官出来把问题解决了。在明朝后期和清朝前期，有不少的小说、剧本是描写这些恶霸、庄头的残暴行为的。这是一类。另一类作品反映了当时知识分子的出路问题。当时的知识分子无非是通过考试中秀才、中举人、中进士。中了进士干什么呢？当巡按御史。因此有很多作品是这样的题材：一位公子遇难，在后花园里遇到一位小姐。小姐赠送他多少银子。以后上北京考上了进士，当上了八府巡按。最后夫妻团圆。这个时期的文学作品大体上有这几方面的题材，反映了这个时期的政治生活、阶级斗争的一些问题。

建州女真问题

现在讲第一部分的最后一个问题，建州女真问题。建州女真的历史和明朝一样长。在明朝初期和中期的时候，建州女真是服从明朝的。从明朝初年起一直到努尔哈赤的时候都是这样，努尔哈赤曾经被明朝封为"龙虎将军"。但是清军入关以后，清朝皇帝忌讳这段历史，他们不愿意让人们知道他们的祖先和明朝有关系。因此，清朝写的一些历史书把这几百年间建州女真和明朝的关系整个取消了，把这段历史的真实情况隐瞒起来，说他们的祖先从来就是独立的，跟明朝没有关系。凡是记载他们的祖先与明朝的关系的历史书，他们都想办法搜来毁掉。《四库全书总目提要》里有一部分禁毁书目，大体上有两类：一类是书里面有某些文章对清朝表示不满；另一类就是牵涉到清朝的祖先的。这也是一种地方民族主义思想在作怪。因此这一段历史很长时间被埋没了。最近二三十年才有人进行研究。

现在讲讲建州女真这个部族的发展变化。建州在过去叫女真，金朝就是女真族建立的。建州女真就是金的后代。为什么叫建州呢？因为他们居住的地区长白山一带就叫建州。后来努尔哈赤统治了东北，建立了政权，国号仍称为"后金"。到了他儿子的时候才改国号为"清"。建州女真在明朝初年的时候，还没有进入农业社会，还不知道种地，生产很落后，文化当然也很落后。那时他们靠什么生活呢？靠打猎、采人参过活。把兽皮、人参一些特别的物产跟汉人、朝鲜人交换他们所需要的布匹、铁锅一类的东西。所以建州人的经济生活跟汉人、朝鲜人分不开。后来由于人口的增加，对粮食的生产感到很迫切了。但是他们自己不会种，怎么办呢？找汉人、朝鲜人替他们种。于是通过战争把汉人、朝鲜人俘虏过去作他们的奴隶。有大量的汉文和朝鲜文资料说明建州族的农业生产是农奴生产。建州贵族自己是不参加农业劳动的。农奴也不是他们本族人，而是俘虏来的汉人和朝鲜人。

他们通过以物换物的方法从汉人那里取得铁器。到了15世纪后期，他们俘虏了一些汉人铁匠，自己开始开矿、炼铁。有了铁器，生产水平提高了。到了努尔哈赤的时候，通过战争把原来的许多小部族统一起来，定居在辽阳以南一个叫赫图阿拉的地方。努尔哈赤一方面统一了东北的许多部族，另一方面他又用很大的力量来接受汉人的文化。在他左右有一批汉族的知识分子。他和过去的封建帝王一样，注意研究历史，接受历史上的经验教训，来制定他的政策方针和军事斗争方针。

上面简单地谈了一下建州女真的社会发展过程。现在我们来讲讲建州女真跟明朝的关系。在明朝初期，建州女真分为三种：分布在现在的松花江一带的叫海西女真，因为松花江原来的名字叫海西江。分布在长白山一带的叫建州女真，因为这些人主要居住在现在的依兰县。这个地方在历史上曾建立过一个国家，叫作"渤海国"。渤海国人把依兰县称为建州，因此住在这个地方的女真人称为建州女真。住在东方沿海一带的叫"野人女真"。"野人女真"的文化最落后。海西和建州又称为熟女真。"野人女真"又称为生女真。"野人女真"经常活动在忽剌温江一带，因此野人女真又称为忽剌温女真，也叫"扈伦"。从历史发展来看，熟女真是金的后代，生女真可能是另外一个种族。这三种女真分布的地区大致是这样：东边靠海。西边和蒙古接近，南边是朝鲜，北边是奴儿干（现在的库页岛）。在明朝建国以后，西边就是明朝，南边是朝鲜，北边是蒙古。

在明朝几百年间，东北建州族的历史也就是跟蒙古、朝鲜、明朝三方面发生关系的历史。明朝初期，有一部分建州族住在朝鲜境内，他们和朝鲜的关系很深，有一些酋长还由朝鲜政府封他们的官。同时，这些酋长又和明朝发生关系，明朝也给他们封官号。明朝对这三种女真采取什么政策呢？采取分而治之的政策。所谓分而治之就是不让他们团结成为一个力量，老是保持若干个小的单位。所以从明太祖建国以后起，直到明成祖的几十年间，明朝经常派人到东北地区去，跟三种女真的各个地区的酋长联系，封他们的官，建立了一百多个卫所，用这些酋长充当卫所的指挥使。这样作对这些女真族的上层分子有没有好处呢？有好处，他们接受了明朝的官位以后，就得到了一种权力。明朝政府给他们一种许可证，当时叫做"勘合"。有了这种"勘合"就可以在每年一定的时候到明朝边界来做买卖。没有这个东西就不行。对那些大头头，明朝政府就封他们为都督。历史上最早的建州族领袖有这么几个人，一个叫猛哥帖木儿（这是蒙古名字，当时受蒙古的影响），另一个叫阿哈出。这两个人是首先跟明朝来往、受明朝政府封官的。猛哥帖木儿后来成为明朝所建立的建州左卫的酋长，阿哈出是建州卫的指挥使。根据朝鲜的历史记载，阿哈出和明成祖有过亲戚关系（这点在汉文的记载中没有）。永乐时代，明朝又派了大批官员到东北库页岛地区建立了一个机构，叫"奴儿干都司"。至此，明朝前前后后在东北地区建立了一百八十四个卫所。这些卫所建立以后，明朝政府有什么军事行动，譬如跟蒙古打仗，这些建州酋长就派兵参加明朝的军队。这样，他们慢慢由原住的地方往西移，越来越靠近辽东（就是现在的辽东半岛）。他们一方面跟明朝的关系很好，另一方面也经常发生矛盾。矛盾表现在两个方面：一方面是前面所说的，他们为取得农业和手工业生产的劳动力，就俘虏汉人，这样就引起了冲突；另一个就是通商，物资上的交换得不到满足的时候，也发展成为军事冲突。同样，建州和朝鲜的关系也是如此，有和平时期，也有战争时期。

◎ 历史的镜子

　　经过几十年以后，原来的一百八十四个单位发生了变化，有的小单位并到大单位里去了，单位的数目减少了，但是军事力量却强大起来。在这种情况下，建州族某些酋长有时就依靠朝鲜来抗拒明朝，有时又依靠明朝来抗拒朝鲜。结果，明朝政府便跟朝鲜政府商量，在1438年，两方面的军队合起来打建州，杀了一些建州领袖。建州因为遭受到这次损失，在原来的地方呆不下去了，于是就搬到浑河流域，在赫图阿拉的地方住下来。原来左右卫是分开的，到了这里以后，两个卫所合在一起了。这样，它的力量反而比过去更强大了。到了万历时代，右卫酋长王杲和他的儿子阿台跟明朝发生了冲突。当时明朝在东北的军事总指挥叫李成梁。他是朝鲜族人，是一个很有名的军事将领。他把王杲、阿台包围起来。右卫被包围了，而左卫酋长觉昌安和他的儿子塔克世是依靠明朝的，他们给李成梁当向导。结果明朝的军队大举向右卫进攻，把王杲、阿台杀死了。同时把觉昌安、塔克世也杀死了。塔克世的儿子是谁呢？就是努尔哈赤。所以努尔哈赤以后起兵反对明朝时提出了七大恨，其中有一条就是明朝把他的父亲和祖父杀害了。

　　努尔哈赤在他父亲和祖父死时还很年轻，当时部族里剩下的人很少了，明朝后期的历史记载说李成梁把他收养下来。所以他从小就接受了汉族文化。长大以后，他就把自己部族的力量组织起来。他采取依靠明朝的方针，把建州族俘虏的汉人奴隶送回给明朝。这样便取得了明朝政府的信任。1587年，他以自己的军事力量把附近地区的部族吞并了。1589年被明朝封为都督，力量得到了发展。这个时候，建州部族里面另外两支强大的军事力量发生冲突和残杀，努尔哈赤就利用这次冲突来发展自己的实力。日本侵略朝鲜的时候，他表示愿意帮助明朝打日本。结果明朝和朝鲜都拒绝了他。1595年，明朝政府封努尔哈赤为龙虎将军，他成了东北地区军事实力最强大的领袖。

　　正当努尔哈赤的力量越来越强大的时候，明朝政府内部发生了许多问题。1589年,播州土司起兵反抗明朝,打了十几年的仗。1592年在现在的宁夏地区,少数民族的反抗又引起了战争。同一年丰臣秀吉侵入朝鲜,接连打了七年仗。在这样的情况下,明朝自己的问题很多,就顾不上努尔哈赤了。努尔哈赤利用这个机会更加积极地发展自己的力量,统一各个部族。他统一的方法有两个:一个办法是用军事力量征服;另一个办法是通婚,通过婚姻关系把许多部族组织起来。到了1615年,东北辽东半岛以东的大部分地区已经被努尔哈赤所统一了。军事力量壮大以后,他建立了自己的军事制度。1600年,他规定三百人组成一个牛录(大箭的意思)。1615年又进一步把五个牛录组成为一个甲喇,五个甲喇组成为一个固山。他一共有四个固山。每一个固山有一面旗。分为红、黄、蓝、白四个旗,共有三万兵力。后来军事力量更加强了,俘虏的人更多了,于是又增加了四个旗,就是镶红旗、镶黄旗、镶蓝旗、镶白旗。一共为八个旗。后来征服了蒙古族,组成为蒙古八旗。再后来又把俘虏的汉人组成为汉军八旗。他的军事组织跟生产组织是统一的,每一个牛录(三百人)要出十人四头牛来种地,每家要生产一些工艺品。1659年开始开金矿、银矿,并建立了冶铁手工业。这一年他创造了文字,用蒙古文字和建州语创造了一种新的文字。这种文字后来就成为老满文。加上标点就变成新满文。1616年(万历四十四年),努尔哈赤自称为皇帝,国号"后金",年号"天命",他认为他的一切都是上天的指示。他这个家族自己搞了一个姓,叫"爱新觉罗"。爱新觉罗是什么意思呢?在建州话里,爱新是金,觉罗是族,就是金族。用这个来团结组织东北女真族的力量。从他的国号和姓就说明他是继承金的。两年以后,他出兵攻打明朝。以上讲的就是努尔哈赤以前东北建州的具体情况。这些情况说明什么呢?

(1)建州这个部族并不是像清朝的史书上所记载的那样,是从努尔哈赤才开始的。而是从明朝初年起,建州族就在东北地区活动。

(2)建州和明朝、蒙古、朝鲜三方面都有关系。可以明显地看出,猛哥帖木儿就是蒙古名字。汉、蒙古、朝鲜的文化对它都有影响。它接受了这几方面的东西提高了自己。

（3）明朝对东北女真族的政策是分而治之，但这个政策后来失败了。女真各部要求团结，从生活和文化的提高来说，从加强军事力量来说，都需要团结在一起。尽管中间遭到一些挫折，但是并不能阻止三种女真的团结。努尔哈赤一生的活动主要是为了实现这个愿望，他统一了东北许多部族。统一是好事还是坏事呢？应该说是好事情，不是坏事。努尔哈赤统一东北的各个部族，在民族发展的历史上是有贡献的。

（4）东北建州部族社会发展的过程是：初期过着游牧生活，不善于耕种。后来俘虏汉人、朝鲜人去耕种，有了农业生产；同时也懂得了使用铁器、生产铁器，初步提高了自己的生活水平和生产水平。努尔哈赤取得了沈阳、辽阳以后，封建化的过程加快了，在很大的程度上接受了汉人的文化和生产方式。但是必须了解，建州族在其发展过程中是有自己的特点的。上面所说的八旗，表面上是军事组织，实际上是社会组织和生产组织，这三者是统一的。八旗军队在出去打仗的时候，明确规定俘虏到的人口和物资应该拿出一部分交给公家，剩下的才归自己。在努尔哈赤时代，八旗的头子还都有很大的权力，许多事情都要经过他们共同商量，取得他们的同意后才能作出决定。这种情况一直到努尔哈赤的儿子清太宗的时候才改变，才提高了皇帝的地位。而把八旗首领的地位降低了。

最后讲讲"满洲"这个名字的来源问题。这个名字到底是从什么地方来的？现在还没有完全解决。根据明朝的历史记载，在清太宗以前从来没有出现过"满洲"这个名字。一直到清太宗时才称"满洲"，后来又称为"满族"。在外国的地图上把中国的东北叫满洲，后来我们自己也跟着外国人这样叫。现在可能的解释是：建州族信仰佛教，佛教里有一个佛叫做"文殊"，满族人把文殊念作"满住"。1348年明朝跟朝鲜合起来打建州，很多建州人被杀，其中有一个领袖就叫李满住（女真族里有不少人叫满住，用宗教上的名词作为自己的名字）。可能"满洲"就是从"满住"演变而来的。从"文殊"演变为"满住"，又从"满住"演变为"满洲"。这是一个试探性的解释，还不能说是科学的结论。其他方面的材料还没有。因此，究竟为什么叫"满洲"，现在还不能下最后的结论。

以上我们介绍了建州的一些情况。我们对待汉族和满族的关系，也应该像对待汉族和蒙古族的关系一样。在明朝，汉族和满族之间是打过仗，但是更多的时候是不打仗的。清太宗改国号为清，到清世祖顺治元年（1644年）入关，正式建立了清朝。清朝统治中国二百多年，它是中国历史上最后的一个王朝。清朝末年一些革命党人进行反满斗争，出了不少的书，宣传清朝的黑暗统治，宣传反满。这在那个时期是必要的。可是经过几十年，到了现在我们如果还是这样来对待满族就不应该了。我们是多民族的国家，各个民族一律平等。一方面要承认清朝进行过多次非正义的战争，有过黑暗统治；另一方面也要承认清朝统治的二百多年并不都是黑暗时代，其中有一个时期的历史是很辉煌的。譬如像康熙、乾隆时代就是清朝的全盛时代，这个时代不但巩固了国家的统一，而且有所发展。我们中国今天的疆域是什么时候造成的？是康熙、乾隆时代奠定的。我们继承了他们的遗产。所以毛主席说："今天的中国是历史的中国的一个发展……我们不应当割断历史。"我们对清朝的历史必须要有足够的估价，对康熙、乾隆巩固国家的统一、发展国家的统一也要有足够的估价。应该给它以应有的尊重。不但对历史应该给予应有的尊重，今天在民族关系上也应该注意这点。解放以后，中央曾经发出过这样的指示，就是"满清"两个字不要连用。清朝就是清朝，满族就是满族。要把清朝统治者和广大的满族人民区别开，并不是所有的满族人都是清朝的统治者。满族人民在清朝统治下同样是受剥削，受压迫的。至于清朝统治者，他们做过坏事，但是在有些事情上也做过好事，而且做了很大的好事。应该从历史事实出发，好就是好，不好就是不好。

几个问题

现在讲第二部分,这一部分包括两个问题:郑和下西洋的问题;资本主义萌芽问题。

郑和(三宝太监)下西洋

首先说明西洋是指什么地方。明朝时候把现在的南洋地区统称为东洋和西洋。西洋指的是现在的印度半岛、马来半岛、印度尼西亚、婆罗洲等地区;东洋指的菲律宾、日本等地区。在元朝以前已经有了东、西洋之分,为什么有这样的分法呢?因为当时在海上航行要靠针路(指南针),针路分东洋指针和西洋指针,因此在地理名词上就有"东洋"和"西洋"。郑和下西洋指的是什么地方呢?主要是指现在的南洋群岛。

中国人到南洋去的历史很早,并不是从郑和开始的。远在公元以前,秦朝的政治力量已经达到现在的越南地区。到了汉武帝的时候,现在的南洋群岛许多地区已经同汉朝有很多往来。这种往来分两类:一类是官方的,即政府派遣的商船队;一类是民间的商人。可是像郑和这样由国家派遣的船队,一次出去几万人、几十条大船(这些船是当时世界上最大的船,也就是当时世界上最大的海军),不但到了现在南洋群岛的主要国家,而且一直到了非洲。其规模之大,人数之多,范围之广,那是历史上前所未有的,就是明朝以后也没有。这样大规模的航海,在当时世界历史上也没有过。郑和下西洋比哥伦布发现新大陆早87年,比迪亚士发现好望角早83年,比达·伽马发现新航路早93年,比麦哲伦到达菲律宾早116年。比世界上所有著名的航海家的航海活动都早。可以说郑和是历史上最早的、最伟大的、最有成绩的航海家。

问题是为什么在15世纪的前期中国能派出这样大规模的航海舰队，而不是别的时候？这个问题历史记载上有一种说法，说郑和下西洋仅仅是为了寻找建文帝的下落。这种说法是不正确的。上次我们讲到，明成祖从北京打到南京，夺取了他的侄子建文帝的帝位。建文帝是明太祖的孙子，他做了皇帝以后，听信了齐泰、黄子澄等人的意见，要把他的一些叔叔——明太祖封的亲王的力量消灭掉，以加强中央集权。他解除了一些亲王的军事权力，有的被关起来，有的被废为庶人。于是燕王便起兵反抗，打了几年，最后打到南京。历史记载说燕王军队打到南京后，"宫中火起，帝不知所终"。"帝不知所终"这句话是经过了认真研究的，因为当时宫里起了火，把宫里的人都烧死了，烧死的尸首分不清到底是谁。于是就发生了一个建文帝到底死了没有的疑案。假如没有死，他跑出去了的话，那么，他就有可能重新组织军队来推翻明成祖的统治。从当时全国的形势来看是存在这个问题的。因为建文帝是继承他祖父明太祖的，全国各个地方都服从他的指挥。明成祖虽然在军事上取得了胜利，但是并没有把建文帝的整个军事力量摧毁，他的军事力量只是在今天从北京到南京的铁路沿线上，其他地方还是建文帝原来的势力范围。因此明成祖就得考虑建文帝到底还在不在？如果是逃出去了，又逃到了什么地方？他得想办法把建文帝逮住。于是他派了礼部尚书（相当于现在的内务部长）胡濙，名义上是到全国各地去找神仙（当时传说有一个神仙叫张三丰），实际上是去寻找建文帝。前后找了二三十年。《明史·胡濙传》说胡濙每次找了回来都向明成祖报告。最后一次向皇帝报告时，成祖正在军中，胡濙讲的什么别人都听不到，只见他讲了以后明成祖很高兴。历史学家们认为，最后这一次报告，可能是说建文帝已经死了。另外，明成祖又怕建文帝不在国内，跑到国外去了。所以他在派郑和下西洋的时候，要郑和在国外也留心这件事。这是可能的，但这不是郑和下西洋的主要目的。郑和下西洋主要是由于经济上的原因。

这里插一个问题，讲讲明成祖和建文帝之间的斗争说明什么问题。明成祖以后的各代对建文帝的下落一事也非常重视。万历皇帝就曾经同他的老师谈起这个问题，问建文帝到底到哪里去了，为什么经过一百多年还搞不清楚。当时出现了很多有关建文帝的书，这些书讲建文帝是怎么逃出南京的，经过些什么地方，逃到了什么地方。有的书说他到了云南，当了和尚，跟他一起逃走的那些人也都当了和尚。诸如此类的传说越来越多。此外，记载建文帝事迹的书也越来越多。这说明什么问题呢？说明一个政治问题。建文帝在位期间，改变了他祖父明太祖的一些作法。他认为明太祖所定下来的一些制度，现在经过了几十年，应该改变。当时建文帝周围的一些人都是些儒生，缺乏实际斗争经验，他们自己出的一些办法也并不高明。尽管如此，建文帝的这种举动还是得到了不少人的支持。但是明成祖起兵反对他。在明成祖看来，明太祖所规定的一切制度都是尽善尽美的。他不容许建文帝改变祖先的东西。因此，明成祖和建文帝之间的斗争就是保持还是改变明太祖所定的旧制度的斗争。在这个斗争中建文帝失败了。明成祖做了皇帝以后，把建文帝改变了的一些东西又全部恢复过来。一直到明朝灭亡，二百多年都没有变动。

在这种情况下，有不少的知识分子对明成祖的政治感到不满，不满意他的统治。他们通过什么方式来表达这种不满呢？公开反对不行，于是通过对建文帝的怀念来表达。他们肯定建文帝，赞扬建文帝。实际上就是反对明成祖。因此，关于建文帝的传说就越来越多了。现在我们到四川、云南这些地方旅行，到处可以发现所谓建文帝的遗址。这里有一个庙说是建文帝住过的；那里有一个寺院，里头有几棵树，说是建文帝栽的。有没有这样的事情呢？没有。明末清初有个文人叫钱谦益（这个人政治上很糟糕）写了文章专门研究这个问题。当时许多书上都说：当南京被燕兵包围时，城门打不开，建文帝便剃了头发，跟着几个随从的人从下水道的水门跑出去了。钱谦益说这靠不住，南京下水道的水门根本不能通出城去。他当时做南京礼部尚书,宫殿里的情况是很熟悉的。此外,还有很多不合事实的传说,他都逐条驳斥了。最后他做了这样的解释:假如建文帝真的跑出去了,当时明成祖所统治的地区只是从北京到南京的交通线附近,只要建文帝一号召,全国各地都会响应他,他还可以继续进行斗争。但结果没有这样。这就可以得出一个结论:建文帝是死在宫里了。但当时不能肯定,万一他跑了怎么办?所以就派人去找。我认为这样解释比较说得通。

现在我们继续讲郑和下西洋的问题。如果说郑和下西洋的主要目的是为了找建文帝,那是不合事实的;但也不能说完全没有这方面的动机。因为当时的怀疑不能解决,通过他出去访问,让他注意这个问题是可能的。那么,郑和下西洋的主要目的到底是什么呢?这就是上次所说的,是国内经济发展的必然结果。经过1348年到1368年二十年的战争,经济上受到了很大的破坏。但是经过洪武时期采取的恢复生产、发展生产的措施以后,人口增加了,耕地面积扩大了,粮食、棉花、油料的产量都提高了,人民的生活有了改善,政府的财政税收比以前多了。随之而来,对国外物资的需要也增加了。这种对国外物资需要的增加主要在两个方面:一方面是人民日常生活所需要的物资,主要是香料、染料。香料主要是用在饮食方面作调料,就是把菜做得更好一些,或者使某种菜能收藏得更久。像胡椒就是人民所需要的东西。胡椒从哪里来呢?是从印度来的,一直到现在还是如此。还有其他许多香料也大多是从南洋各岛来的。在南洋有个香料岛,专门出产香料。另一种是染料,为什么对染料的需要这样迫切呢?明朝以前,我们的祖先常用的染料都是草木染料,譬如蓝色是草蓝;或者是矿物染料。这样的染料一方面价钱贵,另一方面又容易褪色。进口染料就可以解决这些问题。朝鲜族喜欢穿白衣服,我们国内有些人也喜欢穿白衣服,为什么?原因很简单,因为买不起染料。封建社会里,皇帝穿黄衣服,最高级的官穿红衣服,再下一级的官穿紫衣服,穿蓝衣服,最下等的穿绿衣服。为什么用衣服的颜色来区别呢?也很简单,染料贵。老百姓买不起染料，只好穿白衣服。所以古人说"白衣"、"白丁"，指的是平民。这些封建礼节都是由物质基础决定的。因此就有向国外去寻找染料的要求。这一类，是人民的日常生活所需要的。另外一类是毫无意义的消费品，主要是珠宝。这是专门供贵族社会特别是宫廷里享受的。有一种宝石叫"猫儿眼"，还有一种叫"祖母绿"，过去谁也不知道是什么样子，只知道是宝石。最近我们在万历皇帝的定陵里发现了这两种东西。这些东西都是从外国买来的。除了珠宝以外，还有一些珍禽异兽。当时的人把一种兽叫做麒麟，实际上就是动物园里的长颈鹿。与对外物资需要增加的同时，由于国内经济的发展，一些可供出口的物资，如绸缎、瓷器（主要是江西瓷，其他地区也有一些）、铁器（主要生产工具）的产量也增加了。

除了经济上的条件以外，还有一个很重要的条件，就是当时中国对外的航海通商已有悠久的历史。从秦朝开始，经过唐朝、南宋到元朝，在这个漫长的时期内，政府的商船队、私人的商船队不断出去。有些私人商船队发了财。到了明朝，由于长期的积累，已经具备了丰富的航海知识和有经验的航海人员。有了这些条件，就出现了从明成祖永乐三年（1405年）到他的孙子明宣宗宣德五年（1433年）近三十年之间以郑和为首的七次下西洋的事迹。

郑和出去坐的船叫做"宝船"，政府专门设立了制造宝船的机构。这种船有多大呢？大船长四十丈，宽十八丈；中船长三十七丈，宽十五丈。当时在全世界再没有比这更大的船了。一条船可以载多少人呢？根据第一次派出的人数来计算，平均每条船可以坐四百五十人。每次出去多少人呢？有人数最多的军队，此外还有水手、翻译、会计、修船工人、医生等，平均每次出去二万七八千人。这样的规模是了不起的，后来的哥伦布、麦哲伦航海每次不过三四只船，百把人，是不能和这相比的。谁来带领这么多人的航海队呢？明朝政府选择了郑和。因为郑和很勇敢，很有能力。同时，当时南洋的许多国家都是信仰回教的，而郑和也是个回教徒（但他同时也信仰佛教），他的祖父和父亲都曾经朝拜过麦加。回教徒一生最大的愿望就是到麦加去磕一个头,凡是去过麦加的人就称为哈只。选派这样的回教徒到信仰回教的地方去就可以减少隔阂,好办事。在郑和带去的翻译里面也有一些人是回教徒,这些人后来写了一些书,把当时访问的一些国家的情况记载下来了。这些书有的流传到现在。有人问:郑和是云南人,他怎么成了明成祖部下的大官呢?这很简单,洪武十四年(1381年)的时候,明太祖派兵打云南,把元朝在云南的残余势力打败了,取得了云南。在战争中俘虏了一些人,郑和就是在这次战争中被俘虏的。他当时还是一个小孩,后来让他作太监,分给了明成祖。他跟明成祖出去打仗时,表现很勇敢,取得了明成祖的信任。因此明成祖让他担负了到南洋各国去访问的任务。

他们第一次出去坐了六十二艘大船,带了很多军队。这里发生了这样的问题:他们既然是到外国去通商,去访问,为什么要带这么多军队?这是因为当时从中国去南洋群岛的航线上有海盗,这些海盗不但抢劫中国商船,而且别的国家到我们这里来做买卖的商船也抢。郑和用强大的军事力量把海盗消灭了,这样就保证了航路的畅通。另外,为了防止外国来侵犯他们,也需要带足够的军事力量。郑和到锡兰的时候,锡兰国王看到中国商船队的物资很多,他就抢劫这些物资。结果郑和把他打败了,并把他俘虏到北京。后来明朝政府又把他放回去,告诉他,只要你今后不再当强盗就行了。可见为了航行的安全,郑和带军队去是必要的。郑和率领的军事力量虽然很强大,用现在的话来说,他带去了好几个师的军队,而当时南洋没有一个地区有这样强大的军事力量。但是郑和的军队只是用于防卫的。他所进行的是和平通商。尽管当时有这样的力量,这样的可能,但是没有占领别人的一寸土地。后来,比郑和晚一百年的西方人到东方来就不同了。他们一手拿商品,一手拿宝剑,把所到的地方都变成他们的殖民地。如葡萄牙人到了南洋以后就占领了南洋的一些岛屿。当然,在我们的历史上个别的时候也有占领别人的土地的事情。但总的来说,我们国家不是好侵略的国家,我们国家没有占领别国的领土,这和西方资本主义国家有本质的不同。根据当时保留下来的记载,可以看出郑和和南洋各国所进行的贸易是平等的,而不是强加于人的。交易双方公平议价,有些书上记载得很具体,说双方把手伸到袖子里摸手指头议价。现在我们国内有些地方还用这种办法。郑和所到的地区都有中国的侨民,有开矿的,有做工的,有做买卖的,各方面的人都有。有的地方甚至是以华侨为中心,华侨在经济上占主导地位。因此郑和每到一个地方都受到欢迎。

郑和每到一个国家,除了把自己带去的大量商品卖给他们外,也从这些国家带一些商品到中国来。从第一次出去以后,他就选择了南洋群岛的一个岛屿作为根据地,贮积很多货物,以此地为中心,分派商船到各地贸易,等各分遣船队都回到此地后,再一同回国。在前后不到三十年的时期中,印度洋沿岸地区他都走到了,最远到达了红海口的亚丁和非洲的木骨都束。木骨都束就是今索马里的首都,现在叫做摩加迪沙。前年摩加迪沙的市长访问北京的时候,我们对他讲:我们的国家五六百年前就有人访问过你们。他听了很高兴。

通过郑和七次下西洋,中国和南洋的航路畅通了,对外贸易大大地发展了,出国的华侨也就更多了。通过这几十年的对外接触,中国跟南洋这些地区的关系越来越深,来往也越来越多。由于华侨的活动,以及中国的先进的生产工具传入这些国家,这样,南洋地区的生产也越来越进步。所以,郑和下西洋的历史事实说明,我们这个国家有这样一个很好的传统:就是不去侵略人家。正因为这样,直到现在,尽管时间过去了五六百年,但是郑和到过的国家,很多地方都有纪念他的历史遗址。因为郑和叫三宝太监,所以很多地方都用三宝来命名。像郑和下西洋这样的事以往历史上是没有的,明朝以后也没有,这是明朝历史上一件很突出的事情。

现在要问:郑和第七次下西洋以后,为什么不去第八次呢?这里有客观的原因,也有主观的原因。客观原因是八十多年以后,欧洲人到东方来进行殖民活动，阻碍了中国和南洋诸国的往来。主观的原因有这几方面：第一，政治上的原因。明成祖死了以后，他的儿子做皇帝。这个短命皇帝很快又死了，再传给下一代，这就是宣宗。宣宗做皇帝时还是个八九岁的小孩，不懂事。于是宫廷里便由他的祖母当权；政府则由三杨（杨士奇、杨荣、杨溥）掌握。三杨在朝廷里当了二三十年的机要秘书。三个老头加上一个老太太掌握国家大权。这些人和明成祖不一样。明成祖有远大的眼光。他们却认为他多事，你派这么多人出去干什么？家里又不是没吃的、没喝的。不过明成祖在世时他们不敢反对，明成祖一死，他们当了家，就不准派人出去了；第二，组织这样的商队需要一个能代替郑和的人，因为郑和这时已经六十多岁，不能再出去了；第三，经济上的原因。从外国进口的物资都是消费物资，不能进行再生产。无论是香料还是染料，都是消费品，珠宝就更不用说了，更是毫无意义的东西。以我们的有用的丝绸、铁器、瓷器来换取珠宝，这样做划不来。虽然能解决沿海一些人的生活问题，但是好处不大，国家开支太多。所以，为了节约国家的财政开支，后来就不派遣商队出国了。正当明朝停止派船出国的时候，欧洲人占领了南洋的香料岛，葡萄牙人占领了我们的澳门。他们是用欺骗手段占领澳门的。开头他们向明朝的地方官说：他们的商船经常到这个地方来，遇到风浪把货物打湿了，要租个地方晒晒货物。最初还给租钱，后来就不给了，慢慢地侵占了这个地方，一直到现在还占领着。

　　从欧洲人到东方来占领殖民地以后，中国的形势就改变了。经过清朝几百年，特别是鸦片战争以后，许多帝国主义国家从几个方面包围中国：印度被英国占领了；缅甸被英国占领了；越南被法国占领了；菲律宾先被西班牙占领，后又被美国占领了；东方的日本走上了资本主义道路，向外进行侵略扩张活动。所以近百年的中国，四面被资本主义国家和帝国主义国家所包围，再加上清朝政府的日益腐败，就使中国逐步变成了半殖民地半封建的国家，进入了半封建半殖民地的社会。

资本主义萌芽问题

关于资本主义萌芽问题，现在学术界还在争论，有许多不同的意见。有的人认为资本主义萌芽很早，有的人认为很晚。所提供的史料的时间性都很不肯定，从八世纪到十六七世纪都有。特别是关于《红楼梦》的社会背景的讨论展开以后更是如此。是在什么情况下产生了《红楼梦》这部作品呢？它的社会基础是什么？《红楼梦》中的贾宝玉反对科举、尊重妇女的思想是从哪里来的？他骂念书人，骂那些举人、秀才都是禄蠹，说女孩子是水做的，男人是泥做的，这样的思想认识是在什么情况下发生的？对这一系列的问题提出了各种不同的看法，各有各的论据。而且关于"萌芽"这个词的意义也有不同的理解。比如种树，种子种下去以后，慢慢地露出了头，这叫萌芽；又如泡豆芽菜，把豆子放在水里，长出一点东西，这也叫萌芽。既然只是萌芽，它就不是已经成熟了的东西，还只是那么一点点。假如是整棵的菜，那就不是萌芽；至于开了花、结了果的东西就更不是萌芽了。所以要把这些情况区别开。可是现在某些讨论中存在有这样的问题：将萌芽看成是已经开花结果的东西。这实际上就不是资本主义萌芽，而是资本主义的成熟阶段了，还有人认为中国资本主义早已经成熟了，中国社会早已经进入了资本主义社会。这样一来就发生了一系列的大问题：中国既然早已进入资本主义社会，那么，怎么解释1840年以后中国进入了半殖民地半封建的社会？一百年来我们反对封建主义、反对帝国主义的问题怎么解释？

关于这个问题，我自己有些看法，也不一定成熟，提出来大家讨论。我想，要说明某个时期有某个事物萌芽，必须要有一个界限。这个界限是什么呢？就是要具体地指出一些事实，这些事实是以往的时期所不可能发生和没有发生过的，只有到了这个时候才能发生的。没有这个界限就会把历史一般化了。试问：这个时期发生过，一百年以前发生过，五百年以前也发生过,这怎么能说明问题?而且这些新发生的东西不应该是个别的。仅仅只在某个时期、某个地区出现的个别的东西能不能说明问题呢?不能说明问题。因为我们的国家这样大,经济发展不平衡,有先进的,有落后的,沿海和内地不同,平原和山区也不同。不要说别的地方,就说北京吧,全市面积有一万七千平方公里,市内和郊区就不同,因此,个别时期所发生的个别的事情也会有所不同。所以作为一个事物的萌芽,必须是这个东西过去没有发生过;现在发生了,而且不是个别的。只有这样看才比较科学。现在我们根据这个精神来看资本主义萌芽问题。我想把问题局限在14世纪到16世纪所发生的主要事件上面,特别是16世纪中叶这个明朝人自己已感觉到发生巨大变化的时期,着重提出那些在这时期以前所没有发生,或虽已发生而很不显著,这个时期以后成为比较普遍、比较显著的一些问题。

第一,关于手工工场。在明朝初年的时候,有一个人叫徐一夔,他写了一本书叫《始丰稿》。这本书里面有一篇文章叫《织工对》。这篇文章讲到元末明初,在浙江杭州地方有许多手工业纺织工场。这些纺织工场的经营方式是怎样的呢?有若干间房子和若干部织机,工人都是雇工,他们不占有生产工具。生产工具是谁的呢?是工场老板的。老板出房子,出机器,出原料。工人出劳动力。工人在劳动以后可以取得若干计日工资,工资随着工人的技术熟练程度不同而有高有低,其中有一些技术水平比较高的,可以得到比一般工人加倍的工资,假如这家工场不能满足他的要求,别的工场可以拿更高的工资把他请去,劳动强度很高,把工人弄得面黄肌瘦。这是元末明初(14世纪)的情况,当时这样的工场在杭州不止一个。但是能不能说在14世纪时就已经普遍地有了资本主义萌芽呢?因为只有这一个地区的资料,我看不能。但是从这里可以看出,在14世纪中期,个别地区已经有了这样相当大的手工工场,老板通过这样的生产手段来剥削雇佣工人的历史事实。这说明当时已经有一部分农村劳动力转化为城市雇佣劳动者。这种情况在14世纪以前是没有的。

第二，新的商业城市兴起。在讨论中有不少文章笼统地提到明朝有南京、北京、苏州等33个新的商业城市，来说明这个时期商业的发展。有33个商业城市是不错的，但是时间有问题。因为并不是整个明朝都是这样的情况。事实上，这些城市之成为商业城市是在明成祖以后。当明成祖建都北京以后，为了解决粮食的运输问题，把运河挖深、加宽了。这样，通过水运不仅保证了粮食的运输，其他商品的运输也畅通了，因而促进了南北物资的交流。这样，到了宣宗时期（15世纪中期），沿运河一带的许多城市开始繁荣起来。这时候，由于农业、手工业的发展，国内市场扩大了。这是一方面。另一方面，当时为了保证货物的流通，沿长江、运河及布政使司所在地建立了33个钞关。明朝用的货币叫宝钞（纸币）。关于纸币的情况这里不能详细说了，只说明一条，明朝的纸币很不合理，它不兑现，开头拿一张钞票还能换到一些物资，后来就不行了。政府只发钞票，越发越多，超过了实际物资的几百倍。在这种情况下，钞票就贬值了。明朝政府为了提高钞票的信用，采取收回钞票的政策。怎样收回呢？其中一个办法就是增加税额。因此就在各个商业城市设立了一个机构，叫做"钞关"。一共设立了33个钞关。钞关干什么呢？就是向往来的货物收税。纳税时就用钞票交纳。钞关设在商业城市，有33个钞关就有33个商业城市，这是不错的。但有些人就根据这个数字说整个明朝只有33个商业城市，这就不确切了。因为设立钞关是明宣宗时候的事情，宣宗以前没有。而就商业城市来说，在明成祖的时候就不止33个，后来又有所增加。因此，不标明确切的时间，以一个时期的情况来概括整个明朝，是不符合当时存在的客观事实的。随着商业城市的增加，商人、手工业工人也增加了，这就形成了一个市民阶层（这个阶层主要是指手工业者、中小商人）。这些人为了保卫他们自己的利益，建立了很多行会，有事情共同商量，采取一致的行动。在这种情况下就发生了明朝末年的市民暴动。这里应该指出：所谓"市民"这个概念不能乱用。有些人把当时的进士、举人、秀才等官僚都算作市民，这就模糊了阶级界限。这些人都是当时的统治者，不是被统治者。把市民阶层扩大化，混淆统治者与被统治者之间的界限，这是不对的。

第三，倭寇、葡萄牙海盗和沿海通商问题。明朝中叶，以朱纨为中心的一派人反对对外通商，对海盗采取镇压的政策，因而引起沿海地主阶级的反对，形成一个政治上的斗争。在这个斗争中，朱纨最后失败了。这种性质的斗争在以往的历史上是从来没有过的。汉朝、唐朝、宋朝、元朝都有过对外通商，有时还很繁盛，大量的中国人到海外去经商；不但如此，国内有不少地方还住有许多外国商人。在唐朝的时候，广州就有数量众多的蕃商。其中主要是阿拉伯人，他们住的地方叫蕃坊。其他如扬州、长安等地方也住了不少的外国商人，对外通商也很频繁。但是像明朝那样，代表通商利益的官僚地主在政治上形成一种力量，和内地一些反对通商的地主进行斗争，这种斗争并影响到政府的政策，这种情况却是以往的历史上所没有的。为什么明朝会出现这种新的情况呢？因为明朝国内国外的市场日益扩大，商业资本日益发展，商人地主在政府里有了自己的代言人。商人地主在政治上有了地位，这在历史上是个新问题。关于这个问题，近年来也有人持不同的意见。北京大学有个学生写了一篇文章，说朱纨镇压海盗是爱国的行为。朱纨是个爱国者，这观点是没有问题的，朱纨确实是爱国者，可是不能拿这个来否认当时在政治上存在着不同的意见。当时已经出现了代表沿海通商地主利益的政治活动家，这和朱纨是否爱国是两回事。我们并没有说朱纨不爱国。这点不必争论。问题在于这个时期出现了两种不同的意见，一种意见主张通商，一种意见反对通商，这是历史事实，是过去所没有的。

第四，内地的某些官僚地主也参加商业活动和经营手工工场。这方面的例子很多，大家所熟悉的《游龙戏凤》中的正德皇帝（明武宗），他就开了许多皇店。这是16世纪初期的事情。嘉靖时有个贵族叫郭勋（《三国演义》最早的刻本是他搞的），在北京开了许多店铺。另外有个外戚叫周瑛，在河西务开店肆做买卖。现在这个地方已经很萧条了。可是在明朝的时候，由于南方的粮食、物资运到北方来都要经过这里，因此是个很繁华的地方。这样的例子举不胜举。在地方上，明朝四品以上的官到处经商。四品有多大呢？知府就是四品。知县是七品。原来明朝有一条规定，禁止四品以上的官员做买卖。但是行不通。事实上官做的越大，买卖也做得越多越大。特别是像苏州这样的地方，很多退休官员开各种各样的铺子，有的发了大财，成了百万富翁。官员经商过去也有，但是在明初还多半是武官，到了明朝中叶这种情况就改变了，不但武官经商，文官也经商；不但小官经商，大官也经商；不但经商，而且还经营手工工场。华亭人徐阶做宰相时，"家中多蓄织妇，岁计所织，与市为贾"。这种现象也是过去没有过的。过去的官僚认为做买卖有失身份，社会上看不起。士、农、工、商，商放在最后。孟子就骂商人是"垄断"，认为他们不劳动，出卖别人生产的东西从中取利，是不道德的事情，有身份的人不干这种事。汉朝以来，各个历史时期都曾不同程度地实行过重农抑商的政策。当时社会上一般是看不起商人的，当然也有个别地区有个别例外的情况。但是到16世纪以后，这种看法就改变了，不只武官，就连皇帝、贵族、官僚都抢着做买卖，商人的社会地位也提高了。

第五，当时的人对这个时期社会情况变化的总结。16世纪中期社会经济情况发生的变化，明朝人看得很清楚，有不少人就各方面变化的情况做出了总结。

首先，从社会风俗方面来说。明朝人认为嘉靖以前和嘉靖以后是两个显著不同的时代。有不少著书的人指出了正德、嘉靖以后社会风俗的变化。在嘉靖以前，妇女的服装很朴素；嘉靖以后变了，很华丽，讲究漂亮了。宴会请客，原来一般是四碗菜一碗汤，后来变成六碗、八碗，以至十二碗、十六碗菜。山东《郓城县志》记载在嘉靖以前老百姓很朴素、很老实，嘉靖以后变了，讲排场了，普通老百姓穿衣服向官僚看齐，向知识分子看齐。穷人饭都吃不上，找人家借点钱也要讲排场。总之，从吃饭、娱乐到家庭用具都不像过去了。这个时候，看到一些老实、朴素的人，大家认为不好，耻笑他。《博平县志》讲嘉靖以后过去好的风气没有了，过去乡村里没有酒店，也没有游民，嘉靖中期以后变了，到处都有酒店，二流子很多。当时有一种风气，一个人有名，有字，还要起别号。嘉靖皇帝就有很多别号。不但知识分子起别号，就连乞丐也有别号。

其次，在文化娱乐方面。嘉靖以前唱的歌曲主要是北曲，嘉靖以后南曲流行了，而且唱的歌词主要是讲男女恋爱的。嘉靖以前不大讲究园亭建筑；嘉靖以后，到处修假山，建花园，光南京就有园亭一百多所，苏州有好几十所，北方就更多了，清华园这些地方都是过去的园亭。明朝前期有一条规定，官员禁止嫖娼妓，嘉靖以后，这个纪律不生效了，文人捧妓女成为风气，为她们写诗，写文章，甚至选妓女为状元、榜眼、探花。戏剧方面，过去只有男戏，嘉靖以后就有女戏了。很多做过大官的人写剧本，像《牡丹亭》的作者汤显祖就是一个官。元曲的作者没有一个是高级官员，都是一些下层社会的人，有的在衙门里当一个小办事员，有的做医生；可是明朝戏曲的作者，大部分都是举人、进士，有些还是高级官员。明朝后期盛行赌博，官吏、士人以不会赌博、打纸牌为耻。

再次，从政治方面来看。《明史·循吏传序》提到嘉靖以前一百多年，一方面休养生息，发展生产；另一方面政治上比较清明，好官比较多。譬如大家知道的《十五贯》里面有个况钟，连做十几年的苏州知府，是个好官。另外一个周忱也是个好官，他作苏州巡抚二十一年，在《十五贯》里被刻画坏了，这是不对的。此外，像于谦连作河南、山西巡抚十九年。嘉靖以前，有好些巡抚连任几年甚至十几年的，这是明朝后期所没有的情况。明朝后期好官就少了。做官讲资格，一讲资格就坏事了，只要活得长就可以做大官；相反，真正能给老百姓做点事情的人就到处碰壁。像海瑞就是这样，到处遭到大地主阶级的反对，办不了好事情。明朝后期有个知识分子陈帮彦对吏治的这种变化做了总结，他说：在嘉靖以前，做官的人还讲个名节，做官回到家里，人家问他赚多少钱，他要生气；嘉靖以后发生了根本性的变化，做官等于做买卖，计较做这个官赚钱多还是赚钱少，在这个地方做官赚钱多，另外换一个赚钱少的地方就不愿意去。到富庶的地方去做官，亲友设宴庆贺；如果到穷地方去，大家就叹息。做官和发财联起来了，念书是为了做官，做官是为了发财。当时升官是凭什么呢？一个是凭资格，一个是凭贿赂。当时叫"送礼"。地方官三年期满要进京，朝廷要考核他的成绩。这时就是他"送礼"的时候了。送了礼就可以升官。所谓送上黄米、白米若干担，即指黄金、白银若干两。后来改为送书若干册，书的后面附上金子、银子，叫做"书帕"。所以明朝后期的地方官上任以后先刻书。但是他们又没有什么学问，于是粗制滥造，乱抄一气。

以上这些情况说明，由于整个社会经济的变化，即农业、手工业生产的发展，商业的繁荣，影响到了社会各方面。一些大地主把一部分从土地剥削所得的财产投资于手工业和商业，这样，过去被社会上所歧视的商人的地位就提高了。国家的高级官员有不少人变成了商人。经商成为社会风气。商人赚了钱就奢侈浪费，造成社会上的虚假繁荣现象。封建秩序、封建礼法开始受到冲击，从而在文学艺术方面也出现了反映这种社会生活的作品。

第六，**货币经济的发展**。在明朝以前，白银已经部分使用，但是还不普遍，还没有作为正式的货币。元朝使用钞票。明朝初年用铜钱，由于老百姓已经有了用钞票的习惯，反而不习惯用铜钱，只好仍然用钞票。但是由于明朝对钞票管理不善，无限制的发行，又不兑现，因而引起通货膨胀，钞价贬值，由一贯钞值银一两贬至只值一两个钱，钞票的经济意义逐渐没有了。钞票不能用，铜钱的重量又太大，短途进行交易还可以，像从南到北的远距离交易，带大量的铜钱就不行，几万、几十万铜钱很重，不方便。在这种情况下白银就日渐流通于市场。白银有它的优点：它的质量不会变，既能分割，化整为零；又能把一些分散的银子铸成一锭，化零为整。白银价值比较高，一两白银可以抵一千钱。因此社会上对白银的需要越来越迫切。

上次讲过，明朝建都北京，粮食主要要从南方运来。四五百万石粮食的运费要由农民负担，运费超过粮食价格的几倍，农民负担很重。所以到明英宗时，逐渐改变了这种办法。有些地方税收开始改折"金花银"，像这个地区应该送四石粮食，现在不要你交粮食了，改交一两银子。政府用一两银子同样可以买到四石粮食。由于国内市场的扩大和税收折银的结果，银子的需要量就大大增加了，原有的银子不够市场上的需要。因此在万历时期就出现了采银的高潮。政府征发许多人，到处开银矿，苛征暴敛，引起国内人民的反对。

通过对外贸易的入超，大量的白银输入了。西班牙人从墨西哥运白银到吕宋，由吕宋转运中国，以换取中国的丝织品和瓷器。到后期，墨西哥的银元也大量流入中国。这样，国内白银数量逐渐增加。所以到万历初年，赋役制度大改变，把原来的田赋制度改为"一条鞭法"，使赋役合一。从此大部分地区的赋税和徭役改折银两。

由于手工业和商业的发展，商品流通的客观需要，远距离的大量的交易需要共同的货币作媒介，因而白银普通地应用起来了。这种情况也是以往历史上所没有发生过的。

第七，文学作品上的反映。唐朝、宋朝也有传奇小说，里面的主角是些什么人？主要是官僚、士大夫、文人等等，写市井人物的作品很少。到明代中叶以后出现了以市井人物为主人公的作品。例如《白蛇传》的故事。在《西湖三塔记》中的三怪是：乌鸡、水獭、白蛇，男主角是将门之后——奚宣赞（岳飞部下的将官奚统制之子）。而《洛阳三怪记》的三怪是：赤斑蛇、白猫精、白鸡精，男主角却是开金银铺的老板潘松了。流传到现在的《白蛇传》只剩下二怪：白蛇和青蛇，男主角则是开生药铺的许仙。故事的主角从将门之后的奚宣赞转变为生药铺的许仙，这一变化是值得我们注意的。

又如《金瓶梅》,是万历二十二年(1594年)以后的作品,写嘉靖、万历年间的事。主角西门庆也是开生药铺的。与西门庆来往的篾片、清客都是官僚地主的后人,原来的地位比西门庆高,后来没落了,成为西门庆的门客。以这样一些人物为中心的小说,在过去是没有的。

此外,在"三言"、"二拍"中,如《卖油郎独占花魁》、《倒运汉巧遇洞庭红》等,主角是卖油小贩和偶然发财的穷汉,这也都是当时的社会现实在文艺作品中的具体反映。

第八,明朝后期有了一些替商人说话的政治家。譬如徐光启,他是上海人,是最早接受西洋科学,介绍和传播西洋科学,如物理学、化学、天文学的一个人。他家里原来是地主,后来兼营商业。他本人中了进士,做过宰相。在他的思想中,反映了保护商人特权的要求,他提出了维护商人利益的具体建议。当时国家财政困难,西北有许多荒地,他就主张政府允许各地的地主阶级招募农民来开垦荒地。开垦荒地多的,除了粮食给他外,还可以允许这个地主家里的子弟有多少人考秀才、多少人上学,给他以政治保证。从他这种主张来看,他是当时从地主转为商人的这一集团在政治上的代表人物。

总的来说,上面所讲的这些问题是明朝以前没有发生过的,或者虽然发生过,但并不显著。当时的人也认识到了嘉靖前和嘉靖后所发生的这种巨大变化。当然,他们还不能理解这叫做资本主义萌芽。从我们今天来看,这个变化是旧的东西改变了,新的东西露出了头。这些例子都可以作为资本主义萌芽来看。但是这些萌芽并没有成长,以后又遭到了压力,因此到鸦片战争以前中国还不能进入资本主义社会。资本主义还处在萌芽状态。

这方面的材料直到现在还是不够完备的,还没有进行认真的研究。上面谈的只是个人的看法,不一定对,更不一定成熟,只供同志们参考。